Schulforschung – Fallanalyse – Lehrerbildung

Frank Ohlhaver/Andreas Wernet (Hrsg.)

Schulforschung
Fallanalyse
Lehrerbildung

Diskussionen am Fall

Leske + Budrich, Opladen 1999

Gedruckt auf säurefreiem und altersbeständigem Papier.

ISBN 3-8100-2148-2

© 1999 Leske + Budrich, Opladen

Das Werk einschließlich aller seiner Teile ist urheberrechtlich geschützt. Jede Verwertung außerhalb der engen Grenzen des Urheberrechtsgesetzes ist ohne Zustimmung des Verlages unzulässig und strafbar. Das gilt insbesondere für Vervielfältigungen, Übersetzungen, Mikroverfilmungen und die Einspeicherung und Verarbeitung in elektronischen Systemen.

Satz: Leske + Budrich
Druck: Druck Partner Rübelmann, Hemsbach
Printed in Germany

Inhalt

Vorwort 7

I. Zur Einführung

Frank Ohlhaver, Andreas Wernet
Zwischen Pädagogik und Erziehungswissenschaft:
Ansätze zur systematischen Begründung eines
interpretativ-fallanalytischen Vorgehens in der Lehrerbildung............ 11

II. Fälle – Analysen – Kritiken

Christian Beck
Die Unterrichtsinterpretation in der Seminararbeit:
Reflexionen zu fallinterpretativen Pilotseminaren 31

Thomas Loer
Unterrichtsinterpretation in der akademischen Lehrerausbildung –
Mittel zum Erwerb methodischer Kompetenz oder Moment
von Professionalisierung? „Gegenrede" zum Beitrag
von Christian Beck 51

Axel Fehlhaber, Detlef Garz
Das nichtbefragte Lehren ist nicht lehrenswert –
Analysen zum religionspädagogischen Habitus 61

Reinhard Uhle
„Daß das ungeprüfte Leben nicht wert ist gelebt zu werden –
das ist unnötig schroff" (F. Nozick) – Anmerkungen
zu Axel Fehlhaber und Detlef Garz 91

Götz Krummheuer
Die Analyse von Unterrichtsepisoden im Rahmen von
Grundschullehrerausbildung 99

Werner Helsper
Eine halbierte Professionalisierung von Lehrern und Lehrerinnen?
Reflexionen zum Ansatz Götz Krummheuers 121

Jürgen Diederich
Reflexionen zu Implikationen – Was lehrt Sabines Stundenplan? 133

Bernhard Koring
Was ist der „Fall" in der Pädagogik? Probleme einer
fallorientierten Lehrerbildung am Beispiel
von Jürgen Diederichs Beitrag 149

Anderas Gruschka
Die Entzauberung des Klausurrituals:
Aus Widersprüchen lernen 159

Elisabeth Flitner
Fallanalyse oder Illustration?
Kommentar zum Beitrag von Andreas Gruschka 179

III. Schlußkommentar

Heinrich Bauersfeld
Fallstudien in der Lehrerausbildung – wozu? 191

Vorwort

Der vorliegende Aufsatzband geht auf ein Symposium zum Thema „Fallinterpretationen in der Lehrerausbildung: Perspektiven – Probleme – Bedeutung" zurück, das im November 1997 an der Universität Potsdam stattfand. Der vorliegende Band stellt die Beiträge zu dem Symposium in ausgearbeiteter Form vor.

Während im Zuge der Veralltäglichung qualitativer oder interpretativer Forschungsmethoden mittlerweile in der Erziehungswissenschaft eine Fülle von Veröffentlichungen vorliegt – und zwar sowohl methodologische Beiträge als auch Forschungsberichte –, wird die Diskussion der möglichen Bedeutung dieser Verfahren für die Lehrerausbildung vernachlässigt. Und dies, obwohl die Forschungsaktivitäten in diesem Bereich in den Alltag der Hochschullehre systematisch einfließen. Wir müssen davon ausgehen, daß die Expansion der qualitativen Forschungslogik mittlerweile beträchtliche Auswirkungen auf den Seminarbetrieb im Rahmen der Lehrerausbildung gewonnen hat. Hier ist der Ausgangspunkt für das Symposium und den hier vorgelegten Band.

Die Thematisierung des Stellenwerts interpretativer Methoden für die Lehrerausbildung folgt zwei Grundprinzipien: Fallorientiertheit und Kontroversität.

- Die Bedeutung der Fallanalyse bloß theoretisch zu würdigen, schien uns dem fallanalytischen Vorgehen selbst nicht angemessen zu sein. Deshalb stehen im Zentrum des Bandes am Material durchgeführte Interpretationen. Mit welchen Fällen wird in der Lehrerausbildung gearbeitet? Wie werden diese Fälle methodisch erschlossen? Welche besondere ausbildungslogische Bedeutung messen die Autoren der gewählten Vorgehensweise zu? An Fällen selbst ist diesen Fragen nachzugehen.
- Um ein bloßes Nebeneinander der fallrekonstruierenden Beiträge zu vermeiden, wird jeder dieser Beiträge von einem kritischen Kommentar begleitet. Die Aufgabe dieser Kommentare ist es, möglichst pointiert nach Problemen und Schwachstellen der jeweils vorgestellten Fallinterpre-

tation in der Lehrerausbildung zu suchen. Nicht wechselseitiges Schulterklopfen, sondern eine möglichst kontrovers und riskant geführte Debatte ist das Ziel dieses Bandes.

Das vorliegende Buch kann nicht den Anspruch erheben, einen Überblick über die Forschungs- und Ausbildungslandschaft zu geben. Allerdings haben wir versucht, der Vielfalt exemplarisch Rechnung zu tragen. Hier sind unterschiedliche Positionen versammelt und vor allem: unterschiedliche Fälle als Analysegegenstand: Das Spektrum reicht von der Unterrichtsinteraktion bis zum Lehrerinterview, vom Stundenplan bis zur Klausuraufgabe. Neben den theoretisch-systematischen Einblicken soll so dieses Buch Anregung sein, interpretative Forschungsansätze in den Seminarbetrieb einfließen zu lassen. Wie vielfältig und reichhaltig die Möglichkeiten sind, davon soll dieser Band einen Eindruck vermitteln.

Das Symposium wurde aus Mitteln der Universität Potsdam finanziert. Jürgen Diederich und Elisabeth Flitner haben uns in konzeptionellen Fragen beraten. Kathleen Riedel-Chidekel und Nina Weser haben bei der Organisation, Christine Erichsen bei der Redaktion tatkräftige Hilfe geleistet. Allen sei an dieser Stelle gedankt.

Frank Ohlhaver *Andreas Wernet*
Institut für die Pädagogik der Natur- Institut für Pädagogik Universität
wissenschaften an der Universität Kiel Potsdam
(IPN)

I. Zur Einführung

Frank Ohlhaver, Andreas Wernet

Zwischen Pädagogik und Erziehungswissenschaft: Ansätze zur systematischen Begründung eines interpretativ-fallanalytischen Vorgehens in der Lehrerbildung

I. Prolog: Verewigte Routine

Im Jahre 1906 plädierte Emile Durkheim für die Einführung des Pädagogikstudiums für Sekundarlehrer in Frankreich mit folgenden Worten:

„Man sagt, daß der junge Lehrer sein Vorbild aus der Erinnerung seines Lyceal- und Studentenlebens mitnimmt. Sieht man aber nicht, daß man damit die Routine verewigt? Denn der Lehrer von morgen kann nur die Gesten seines Lehrers von gestern wiederholen, und da er nur seinen eigenen Lehrer nachahmt, kann man in dieser ununterbrochenen Kette von Modellen, die sich ständig wiederholen, nicht sehen, wie man jemals eine Neuerung einführen könnte. Die Routine hat aber in der Überlegung ihren größten Feind und Gegner" (Durkheim 1977/1906, S.11).

Heute ist trotz der lange zurückliegenden Einführung des Studiums der Pädagogik für alle Lehrämter in der Bundesrepublik, der Einführung von Lehrstühlen für Fachdidaktik und einer Reihe von Schulreformen begleitet von Fortbildungen nach wie vor unter Fachleuten eine vergleichbare Diagnose verbreitet: „Lehrer lernt man, indem man Schüler war" (vgl. Diederich und Bauersfeld in diesem Band).

Die Sachhaltigkeit des Urteils „Lehrer lernt man, indem man Schüler war" wird gestützt, wenn man neben dem Rückgang auf eigene Erfahrungen einen Blick in die dritte TIMS – Studie (Baumert u.a. 1997) wirft. Dort wurden als die zwei aktuell vorherrschenden Varianten der Einführung des Stundenthemas im modalen Mathematikunterricht an deutschen Schulen, Sekundarstufe 1, folgende ermittelt:

„Variante 1: Der neue mathematische Stoff wird im fragend-entwickelnden Unterrichtsgespräch, das auf eine einzige Lösung hinführt, relativ kurzschrittig erarbeitet und vom Lehrer an der Tafel dokumentiert.
Variante 2: Wenn das Thema schon in der vorhergegangenen Stunde vorbereitet wurde, entwickelt ein Schüler – unterstützt von der Klasse und dem Lehrer – eine Aufgabe an der Tafel" (a.a.O., S. 216).

Die Frage ist hier allenfalls, ob dies zugleich dem Schul-Unterricht unserer Großväter und Großmütter oder bereits dem der Generation der Urgroßeltern oder gar dem einer noch älteren Generation entspricht. Letzteres ist wahrscheinlich.

Im Rahmen der TIMS – Studie und der darauf basierenden BLK-Expertise zur „Steigerung der Effizienz des mathematisch-naturwissenschaftlichen Unterrichts" (Bund-Länder-Kommission für Bildungsplanung und Forschungsförderung (BLK 1997) wird eine zweite, aber nicht grundsätzlich andere Erklärung für das Problem der „verewigten Routine" genannt. Es ist die Einsozialisiation in die überkommene „Berufskultur" der Lehrkräfte an Schulen. Angesichts einer Interventionsabsicht in das bestehende Schulwesen ist verständlich, daß die Schülersozialisation der Lehrkräfte, Spezifika der Institution Schule sowie der üblichen Praxis der Berufswahl und Personalrekrutierung in dieser Expertise allenfalls hintergrundthematisch sind. Dennoch ist der implizite Verweis auf eine einschlägige Sozialisation der Lehrkräfte und das Scheitern von Schulreformen deutlich:

„Da das persönliche professionelle Wissen hauptsächlich in den ersten Berufsjahren erworben wird, ist die konkrete Arbeit der Lehrkräfte im Klassenzimmer weniger durch Ausbildungskonzepte, administrative und curriculare Vorgaben bestimmt als durch die (allgemeine und fachspezifische) Berufskultur der Lehrerschaft, durch kulturelle Skripte also, die auf geteilten Erfahrungen und Leitbildern beruhen, die in Sozialisationsprozessen tradiert und erworben werden und die je nach Schulform sowie Fach oder Lernbereich unterschiedliche Ausprägungen aufweisen. Solche Berufskulturen stabilisieren den Unterricht, indem sie einen Rahmen bestimmter Traditionen und Routinen des Handelns anbieten, an denen sich Neulinge orientieren können. Diese stabilisierende Wirkung ist zugleich eine der Ursachen dafür, daß Innovationen nur schwer Aufnahme in die kulturellen Skripte finden" (BLK 1997, S. 62).

Gefordert wird deshalb in dieser Expertise, „ein höheres Maß an Professionalität des Unterrichtshandelns" anzustreben, zu dem einerseits die Förderung der Kooperation zwischen Lehrkräften sowie „Selbstüberprüfung" und „Selbstvergewisserung" gehören (a.a.O., S. 63), andererseits ein flexiblerer Umgang mit unterschiedlichen Problemlösungsmöglichkeiten im Unterricht. Augenfällig ist, daß als ein Mittel zur Erreichung eines höheren Maßes an Professionalität, wie bei Durkheim 1906, die Selbstvergewisserung und -überprüfung, also die Überlegung angesehen wird. Zur Unterstützung scheint ein interpretativ-fallanalytisches Vorgehen in der Lehrerbildung einerseits geeignet, weil eine praxisnahe, problem- und handlungsorientierte Reflexion von Schule und Unterricht im Zentrum steht, andererseits weil dabei an die wirklichkeitswissenschaftliche (qualitative) Schul- und Unterrichtsforschung angeknüpft wird.

II. Schul- und Unterrichtsforschung als Wirklichkeitswissenschaft

Mit der „realistischen Wende" hat die empirische Forschung Einzug in die Pädagogik gehalten. Aus der akademischen Pädagogik ist zu weiten Teilen Erziehungswissenschaft geworden (programmatisch: Brezinka 1971), an die Stelle der Philosophie sind Soziologie und Psychologie als Referenz- und Orientierungswissenschaften getreten. Diese realistische Wende war zugleich eine „positivistische Wende". Denn die Hinwendung zur Empirie vollzog sich zunächst in den Bahnen eines nomologisch-deduktiven Wissenschaftsverständnisses. Es waren vor allem die empirisch-analytische Schulforschung und die pädagogisch-pychologische Lehr-Lern-Forschung, die auf das Empiriedefizit der geisteswissenschaftlichen Pädagogik geantwortet haben.

Erst in den letzten beiden Jahrzehnten hat sich daneben die qualitative bzw. interpretative Schul- und Unterrichtsforschung etabliert[1]. Ihre Entwicklung geht zu großen Teilen wissenschaftshistorisch zurück auf die vor dem Hintergrund der geisteswissenschaftlichen Tradition entstandene „Verstehende Soziologie" Max Webers (Weber 1982/1913). Von Anfang an begnügt sich das wirklichkeitswissenschaftliche Verstehenskonzept nicht mit der „subjektiven ‚Deutung' der Motive eines (sprechenden oder handelnden) Menschen", sondern zielt auch auf das „objektive ‚Verstehen' des *Sinnes* einer Äußerung" (Weber 1982/1903-1906, S. 93)[2]. Diesem Programm folgt die Fallanalyse. Das für qualitative Forschung konstitutive einzelfallrekonstruktive Vorgehen identifiziert in Interaktionsprotokollen typische Deutungs- und Handlungsmuster, die das Handeln von Personen oder Institutionen auch jenseits des Bewußtseins der Akteure prägen (vgl. Oevermann u.a. 1979; Ohlhaver 1996).

Dies ist für Schul- und Unterrichtsforschung deshalb von zentraler Bedeutung, weil offenbar kaum eine gesellschaftliche Sphäre existiert, in der ein sehr komplexes Geschehen hochgradig routinisiert, dauerhaft und „reformresistent" abläuft und gerade deshalb nach „Erklärung" verlangt (vgl. auch: Bourdieu/Passeron 1971). Die Rekonstruktion von Deutungs- und Handlungsmustern im schulischen Kontext verspricht aber nicht nur ein tiefergehendes Vertändnis der schulischen Interaktionsprozesse sowie der Akteure, sondern zielt auch letztlich immer auf ursächliche Erklärung (vgl. Weber 1980).

Gerade die Rekonstruktion von Mustern und die ursächliche Erklärung ihrer Entstehung sind im Rahmen der quantitativ-deskriptiv ausgerichteten Lehr-Lern- und Schulforschung nicht möglich. Denn es wird in der Regel einem gesetzeswissenschaftlichen Forschungsmodell gefolgt, welches das Vorfindliche auf ein Allgemeines (eben „Gesetze") reduziert. Aus Gesetzen ist aber weder die „Wirklichkeit des Lebens deduzierbar" noch in ihrem „So und

---

1   Eine prägnante Übersicht gibt Fathe 1997.
2   Bei dieser Argumentation beruft Weber sich auf Simmel.

nicht anders Gewordensein" erklärbar (Weber 1982/1904, S. 180ff.). Denn die Wirklichkeit von Schule und Unterricht, die es zu verstehen und zu erklären gilt, ist stets (auch) „individuell" geartet. Entsprechend weist Weber darauf hin, daß „keine Erkenntnis von Kulturvorgängen [und zu diesen gehört Schule und Unterricht] anders denkbar ist, als auf der Grundlage der *Bedeutung*, welche die stets individuell geartete Wirklichkeit des Lebens in bestimmten *einzelnen* Beziehungen für uns hat" (a.a.O., S. 223). Aufklärung über die Berufskultur der Lehrer, über pädagogischen Habitus, die „kulturellen Skripte" oder über die Struktur und Bedeutung schulischer Interaktionsprozesse kann nur auf dem Weg verstehender Forschung gewonnen werden.

Besonders bemerkenswert scheint uns in diesem Zusammenhang auch zu sein, daß eine wirklichkeitswissenschaftlich orientierte Schulforschung von vornherein die Verengungen eines dyadisch konzipierten pädagogischen Gegenstandes umgeht. Aus gänzlich heterogenen Gründen bleibt die geisteswissenschaftliche Reflexion ebenso wie die psychologische Forschung der Lehrer-Schüler-Dyade verhaftet. Entsprechend der epochalen Norm der Elementarität und Individualität der personalisierten Beziehung zwischen Lehrer, Kind und Sache, die spätestens seit der Jugendbewegung etabliert wird und in der geisteswissenschaftlichen Pädagogik beispielsweise in den Begriffen der „pädagogischen Liebe" (Spranger 1958, S. 80ff.) und des „pädagogischen Bezugs" (Nohl 1988, S. 164ff.; 1948, S.69) ihren Niederschlag findet, steht in der Lehr-Lern-Forschung das lehrende oder lernende Einzelindividuum und damit die individualisierten Dyaden „Lehrer – Schüler" (Erzieher – Zögling), „Schüler – Sache" im Zentrum. Demgegenüber wird vernachlässigt, daß die Schule – im Unterschied zur Familie – primär eine Institution der Vergesellschaftung des Einzelnen ist, was sich schon in dem für Schule konstitutiven Konzept einer kollektiven Erziehungspraxis in „Klassen" zeigt (siehe Parsons 1971, S. 154ff.). Die Schulklasse als solche konstituiert eine Interaktionslogik eigener Qualität, die sich eben nicht als Summe von Lehrer-Schüler-Dyaden darstellen läßt[3].

Entsprechend zeigt jedes Unterrichtsprotokoll, daß dem Lehrer und dem Lerngegenstand nicht nur eine Anzahl von je einzelnen Schülern in ihrer Schülerrolle als Lernende gegenübertreten, sondern gleichzeitig Kinder unter gleichaltrigen Kindern, die neben ihrer jeweiligen Schüler- und Geschlechtsrolle zugleich Rollen als Mitglieder einer Peer-Group spielen, deren sozialräumlicher Wirkungskreis in der Regel nicht mit dem der Institution Schule übereinstimmt. Parsons spricht hier von den „informellen Aspekten der Schulklasse" (Parsons 1971, S. 160). Diese hat notwendig entscheidenden Einfluß auf die konkreten Lehr- und Lernprozesse (was Krummheuer in diesem Band nachweist). In der aktuellen kognitionspsychologischen und/oder konstruktivistischen Lehr-Lern-Forschung ist dieser Aspekt jedoch ebenso

---

3   „...als gälte es 500.000 Pestalozzis zu finden oder wenigstens auszubilden", auf diese polemische Formel hat Diederich die logische Konsequenz des Modells der Dyade für die Lehrerausbildung gebracht. Vgl. Diederich 1994, S. 161.

hintergrundthematisch (s. auch Bauersfeld in diesem Band), wie in der geisteswissenschaftlichen Pädagogik[4].

III. Der Anspruch der Vermittlung von Theorie und Praxis in diesem Band

Mit einem wirklichkeitswissenschaftlich orientierten, fallanalytischen Vorgehen in der Lehrerbildung werden in diesem Band die Ansprüche verbunden, neue Wege für die Lehrerbildung in ihrem charakteristischen Spannungsverhältnis zwischen Theorie einerseits und Praxis andererseits aufzuzeigen. Denn die Durchführung von Fallanalysen in der Lehrerbildung – so der Grundtenor der Beiträge dieses Bandes – erlaubt nicht nur eine praxisnahe, problem- und handlungsorientierte Reflexion von Schule und Unterricht, sondern kann dabei auch einen direkten Beitrag zur Verbesserung des Lehrerhandelns im Sinne der Bildung eines berufsadäquaten Habitus leisten. Dem paradigmatischen Anspruch qualitativer Ansätze in der Forschung entspräche so ein paradigmatischer Anspruch eines fallanalytischen Vorgehens in der Lehrerbildung.

Die Beiträge dieses Bandes nehmen – z.T. gestützt auf Lehrerfahrungen – eine Reihe spezifischer „Leistungen" eines fallanalytischen Vorgehens in der Lehrerbildung in Anspruch:

Fallanalysen ermöglichen nicht nur eine forschungsnahe Einführung in die Ergebnisse der qualitativen Schul- und Unterrichtsforschung, sondern regen zugleich zu eigenen Theoriebildungen und einer Prüfung der vorgestellten Forschungsergebnisse an. Es findet eine Irritation internalisierter Deutungs- und Handlungsmuster betreffs Schule und Unterricht statt, sowie die verstehende Reflexion dieser Muster. Es ergibt sich eine Sensibilisierung für die Komplexität schulischer Interaktionsprozesse (und ihrer Probleme), sowie die Konstruktion alternativer Handlungs- und Deutungsmöglichkeiten bezogen auf schulpraktisches Handeln. Gerade die Irritation des Gewohnten und unbefragt Geltenden, der Übergang zu einem tieferen Verstehen, die Konstruktion alternativer Handlungs- und Deutungsmuster und schließlich die Sensibilisierung für die Komplexität der Praxis leisten einen wichtigen Beitrag zur Entwicklung eines dem Lehrerberuf adäquaten Habitus.

Strittig ist unter den Autoren die Frage, ob eine umfängliche Ausbildung in qualitativen Forschungsmethoden selbst einen positiven Beitrag zur Ausbildung eines berufsadäquaten Habitus leistet, oder ob damit letztlich einer inadäquaten Szientifizierung der Berufspraxis Vorschub geleistet wird.

---

4   Allerdings sind auch die Autoren in diesem Band bezüglich der Bedeutung der „Schulklasse", also der institutionalisierten Form von öffentlicher Erziehung und Bildung im Verhältnis zum „pädagogischen Bezug" keineswegs einer Meinung.

Diese von den Autoren explizit oder implizit thematisierten und exemplifizierten Leistungen eines handlungs- und problemorientierten, fallanalytischen Vorgehens in der Lehrerbildung sind auch vor dem Hintergrund der in den letzten Jahren wieder aufgelebten Diskussion um das „Scheitern" der Schulreformen in Deutschland in den letzten Jahrzehnten zu sehen. Diese Diskussion wurde sowohl durch Studien zur Bildungsbeteiligung und Sozialstruktur (Köhler 1992, Geißler 1996) als auch durch internationale Vergleichsstudien zu Schülerleistungen (wie die oben erwähnte TIMS-Studie) belebt. Mit dieser Diskussion ist die Frage nach einer adäquaten Lehrerbildung eng verknüpft. Desweiteren sind die Beiträge der Autoren vor dem Hintergrund einer zunehmenden Bedeutung interpretativer Forschungsansätze auch im Bereich der Schul- und Unterrichtsforschung zu verorten. Vor diesem Hintergrund verpricht ein fallanalytisches Vorgehen in der Lehrerbildung sowohl eine Lösungsmöglichkeit für das Problem einer sachadäquaten Reflexion der Schulpraxis (auf dem Hintergrund der praxis- und forschungsnahen Integration der Perspektive qualitativer Forschung und ihrer Erträge), als auch eine trägfähige Antwort auf Innovationsprobleme im Schulwesen zu sein.

Systematisch steht das Problem der Vermittlung von Theorie und Praxis im Zentrum der akademischen Lehrerausbildung. Der Arbeit an Fallanalysen kommt hier ein besonderer Stellenwert zu. Wir vermuten, daß ein methodisch angeleitetes und kontrolliertes Fallverstehen als struktureller Ort der Vermittlung angesehen werden kann. So gehen die Beiträge in diesem Band von folgenden Leistungen der Fallanalysen aus:

Erstens ermöglichen Fallanalysen in der Lehrerbildung eine anschauliche und sachbezogene Einführung der Forschungsergebnisse aus dem Bereich der qualitativen bzw. interpretativen Schul- und Unterrichtsforschung.

Zweitens erlauben sie nicht nur den Nachvollzug und die Prüfung von Forschungsergebnissen, sondern sie führen selbst zu Theoriebildungen und ermöglichen dadurch ein besseres Verständnis von Schule, Unterricht, Lehrern und Schülern. Sie geben damit auch beispielsweise die Möglichkeit, eingelebte Handlungs- und Deutungsroutinen in der Schulpraxis als solche zu reflektieren.

Drittens wird über Fallinterpretationen in der Lehrerbildung eine Irritation internalisierter Deutungs- und Handlungsmuster von Schule und Unterricht, Lehrerhandeln und Schülerhandeln möglich.

Viertens schließlich ermöglichen sie eine generelle Sensibilisierung für die Komplexität schulischer Interaktionsprozesse. So tragen Fallanalysen zur Entwicklung eines professionsadäquaten Lehrerhabitus bei. Dabei bereichert die zum Verstehen notwendige Operation der Konstruktion alternativer Möglichkeiten der Gestaltung von Schule und Unterricht auf der Grundlage des vorgelegten Materials das Repertoire an Deutungs- und Handlungsmöglichkeiten des (künftigen) Lehrers.

Die Arbeit am Datenmaterial aus der Praxis generiert also nicht nur eine Irritation und ein erweitertes Reflexionsvermögen über diese Praxis, sondern sie generiert gleichzeitig eine Sensibilisierung für die Komplexität dieser Praxis und alternative Handlungs- und Deutungsmöglichkeiten für die Praxis.

Die unter drittens und viertens genannten Ergebnisse betreffen unmittelbar das praktische Handeln des Lehrers. Die unter erstens und zweitens genannten Gesichtspunkte sind dagegen eher Ausdruck eines theoretischen Erkenntnisinteresses. Indem aber idealtypisches Wissen generiert wird, mit dem die je konkrete schulische Wirklichkeit verglichen und vermessen werden kann, wird zugleich eine Reflexion der Praxis überhaupt erst möglich (vgl. Weber 1982/1904, S. 194).

Die letztgenannten Punkte sind mit den erstgenannten über die wie immer methodisch kontrollierte Analyse von Datenmaterial aus dem Bereich von Schule und Unterricht im Rahmen der Lehrerbildung verbunden. So gesehen eröffnet die Fallanalyse nicht nur eine Lösungsmöglichkeit für das Innovationsproblem im Schulwesen über Veränderungen in der Lehrerbildung, sondern zugleich ergibt sich eine Lösungsmöglichkeit des für die Lehrerausbildung in Deutschland kennzeichnenden Problems der Trennung und Vereinseitigung von Theorie (PH/Universitätsausbildung) einerseits und Praxis (Referendariat) andererseits. Ein Problem, das unter anderem im sprichwörtlichen „Praxisschock" des Junglehrers seinen materialen Ausdruck findet (s. auch Gruschka in diesem Band).

IV. Theorie und Praxis 1: Interpretation als methodisch kontrollierte Operation

Wenn wir im folgenden einige Aspekte des ausbildungslogischen Stellenwerts der fallanalytischen Forschung beleuchten, so bewegen wir uns also in dem Leitthema einer akademischen Lehrerausbildung: worin liegt der spezifisch berufspraktische Sinn einer wissenschaftlichen Ausbildung *jenseits* der wissenschaftlichen Aneigung der jeweiligen Unterrichtsfächer.

Der Beitrag der erziehungswissenschaftlich-quantitativen Schul- und Unterrichtsforschung ist hier eindeutig lokalisierbar. Im Sinne einer Tatsachenforschung – in Analogie etwa zur Rechtstatsachenforschung[5] – stellt sie ein Wissensreservoir über schulische und unterrichtliche Gegenstände zur Verfügung. Durchaus kann dieses Wissen situativ für den Lehrer von Nutzen sein. Das Problem besteht aber darin, daß diese Forschung aus sich heraus die berufspraktische Relevanz nicht zu thematisieren in der Lage ist. Welchen Forschungsergebnissen in welchem beruflichen Zusammenhang welche

---

5   So spricht Dietrich Benner etwa davon, daß die „empirische Forschung" (er meint damit die nomologische Forschungsorientierung!) „von der praktischen Dimension des Gegenstandes weitgehend abstrahiert, wenn sie unter Erziehungswirklichkeit lediglich einen kausal-analytisch zu erfassenden Tatbestand begreift". Vgl. Benner 1978, S. 196.

Bedeutsamkeit zukommt, ist nicht Gegenstand dieser Forschung. M.a.W.: Die quantitativ-deduktiv-nomologische Forschungsorientierung generiert Wissen über Praxis, aber keine Vermittlung von Theorie und Praxis.

Demgegenüber versteht sich die geisteswissenschaftliche Pädagogik konstitutiv als praxisorientierte Theorie. Theorie und Praxis sind hier über die Unterstellung der Gemeinsamkeit der „pädagogischen Verantwortung" einerseits ungeschieden, andererseits impliziert aber die „Bezogenheit von Theorie und Praxis" und die Setzung einer Vorbild- und Anleitungsfunktion der Theorie gegenüber der Praxis eine scharfe (hierarchisierende) Trennung der beiden Sphären.

Helmut Danner bestimmt die „Bezogenheit" von Theorie und Praxis wie folgt:

„Pädagogische Theorie und Praxis stehen in einem zirkulären Verhältnis, weil die Praxis ein (theoretisches) Vorverständnis einschließt, und weil Theorie Erziehungswirklichkeit voraussetzt; Theorie erhellt die Praxis und leitet sie an, und Praxis verleiht der Theorie erst Sinn" (Danner 1979, S. 104).

Dies ist allerdings konzeptuell nicht so zu verstehen, daß die theoretische Pädagogik der Praxis Rezepte anbietet, sondern sie hat offenbar eine Art Vorbildfunktion und gerät so z.B. bei Erich Weniger zu einer Art „legitimatorischem Über-Ich":

„Für die Praktiker hat die Entscheidung des Theoretikers zunächst nur den Charakter des Beispiels für die eigene Entscheidung. Sie sind bei der eigenen Entscheidung, zu der die Theorie sie freilich bringen möchte, durchaus frei. Insofern gibt Ihnen die Theorie einschließlich der Entscheidung dessen, der sie vorträgt, nur Material für die eigene Stellungnahme" (Weniger 1952, S. 529f.).

Die Verbindung zwischen theoretischem Pädagogen und praktisch tätigem Erzieher besteht neben der Vorbildfunktion der Theorie (und des wissenschaftlichen Pädagogen) für die Praxis wie erwähnt ferner im Konzept der „pädagogischen Verantwortung". Mit ihr wird konzeptionell zugleich die Normierung und Normativität in die geisteswissenschaftliche Pädagogik eingeführt (so auch Blankertz 1982, 269f.).

„Die pädagogische Verantwortung ist der Ausgang und der Maßstab für das erzieherische Handeln sowie für die pädagogische Reflexion, (...) sie zeigt sich in dem Impetus und in der inneren Gerichtetheit, die jeden Erzieher bestimmen (hier auch den wissenschaftlichen Pädagogen,f.O./A.W.), insofern er nämlich die Sorge für die ihm Anvertrauten übernimmt und ihr Wohl will" (Danner 1979, S.87)[6].

---

6 Bezüglich der Weberschen Typologie der Erziehungszwecke entspricht die „pädagogische Verantwortung" der „Kultivationspädagogik", die einen „Kulturmenschen", einen „Menschen von bestimmter innerer und äußerer Lebensführung" erziehen will. Vgl. Weber 1986, S. 408f. Auf die sozialhistorische Dimension der „Praxisgewißheit der älteren Pädagogen" weist Elisabeth Flitner (1991, S. 98) hin.

Weil Theorie und Praxis in der Tradition der geisteswissenschaftlichen Pädagogik also wesentlich auch im Sinne eines Anspruchs der praxisorientierten Theorie und des wissenschaftlichen Pädagogen auf Praxiswirksamkeit, über „Reflexion" und „Anleitung durch Beispielcharakter" verbunden sind, erlauben sie die Trennung von Theorie und Praxis.

Aber die Theoriebildung bleibt hier, und darin liegt die entscheidende Schwäche, in den Bahnen eines praxeologisch-normativen Idealmodells von Erziehen und Unterrichten.

Hier reklamiert das interpretativ-fallanalytische Vorgehen in der Lehrerbildung, Theorie und Praxis in der methodisch kontrollierten Analyse von Protokollen schulischer Wirklichkeit zu vermitteln. Die Vermittlung findet im Vollzug der Interpretation statt. Für die in Anspruch genommene Vermittlungsfunktion ist eine forschungslogische Eigenschaft der Fallanalyse entscheidend: Der konstitutive Zusammenhang von methodischer Operation und Forschungsergebnis ist kennzeichnend für die interpretierten Methoden. Das Prozedere der Interpretation stellt in sich das Forschungsergebnis dar. Deshalb macht es auch keinen Sinn – darin sind sich auch alle Autoren dieses Bandes einig – „Ergebnisse" der Interpretation im Seminar vorzustellen. Es bedarf einer Durchführung der Interpretation im Seminar selbst. Der unmittelbare Vollzug der Rekonstruktion pädagogischer Praxis ist also nicht die Entscheidung für eine hochschuldidaktische Option, sondern ist eine zwingende Folge des wirklichkeitswissenschaftlichen Paradigmas. Anders ausgedrückt: Das fallanalytische Seminar im Rahmen der pädagogisch-erziehungswissenschaftlichen Lehrerausbildung ist der Sache nach ein „Forschungsseminar".

V. Theorie und Praxis 2: Pädagogisches Handeln als Fall

Für sich genommen verweist diese Eigentümlichkeit noch nicht zwingend auf eine Vermittlung von Theorie und Praxis. Zu dem forschungsorientierten Charakter der Ausbildung kommt hinzu, daß das verwendete Material für die Fallinterpretationen unmittelbar aus dem schulischen Kontext stammt und insofern selbst Ausdruck des Praxiszusammenhangs ist. Aufgrund dieser Authentizität gewinnt das Datenmaterial im Kontext der Lehrerbildung eine spezifische Suggestivität und Dignität. Weder kommt es zur Präsentation eines abgehobenen Abbilds der Praxis (wie etwa statistische Daten aus der quantitativen Schulforschung), noch werden konstruierte Fälle vorgestellt (wie etwa die sokratischen Dialoge, die Lehrstücke Brechts oder Muster einer entworfenen Schul- und Unterrichtspraxis)[7]. Statt dessen kommt die Praxis

---

7   Zum Typus der konstruierten Fälle muß natürlich auch die „Kunst" der pädagogisch-kasuistischen Falldarstellung gezählt werden. Bei aller Ähnlichkeit des Anspruchs der Leistung für die Lehrerbildung müssen sich Kasuistik und Fallanalyse auf eine grundverschiedene Geltungsbegründung berufen. Vgl. dazu Binneberg 1979 und 1985.

selbst nachprüfbar zur Sprache. Die Beantwortung der Frage, welches Protokoll aus dem Kontext Schule konkret für Bildungszwecke auszuwählen ist, ergibt sich dann einzelfallspezifisch einerseits aus der konkreten praktischen Zielsetzung der jeweiligen Lehrerbildungsveranstaltung und andererseits aus der jeweiligen Forschungsfrage für die Analyse, die die praktische Zielsetzung hervorbringt und begleitet.

Anders als der berufspraktische Fallbegriff, der immer auf einen Klienten im weitesten Sinne des Wortes verweist (vgl. Koring in diesem Band), liegen den Fallanalysen im schulischen Bereich gleichsam Interventionsprotokolle zugrunde, Protokolle also, die pädagogisches Handeln dokumentieren[8]. Es geht also nicht um Fallanalysen, die eine Besonderheit einer Lebenspraxis erschließen, die dann zum Gegenstand einer berufspraktischen Intervention wird, sondern es geht immer um die Rekonstruktion der Berufspraxis selbst.

In diesem Zusammenhang scheint die Frage von besonderer Bedeutung, ob das interpretierte Datenmaterial aus der eigenen Berufspraxis stammt. Für die Interpretation als solche ist dies aufgrund der Dialektik von Allgemeinem und Besonderem ohne Bedeutung. Grundsätzlich ist jeder herangezogene Einzelfall ein besonderer, weil er sich im Kontext besonderer Bedingungen herausgebildet hat. Zugleich ist er ein allgemeiner, insofern er sich im Kontext allgemeiner Regelhaftigkeit entwickelt hat (vgl. Oevermann 1983, S. 179). Deshalb ist das Gemeinsame als Typisches, bespielsweise des Schulunterrichts in Deutschland, unabhängig davon rekonstruierbar, ob es sich nun um ein Unterrichtsprotokoll aus der „eigenen" oder aus einer „fremden" Praxis handelt.

In der Analyse der „fremden Praxis" wird auch immer die „eigene Praxis" mitaufscheinen, wie auch umgekehrt in der Analyse der eigenen Praxis, die fremde. Insofern können wir behaupten, daß im Vollzug der Interpretation *jede* Fallanalyse für die Studierenden eine methodisch kontrollierte Reflexion der eigenen (zukünftigen) Praxis darstellt. Die oftmals benutzte Chiffre der Selbstreflexion gewinnt also aus einer fallanalytischen Perspektive eine spezifische Kontur: in dem Verhältnis von wirklichkeitswissenschaftlicher Forschungsorientierung, wirklichkeitsauthentischer Protokollgrundlage, methodisch kontrollierter Interpretationspraxis und berufspraktischer, zukunftsorientierter Interessiertheit und Involviertheit konstituiert sich die besondere Vermittlungsleistung der Fallanalyse in der Lehrerausbildung.

---

8 Darin ist übrigens auch eine zentrale Differenz zum Stellenwert der Fallanalyse in der Sozialarbeit und Sozialpädagogik zu sehen (vgl. zu diesem Themenkomplex Kraimer 1984). Dort nämlich geht es immer um den Fall im Sinne des professionellen Interventionsgegenstands, während im schulpädagogischen Kontext das berufliche Handeln als solches der „Fall" ist.

VI. Theorie und Praxis 3: Normativität

Damit in unauflöslichem Zusammenhang steht das Problem der Normativität der pädagogisch-berufspraktischen Orientierung. Pädagogisches Handeln ist konstitutiv rückgebunden an normative Leitbilder, wertstandpunktgebundene Entscheidungen, ethische Überzeugungen. Dies ist wissenschaftlich einzuholen. Die geisteswissenschaftliche Pädagogik entzieht sich dem daraus resultierenden Spannungsverhältnis insofern, als sie ihr Denken explizit wertstandpunktgebunden[9] ausrichtet oder sogar die „Begründung des Guten" anstrebt[10]. Die erziehungswissenschaftliche Wende dagegen erlegt sich normative Enthaltsamkeit auf[11]. Das Problem dieser normativ enthaltsamen Forschung besteht aber darin, daß sie zum Problem der Normativität pädagogischen Handelns nichts zu sagen hat[12]. Die normative Enthaltsamkeit der quantitativen Forschung bedeutet zugleich eine normative Sprachlosigkeit. Das Normativitätsproblem der pädagogischen Praxis findet hier keine forschungslogische Berücksichtigung und ist damit sozusagen stillgestellt.

Die positiven Konsequenzen für die Lehrerausbildung liegen auf der Hand. An die Stelle der pädagogischen Verständigung über Elemente einer wünschenswerten schulischen Praxis jenseits erfahrungswissenschaftlicher Geltung tritt die Distanziertheit der Objektivität der methodisch kontrollierten Erfassung schulischer und schulrelevanter Gegenstände, also eine Verständigung über empirische Geltung.

Die empirisch-standardisierende Forschung ist natürlich insofern wertgebunden, als ihre Fragestellungen schon auf spezifische, wissenschaftlich nicht kontrollierbare Wertorientierungen verweisen[13]. Zur Verdeutlichung sei hier abermals an die TIMS-Studie erinnert. Das Bedürfnis, die Leistungsfähigkeit u.a. des Mathematikunterrichts international zu vergleichen, setzt natürlich voraus, daß dieser Vergleich „wertvoll" sei. Und eben diese Voraussetzung ist außer- oder vorwissenschaftlich. Die methodischen Operationen

---

9 Prägnant findet dies in der Formel Wilhelm Flitners von der *reflexion engagée* Ausdruck. Vgl. W. Flitner 1989, S. 23.
10 So beispielsweise Oelkers, der in der „Begründung des Guten" das Legitimationspotential einer allgemeinen Pädagogik sieht. Vgl. Oelkers 1996.
11 Im Zentrum der programmatischen Schrift von Wolfgang Brezinka (Brezinka 1971) steht ja nicht zufällig die Begründung einer werturteilsfreien Erfahrungswissenschaft, die als Erziehungswissenschaft die Pädagogik von ihrer notorischen Normativität befreit und sie damit erst in den Rang einer Erfahrungswissenschaft erhebt.
12 Aus erkenntnistheoretischer Perspektive spricht Zecha von einem normativen Defizit der pädagogischen Theorie mit dem Ziel, dieses Defizit durch eine theoretische Überbrückung der Sein-Sollen-Dichotomie zu beseitigen. Am Ende steht eine empirisch-normative Erziehungswissenschaft, die ein normatives Begründungsprogramm verfolgt, das an Oelkers erinnert. Vgl. Zech 1994.
13 Sie können sich natürlich nicht dem Problem der „Kulturbedeutsamkeit" (vgl. Webers Objektivitätsaufsatz) entziehen. Daß das Erkenntnisinteresse selbst nicht Gegenstand wissenschaftlicher Kontrolle sein kann, hat Tenbruck (1994) im Anschluß an Weber überzeugend dargelegt.

aber, und das meint der Begriff der Wertfreiheit, besitzen eine demgegenüber unabhängige Geltung.

Auch bieten die Ergebnisse quantitativ-standardisierter Forschung zweifellos Gelegenheit, über die normativen Implikationen dieser Ergebnisse kenntnisreicher als zuvor zu debattieren. So wird beispielsweise eine Verständigung über die als wünschenswert gedachten sozialkompensatorischen Orientierungen pädagogischen Handelns von den Ergebnissen der Forschungen zur sozialen Selektivität von Schule[14] profitieren. Bestimmte Berufserwartungen können sich so beispielsweise als unrealistisch erweisen. Wir haben es dann mit einem Modell zu tun, das zwei Diskurse nebeneinanderstellt: einerseits den wissenschaftlichen Geltungsdiskurs bezüglich der Ergebnisse der Schul- und Unterrichtsforschung, andererseits den normativen Diskurs unter Berücksichtigung dieser Ergebnisse. Darin ist sehr wohl eine wissenschaftliche Bereicherung des normativen Diskurses zu sehen, aber im eigentlichen Sinne keine wissenschaftliche Kontrolle eben dieses Diskurses[15].

Für ein interpretativ-fallanalytisches Vorgehen bietet sich hier ein anderes Bild. Die Hinwendung zum pädagogischen Alltag[16] scheint auch mit der Neubelebung wertender Stellungnahmen verbunden zu sein. Insbesondere die Interpretationen des beruflichen Handelns des Lehrers scheinen geradezu normativ durchtränkt. So sieht sich beispielsweise die konstitutive Gedankenoperation des Fallverstehens, nämlich die Ausleuchtung derjenigen Handlungsoptionen, die der Fall *nicht* gewählt hat, die Frage also, wie hätte anders gehandelt werden können (vgl. auch Bauersfeld in diesem Band), unwillkürlich der Tendenz ausgesetzt, der empirisch vorfindbaren Handlung gedankenexperimentell eine „bessere" Alternative gegenüberzustellen. Die Lesartenkonstruktion führt regelmäßig zu der Explikation des „Sein-Sollens" (Weber). Fast durchgängig beinhalten solche Fallinterpretationen eine Kritik des Lehrerhandelns, und häufig ist es sogar angebracht, von „Lehrerschelte" zu sprechen.

Dieser Eindruck verweist auf forschungslogische Stärken und Schwächen gleichermaßen. Die Schwäche besteht natürlich in der unbefriedigenden Situation, daß es den interpretativen Verfahren noch nicht hinreichend gelungen zu sein scheint, die „negativen" Befunde in der Analyse schulischen

---

14 Beispielhaft: Köhler 1992. Helmut Fend (1990) betont nachdrücklich den normativgestaltenden Charakter der empirischen Bildungsforschung: es geht um die „Bereitstellung von Rahmendaten für bildungspolitische Entscheidungen" (S. 705).

15 Hier liegt eine Analogie zu den gängigen Kapiteln: „Interpretation der Ergebnisse", wenn die Ergebnisse quantitativer Analysen sich vorstellen. Natürlich müssen die Ergebnisse interpretiert werden. Und offensichtlich verfügen die quantitativen Verfahren über kein methodisches Instrumentarium, diese Interpretation vorzunehmen. Die methodische Kontrolle geht in diese Interpretation nur insofern ein, als die zu interpretierenden Ergebnisse methodisch kontrolliert erhoben sind.

16 Andreas Gruschka konstatiert für die Erziehungswissenschaft eine „interpretative Alltagswende" und spricht von der „Wiederentdeckung des pädagogischen Alltags". Vgl. Gruschka 1985, S. 77.

Alltags theoretisch zu würdigen im Sinne der begrifflichen Kritik und Aufhebung von Idealen, die sich offensichtlich in den pädagogisch-mikrologischen Prozessen empirisch nicht finden lassen[17]. Die Stärke besteht darin, daß das Problem der Normativität nicht pseudo-objektiv methodentechnisch verdampft, sondern die Sperrigkeit des Gegenstands ihren Reflex findet in der Sperrigkeit des Forschungsprozesses.

Daß ein fallanalytisches Vorgehen das Normativitätsproblem nicht „technisch" löst, sondern dieses Problem in der interpretativen Forschungsprozedur in jedem Lesartenstreit sich als Differenzierungsproblem der Geltung der Aussage reproduziert, hat erheblichen Einfluß auf die ausbildungslogische Qualität des Verfahrens. Denn einerseits ist das Evozieren von Lesarten untrennbar verbunden mit wertenden Stellungnahmen (und zwar meist impliziter Natur), andererseits bedeutet die Lesartendiskussion nichts anderes, als eine methodische Kontrolle dieser Sein-Sollens-Modelle hinsichtlich der Frage ihrer objektiven Bedeutung. Aufgabe der Interpretation ist es dann, die Bedeutungsstruktur der jeweiligen Lesartenvorschläge zu klären und damit auch das normative Ideal, das diesen Vorschlägen zugrunde liegt.

Wir wollen dieses Problem an einem Beispiel veranschaulichen: Ein Lehrer ist säumig in der Rückgabe einer Klassenarbeit. Nun fragt ein Schüler: „Wann geben Sie uns die Klassenarbeiten wieder"[18]. Diese Frage stellt implizit eine Aufforderung dar, die Säumigkeit entschuldigend zu kommentieren. Studierende im Seminar schlugen folgende Interaktionsfortführung gedankenexperimentell vor: „Ihr bekommt sie zurück, wenn ihr sie zurückbekommt" und „gute Frage, nächste Frage". Andere sagen: „Tut mir leid, es dauert noch bis nächste Woche". Das Normativitätsproblem ist hier offensichtlich virulent, weil die ersten beiden Antworten eine Verletzung von sozial geltenden Regeln der Höflichkeit und beruflichen Regeln der Verbindlichkeit darstellen. Aufgabe der Interpretation ist es dann, die Bedeutungsstruktur der jeweiligen Antwortenvorschläge zu klären und damit auch das normative Ideal, das diesen Vorschlägen zugrunde liegt. Genau diese Operation meinen wir, wenn wir von methodischer Kontrolle normativer Aussagen sprechen. Es handelt sich hier weder um den Versuch der Begründung des Guten, noch um ein technisches Ausblenden normativer Aussagen, sondern um die Zurückführung der geäußerten Lesartenvorschläge auf die ihnen zugrunde liegenden normativen Prämissen einer pädagogischen Praxis.[19]

---

17 Die moderne Schule läßt sich ja durch eine beträchtliche Konstanz sowohl ihrer inneren Verfaßtheit, als auch ihrer Kritik kennzeichnen.
18 Das Beispiel entnehmen wir Wernet 1998.
19 Diese Spannung drückt sich in den durchaus unterschiedlichen Positionierungen der Beiträge dieses Bandes zum Normativitätsproblem aus. So scheint beispielsweise der Beitrag von Fehlhaber/Garz durchaus Spuren einer „réflexion engagée" zu enthalten. Erziehungswissenschaft und Pädagogik werden mitunter begrifflich nicht geschieden und „*das Janusgesicht, zugleich Stärke und Schwäche jeder Pädagogik, nämlich sowohl deskriptive wie normative Wissenschaft sein zu müssen*" (Fehlhaber/Garz) wird hervorgehoben und praktisch in der Fallanalyse umgesetzt. Die Fallanalyse stellt so

VII. Theorie und Praxis 4: Methode und Habitus

Neben wirklichkeitswissenschaftlicher Orientierung, Theoriebildung und Reflexion wird der Stellenwert eines interpretativ-fallanalytischen Vorgehens für die Lehrerbildung in diesem Band auch in seiner habitusbildenden Bedeutung gesehen. Es wird auf die Entwicklung eines berufsadäquaten Habitus des Lehrers in der Durchführung von Fallinterpretationen abgehoben, welcher in der geisteswissenschaftlichen Pädagogik schon immer vorab z.B. in Gestalt der „pädagogische Verantwortung" normierend unterstellt wird und ein Gemeinsames zwischen wissenschaftlichem Pädagogen und Erzieher bildet: „Die Erziehungswissenschaft ist ein Denken vom Standort verantwortlicher Erzieher aus" (W. Flitner 1989, S. 24). Habitusbildung kann unter diesem Blickwinkel verstanden werden als Kultivierung und Pflege einer spezifisch pädagogischen Ethik.

Wenn wir Habitusbildung als eine spezifische Leistung der fallanalytischen Lehrerausbildung vermuten, so bedarf diese These einer materialen Spezifizierung. Denn natürlich bedeutet die Frage nach einem Berufshabitus immer auch die Frage nach dessen Adäquanz. Das Postulat einer habitusbildenden Qualität fallanalytischer Lehrerausbildung macht nur Sinn, wenn wir die Bildung eines *berufsadäquaten* Habitus unterstellen bzw. reklamieren.

Auf der Folie der bisherigen Überlegungen verweist die habitusbildende Qualität der Fallinterpretation material auf *Distanzbildung*. Wenn wir nämlich davon ausgehen dürfen, daß die interpretativen Forschungseinsichten zu Problematisierungen, Irritationen, (Selbst-)Reflexionen, Sensibilisierungen usw. führen, so betrifft dies immer Deutungsdivergenzen zur Berufstätigkeit. Den internalisierten und routinisierten Deutungs- und Handlungsmustern, den naturwüchsigen und berufsalltäglichen Varianten des Fallverstehens werden – empirisch gesättigt und in der Sprache des Falles – Alternativen gegenübergestellt. Distanz bedeutet hier also wesentlich: Distanz zu den eigenen, im Modus der selbstverständlichen und unhinterfragten Geltung operierenden Deutungen und berufsleitenden Dispositionen. Es geht den Fallanalysen also nicht um das materiale Ideal einer anderen Praxis, sondern um das Ideal einer distanzierten Kontrolle und methodisch angeleiteten Infragestellung einer je sich vollziehenden Praxis. Habitusbildung bedeutet hier nicht: Kultivierung einer spezifisch überzeugten Praxis, sondern Skeptizismus bezüglich der Überzeugtheit als solcher. Der Habitus der Distanz zielt aber nicht auf Über-

---

einerseits eine genuin pädagogische, methodisch-kontrollierte Reflexion über Erziehungssysteme und ihre Akteure dar, die diese zugleich mit Orientierungen, Zielen und Normen versieht. Im Unterschied zu dieser Position scheint sich der Beitrag von Krummheuer beispielsweise eher soziologisch insofern zu orientieren, als die Fallanalyse selbst in der Logik reiner (wertfreier) Forschung durchgeführt ist. Die Aufgabe besteht darin, die Wirklichkeit in der Sprache des Falles zum Sprechen zu bringen, nicht sie zu beurteilen. Die Ableitung pädagogisch handlungsrelevanter Empfehlungen bleiben dann aber vom Interpretationsprozeß getrennt.

zeugungslosigkeit; er zielt auf die Gleichzeitigkeit von Überzeugung, Kritik und praktischer Alternative.

VIII. Epilog: Fallanalyse und die Krise der Fachdidaktik

Gerade mit dem Beitrag zur Bildung eines berufsadäquaten Habitus scheinen Fallanalysen in der Lehrerbildung auch eine Lösungsmöglichkeit für die in den letzten Jahren häufiger thematisierte Krise der Fachdidaktik zu bieten. Sie sind eine sinnvolle Ergänzung in der Lehrerbildung zu der institutionalisierten Aneignung didaktischen Planungs- und Vermittlungswissens. Didaktische Konzeptionen von und für Unterricht bieten nämlich strukturell immer notwendig universalisierte und standardisierte Planungs- und Umsetzungshilfen. Die konkrete, je spezifische schulische Situation, in der didaktische Konzeptionen zur Anwendung kommen, ist jedoch immer spezifisch und daher nur begrenzt standardisierbar. Der gelungene Unterricht ergibt sich nicht allein aus einer didaktisch guten Vorbereitung und Organisation, sondern ganz wesentlich auch aus der „Kunst des Lehrers" in der Unterrichtsgestaltung" (vgl. Durkheim 1972/1922, S.59f.). Die „Kunst des Lehrers" ist nicht nur eine Frage des Wissens und der strategischen Planung, sondern auch eine Frage seines berufsadäquaten Habitus. Daß hier Probleme bestehen, zeigen nicht nur Untersuchungen wie TIMSS, sondern auch die alltäglich im Gespräch mit Lehrern zu machende Erfahrung, daß Lehrer oft zur Begründung ihres pädagogischen Handelns auf Erfahrungen mit den eigenen Kindern verweisen. Man stelle sich einen Arzt vor, der eine ärztliche Diagnose damit legitimiert, daß er die betreffende Krankheit schon bei seinen Kindern gesehen hätte.

Interessanterweise wird trotz dieser klaren Grenzen der Fachdidaktik öffentlich diskutiert, Fachdidaktik nicht mehr durch unabhängige Professoren, sondern durch an die Hochschulen abgeordnete Schulpraktiker vertreten zu lassen.[20]

Eine der Ursachen mag sein, daß in der Fachdidaktik selbst seit Beginn der achtziger Jahre in der didaktischen Reflexion und Praxis zunehmend die Kritik einer überzogenen Wissenschaftsorientierung und die Betonung von Schüler- und Unterrichtsorientierung zentral wird (vgl. Aselmeier et al. 1985, S.15; Adler/Biehl/Ohlhaver 1996). Genau hier muß aber Didaktik notwendig als abstrakte Planungswissenschaft an ihre Grenzen stoßen. Diese Grenzen werden jedoch nicht dadurch aufgehoben, daß man Didaktik durch Schulpraktiker vertreten läßt. Im Gegenteil droht hier erst recht die institutionelle Verewigung der Routine. Der Unterschied zwischen Didaktik und „Kunst des Lehrers" scheint nicht gegenwärtig zu sein.

---

20 Dies ist beispielsweise einem Positionspapier der Hochschulrektorenkonferenz zu „Abitur – allgemeine Hochschulreife – Studierfähigkeit" (Bonn 1995) zu entnehmen.

Denn als forschende und standardisierende Planungswissenschaft für die Gestaltung von fachspezifischen Erziehungs- und Bildungsprozessen mit dem Anspruch „das Zusammenwirken von Fachwissenschaften, pädagogischer Forschung und Schulpraxis" zu sichern (so niedersächsische Fachdidaktikerinnen und Fachdidaktiker 1985 in ihren „Thesen und Forderungen zur Bedeutung der Fachdidaktik an Hochschulen") findet die Fachdidaktik an der Klassenzimmertür ihre Grenze. Schulische Interaktionsprozesse sind aufgrund ihrer Eigenlogik bzw. individuellen Besonderheit nicht vollständig standardisierbar und damit auch nur begrenzt planbar (vgl. auch Biehl/Hopmann/Ohlhaver 1996). Eine verkürzte Antwort auf dieses Problem und insofern eine Schein-Lösung besteht in der ausschließlichen Berufung auf den Schulpraktiker und dem damit einhergehenden Mißtrauen in die wissenschaftliche Ausbildung. Dieses Mißtrauen wäre aber nur dann gerechtfertigt, die Wissenschaftlichkeit nur dann obsolet, wenn das Unterrichten kontrafaktisch als vollständig kontrollierter Handlungsablauf gedacht würde. Aktzeptiert man aber die Nicht-Standardisierbarkeit dieser Berufspraxis, dann erscheint reflexive Kontrolle als einzig ihr adäquater Modus. Das fallanalytische Vorgehen in der Lehrerbildung leistet hierzu einen wesentlichen Beitrag.

Literatur

Adler, J./Biehl, J./Ohlhaver, F. (1996): Fachdidaktik in der Krise? In: Zeitschrift für Didaktik der Naturwissenschaften, Jg. 2, Heft 3, S. 39-56.
Aselmeier, U. u.a. (Hrsg.) (1985): Fachdidaktik am Scheideweg. München/Basel.
Baumert, J. u.a. (1997): TIMSS – Mathematisch-Naturwissenschaftlicher Unterricht im Vergleich. Berlin.
Benner, D. (1978): Hauptströmungen der Erziehungswissenschaft. Eine Systematik traditioneller und moderner Theorien. 2., neubearb. u. erw. Aufl.. München.
Biehl, J./Hopmann, S./Ohlhaver,f. (1996): Wie wirken Lehrpläne? In: Pädagogik, Heft 5, S. 32-35.
Binneberg, K. (1979): Pädagogische Fallstudien. Ein Plädoyer für das Verfahren der Kasuistik in der Pädagogik. In: Zeitschrift für Pädagogik 25, S. 395-402.
Binneberg, K. (1985): Grundlagen der pädagogischen Kasuistik. Überlegungen zur Logik der kasuistischen Forschung. In: Zeitschrift für Pädagogik 31, S. 773-788.
Blankertz, H. (1982): Die Geschichte der Pädagogik. Wetzlar.
Bourdieu, P./Passeron, J.C. (1971): Die Illusion der Chancengleichheit. Stuttgart.
Brezinka, W. (1971): Von der Pädagogik zur Erziehungswissenschaft. Eine Einführung in die Metatheorie der Erziehung. Weinheim.
Bund-Länder-Kommission für Bildungsplanung und Forschungsförderung (1997): Gutachten zur Vorbereitung des Programms „Steigerung der Effizienz des mathematisch-naturwissenschaftlichen Unterrichts". Reihe: Materialien zur Bildungsplanung und zur Forschungsförderung, Heft 60. Bonn.
Danner, H. (1979): Methoden geisteswissenschaftlicher Pädagogik. München/Basel.
Diederich, J. (1994): Wahrheit ade – alles umsonst? In: G. Pollak/H. Heid (Hrsg.): Von der Erziehungswissenschaft zur Pädagogik? Weinheim, S. 149-162.
Durkheim, E. (1972/1922): Erziehung und Soziologie. Düsseldorf.
Durkheim, E. (1977/1906): Die Entwicklung der Pädagogik. Weinheim/Basel.

Fatke, R. (1995): Fallstudien in der Pädagogik. Einführung in den Themenschwerpunkt. In: Zeitschrift für Pädagogik 41, S. 675-680.
Fend, H. (1990): Bilanz der empirischen Bildungsforschung. In: Zeitschrift für Pädagogik 36, S. 687-709.
Flitner, E. (1991): Auf der Suche nach ihrer Praxis: Zum Gegensatz von „ermutigender Pädagogik" und „enttäuschender Erziehungswissenschaft". In: Zeitschrift für Pädagogik, 27. Beiheft, S. 93-108.
Flitner, W. (1989): Das Selbstverständnis der Erziehungswissenschaft. Eine Studie über Hermeneutik und Pragmatik, Sinnaufklärung und Normauslegung. Paderborn u.a.
Geißler, R. (1996): Die Sozialstruktur Deutschlands. Opladen.
Gruschka, A. (1985): Von Spranger zu Oevermann. Über die Determination des Textverstehens durch die hermeneutische Methode und zur Frage des Fortschritts innerhalb der interpretativen Verfahren der Erziehungswissenschaft. In: Zeitschrift für Pädagogik 31, S. 77-95.
Köhler, H. (1992): Bildungsbeteiligung und Sozialstruktur in der Bundesrepublik. Zu Stabilität und Wandel der Ungleichheit von Bildungschancen. Berlin.
Kraimer, K. (1994): Die Rückgewinnung des Pädagogischen. Aufgaben und Methoden sozialpädagogischer Forschung. Weinheim/München.
Nohl, H.: (1948): Vom Wesen der Erziehung. In: Ausgewählte pädagogische Abhandlungen. Paderborn 1968.
Nohl, H.: (1988): Die pädagogische Bewegung in Deutschland und ihre Theorie. Frankfurt/M.
Oelkers, Jürgen (1996): Die Erziehung zum Guten: Legitimationspotentiale Allgemeiner Pädagogik. In: Zeitschrift für Pädagogik 42, S. 235-254.
Oevermann, U. (1983): Zur Sache. Die Bedeutung von Adornos methodologischem Selbstverständnis für die Begründung einer materialen soziologischen Strukturanalyse. In: L. v. Friedeburg/J. Habermas (Hrsg.): Adorno Konferenz '83. Frankfurt/M, S. 234-289.
Oevermann, U. u.a. (1979): Die Methodologie einer „objektiven Hermeneutik" und ihre allgemeine forschungslogische Bedeutung in den Sozialwissenschaften. In: H.G. Soeffner (Hrsg.): Interpretative Verfahren in den Sozial- und Textwissenschaften. Stuttgart, S. 352-434.
Ohlhaver,f. (1996): Zur Etablierung der privaten Computerhandhabung. Eine Grundlagenstudie am Fall der Computerbenutzung Jugendlicher. Frankfurt/M.
Parsons, T. (1971): Die Schulklasse als soziales System. In: H. Röhrs (Hrsg.): Der Aufgabenkreis der Pädagogischen Soziologie. Frankfurt/M., S.154-179.
Spranger, E. (1958): Der geborene Erzieher. Heidelberg.
Tenbruck,f. H. (1994): Die Wissenschaftslehre Max Webers. Voraussetzungen zu ihrem Verständnis. In: G. Wagner/H. Zipprian (Hrsg.): Max Webers Wissenschaftslehre. Interpretation und Kritik. Frankfurt/Main, S. 367-389.
Weber, M.. (1980): Soziologische Grundbegriffe. In: Wirtschaft und Gesellschaft. Tübingen.
Weber, M.. (1982/1903-06): Roscher und Knies und die logischen Probleme der historischen Nationalökonomie. In: Gesammelte Aufsätze zur Wissenschaftslehre. Tübingen, S. 1-145.
Weber, M. (1982/1904): Die „Objektivität" sozialwissenschaftlicher und sozialpolitischer Erkenntnis. In: Gesammelte Aufsätze zur Wissenschaftslehre. Tübingen, S. 146-214.
Weber, M. (1982/1913): Über einige Kategorien der verstehenden Soziologie. In: Gesammelte Aufsätze zur Wissenschaftslehre. Tübingen, S. 427-474.
Weber, M. (1986): Gesammelte Aufsätze zur Religionssoziologie I. 8., photomechan. gedr. Aufl. Tübingen.
Weniger, E. (1952): Die Eigenständigkeit der Erziehung in Theorie und Praxis. Probleme der akademischen Lehrerbildung. Weinheim.

Wernet, A. (1998): Wann geben Sie uns die Klassenarbeiten wieder? Fallrekonstruktion in der Lehrerbildung. In: K. Kraimer (Hrsg.): Die Fallrekonstruktion. Sinnverstehen in der sozialwissenschaftlichen Forschung. Frankfurt/M.

Zecha, G. (1994): Von der empirischen Erziehungswissenschaft zur empirisch-normativen Erziehungswissenschaft. In: G. Pollak; H. Heid (Hrsg.): Von der Erziehungswissenschaft zur Pädagogik? Weinheim , S. 163-190.

II. Fälle – Analysen – Kritiken

Christian Beck

Die Unterrichtsinterpretation in der Seminararbeit: Reflexionen zu fallinterpretativen Pilotseminaren

„Die Interpretation hat uns für das Problem
der Vielschichtigkeit von Unterricht sensibilisiert."
(aus der schriftlichen Reflexion einer Seminarteilnehmerin)

1. Ziel

Mit dem vorangestellten Zitat einer Studentin möchte ich den für meinen Beitrag zentralen Aspekt einer Fallinterpretation in der LehrerInnenausbildung hervorheben. Es geht mir darum, die Komplexität und Widersprüchlichkeit der Aufgaben und des Handelns von LehrerInnen deutlich werden zu lassen. Außerdem soll dies dazu führen, daß die Studierenden eigene Idealisierungen des Lehrberufs und Erwartungen reflektieren.

Nach meiner Erfahrung wird diese Vielschichtigkeit von Studierenden häufig unterschätzt, und allzu oft herrschen noch Vorstellungen die eher eingleisig auf das richtige Vermitteln fachlicher Inhalte abheben. Demgegenüber lege ich eine im weitesten Sinne interaktionistische Sicht auf Unterricht zugrunde. Wichtig ist mir vor allem die vorausgesetzte

„Vorstellung, daß die [..] Zeichen und Mittel, die unterrichtlichen Handlungen usw. nicht per se Bedeutung haben, sondern daß zu untersuchen ist, welche Bedeutungen die Schüler und Lehrer ihnen zuschreiben und wie sie es tun. Das Lehren und Lernen [...] ist von subjektiven Sinnstiftungen der Beteiligten, von ihren Einstellungen [...] und von sozialen Prozessen, die Intersubjektivität hervorbringen, mitbestimmt" (H. Jungwirth u.a. 1994, S. 13).

Besondere Aufmerksamkeit soll dabei auf die Bedeutung der Vorerfahrungen der Lernenden gelenkt werden, auf eine Auffassung von SchülerInnen als aktiv Handelnde (und nicht etwa als vorwiegend Rezipierende) sowie auf die Vorstellung von der „Aushandlung" von Bedeutungen im Unterrichtsprozeß.

2. Entstehungszusammenhang

Ich beziehe mich auf zwei Seminare, die ich im Sommersemester 1997 an der Universität Mainz für Lehramtstudierende (Gymnasium) als Einführung in das erziehungswissenschaftliche Begleitstudium angeboten habe. Der Titel der parallel angebotenen Veranstaltungen hieß „Lehr- und Lernprozesse interpretieren". Die Seminare richteten sich primär an Teilnehmende in der Anfangsphase des Studiums, die im Idealfall schon an einer Überblicksvorlesung zur Schulpädagogik teilgenommen hatten (so daß es ansatzweise möglich wäre, die spezifischen Seminarthemen auf einen Gesamtzusammenhang schulpädagogischen Wissens zu beziehen).

Faktisch ließ sich diese Eingrenzung nicht aufrechterhalten. Der Median der Studienzeit betrug in beiden Seminaren etwa 6 Semester, wobei auch für eine Reihe von Studierenden in höheren Semestern dies die erste Veranstaltung des pädagogischen Begleitstudiums war.

Die Seminare verfolgten ein doppeltes Ziel:

An Hand der Interpretation konkreter Unterrichtsszenen, die verschriftet vorlagen, sollten Einblicke in alltäglichen Unterricht und in Vorstellungen der LehrerInnen und SchülerInnen gewonnen werden. Es interessierten die Mikroprozesse des Unterrichtsgeschehens sowie die Vielfalt und das Zusammenwirken der jeweiligen Bedingungen.

Hieran anknüpfend sollte das Seminar den Teilnehmenden ermöglichen, eigene schulische Erfahrungen zu reflektieren oder sich der eigenen impliziten Theorien über Unterricht und das Handeln von LehrerInnen bewußt zu werden. Ansatzpunkte waren auch hier die konkreten Unterrichtsszenen, die wir gemeinsam interpretierten.

Auf diese Weise sollten zum einen „Reflexions- und Deutungskompetenzen vermittelt werden, die eine (selbst)kritische Auseinandersetzung mit dem Lehrberuf, seinen Widersprüchen, dem Unterrichten und dessen sozialen Rahmungen ermöglichen" (zit. aus einem internen Diskussionspapier von W. Helsper, Mainz). Sofern sich Gelegenheit dazu ergab, sollten auch die Motive der Berufswahl zum Thema gemacht werden.

Zum anderen sollte es darum gehen, an Hand der verschrifteten Unterrichtsszenen nicht nur deren Sinnerschließung zu erproben, sondern auch erste Schritte zu einer fallnahen Theoretisierung von Schule, Unterricht – LehrerIn und SchülerIn – und evtl. der Berufsbiographie zu unternehmen. Damit versuchte das Seminar auch, Theorie und Praxis aufeinander zu beziehen – forschungspraktisch ausgedrückt: „das Allgemeine im besonderen Fall" herauszuarbeiten (Jungwirth u.a. 1994, S. 36).

Die Rahmenbedingungen sollten soweit wie möglich denen eines üblichen Proseminars entsprechen: 2-std., wöchentlicher Veranstaltungsturnus – um die Realisierungschancen des Konzepts unter „Alltagsbedingungen" einschätzen zu können. Einzig die Anzahl der Teilnehmenden war auf 20-25 beschränkt, um eine intensive Beteiligung aller und einen persönlichen Austausch zu ermöglichen.

Die Seminare waren relativ offen gestaltet. Auf eine vorab getroffene differenzierte Festlegung des Seminaraufbaus habe ich verzichtet und habe mich statt dessen weitgehend von den Erfahrungen der jeweils vorangegangenen Sitzung leiten lassen (zur Reflexionsbasis vgl. Belz 1988, Portele/Heger 1995).

Als Leistungsnachweis für einen Proseminar-Schein war eine Hausarbeit in Form einer selbständigen Transkriptinterpretation vorgesehen. Sie sollte –

der Forschungspraxis und der Arbeitsform im Seminar entsprechend – vorzugsweise in einer Kleingruppe (statt einzeln) durchgeführt werden.

Zentraler Gegenstand des Seminars war die Rekonstruktion sinnvermittelten Handelns im alltäglichen Unterricht, ausgehend von Transkripten konkreter Unterrichtsszenen.

Das methodische Vorgehen lehnte sich im wesentlichen an das von U. Oevermann u.a. 1979 beschriebene Verfahren der Feinanalyse an (vgl. zur gegenstandsspezifschen Variation und Begründung – es wurden vornehmlich Transkripte aus Mathematikunterricht verwendet – Beck/Maier 1994a, b). Für die Zwecke des Seminars sollte eine forschungspraktische Einübung genügen, die im Verlauf der Interpretationsarbeit selbst erfolgte. Auf eine gesonderte Bearbeitung der Methodenliteratur wurde verzichtet.

Zum Folgenden: Ich stelle zunächst die Seminardurchführung dar und gehe dabei auch auf ein Interpretationsbeispiel ein (Abschn. 3 bis 3.3). Hieran schließe ich eine Bewertung der Veranstaltung aus Sicht der Studierenden an (Abschn. 3.4) und knüpfe mit meiner eigenen Reflexion an (Abschn. 4.).

3. Durchführung

Die Interpretation eines ersten Transkripts erfolgte gemeinsam im Plenum. Auf Grund der dabei gemachten Erfahrung (und deren methodischer Reflexion) sollten die Teilnehmenden dazu fähig werden, in kleinen Gruppen – sechs bis sieben Teilnehmende – selbständig zu interpretieren.

Über die reine Interpretation hinaus kam es darauf an, im Sinne einer Selbstreflexion auch Bezüge zu persönlichen Erfahrungen, Werthaltungen u. ä. auszutauschen.

Wichtig war dabei, daß die Rekonstruktion der praktischen Handlungen und Äußerungen von ihrer Bewertung analytisch getrennt werden. Die Bewertungen waren hier jedoch insofern von besonderer Bedeutsamkeit, weil sie bevorzugte Möglichkeiten zur Anknüpfung an eigene Lernerfahrungen und Idealvorstellungen von Unterricht boten.

3.1 Transkriptauswahl

Das erste Transkript sowie weitere Transkripte, mit denen die Kleingruppen später arbeiten konnten, entnahm ich – meinem persönlichen Forschungshintergrund entsprechend – dem schulischen Mathematikunterricht (auch wenn ich kein Fachmathematiker bin). Zudem war es möglich, daß die Teilnehmenden eigene Transkripte einbrachten, indem sie z.B. selbst Unterricht aufzeichneten; was aber nur von einer einzigen Gruppe wahrgenommen wurde.

Als spezifisches Kriterium für die Auswahl der Transkriptpassagen galt:

„Besonders ‚ertragreiche' Szenen sind Unglücksfälle, in denen routinemäßige Handlungen unerwartet scheitern, selbstverständliche Erwartungen nicht erfüllt werden und die Beteiligten ihre Normalvorstellungen zur Behebung der Krise explizieren." (Voigt 1984, S. 115)

Ferner wollte ich die Transkripte unter dem Gesichtspunkt auswählen, welche theoretische Erkenntnis exemplarisch bei der Interpretation an ihnen herausgearbeitet werden kann; ohne daß dies allerdings bedeutet, daß eine ganz bestimmte Interpretation schon festliegt, die es im Seminar durch die Studierenden herauszufinden gilt. Eine solche Vorabinterpretation ist mir allerdings nur beim ersten Transkript gelungen; im späteren Seminarverlauf mußte ich den Studierenden die Auswahl aus Zeitdruck weitgehend selbständig überlassen.

Das erste Transkript (aus Neth/Voigt 1991, S. 91-95) hatte ich ausgesucht, weil sich hieran sehr gut die interaktionistische Perspektive verdeutlichen läßt. Auch werden hieran lebensweltliche Bezüge von Unterricht und deren Relevanz erkennbar. Die Studierenden, die andere Fächer als Mathematik studieren, waren aufgefordert, hierbei ihre jeweils eigenen fachlichen Perspektiven mit einzubeziehen; und auch hierfür schien mir das ausgewählte Transkript ein geeigneter Anknüpfungspunkt. „Die Szene stammt aus einer Unterrichtsstunde, die in der ersten Hälfte des zweiten Schuljahres gehalten wurde. Es ging um den Zahlenraum bis Hundert." (ebd., S. 91) Ich hatte bewußt eine Unterrichtsstunde mit möglichst einfacher mathematischer Aufgabenstellung gewählt, um bei Nicht-MathematikerInnen keine Widerstände zu wecken; obwohl ich dabei auf Gymnasialunterricht verzichtet habe. Es handelt sich um den letzten Teil einer Stunde, bei dem es bei einer neuen Sachaufgabe zunächst um „das Wekken der Aufmerksamkeit und des Interesses der Klasse [geht]. Anschließend werden ein erster Teil und dann ein zweiter Teil der von der Lehrerin angestrebten mathematischen Aussage konstituiert und an die Tafel geschrieben. Nachdem divergierende Deutungen der Sachsituation ausgegrenzt wurden, folgt die arithmetische Aufgabenstellung aus einem bestimmten Blickwinkel auf die Sachsituation. Die Aufgabe ist mit der Fixierung des Zahlensatzes an der Tafel oder im Heft abgeschlossen." (ebd., S. 96)

Zwar war die Auswahl des Feldes schulischer Mathematikunterricht kontingent, doch sind damit m.E. fachliche Besonderheiten gegeben, die bei der Diskussion des Ertrags solcher Interpretationen nicht außer Acht gelassen werden dürfen.

Ich schließe hier an das an, was J. Voigt (1984, S. 212) als die „Doppelbödigkeit der Interaktion im Mathematikunterricht" bezeichnet. Sie entsteht aus dem fundamentalen Unterschied zwischen der Lebenswelt der SchülerInnen und der idealisierten Welt der Mathematik.

„Mathematische Begriffe als ideale Gebilde gelten unabhängig von unserer sinnlichen Alltagserfahrung und besitzen eine irrelevante Wahrheit, die empirische Erfahrungen nicht zerstören können. Die mathematisch-logische Sichtweise der Lehrinhalte im Mathematikunterricht ist nur eine unter anderen möglichen." (ebd.)

Für SchülerInnen bedeutet dies ein krasses Umlernen, einen neuen „subjektiven Erfahrungsbereich" (Bauersfeld) oder eine neue „Rahmung" (Krummheuer – zit. nach Voigt 1984, S. 212f.).

Das erste Transkript war so gewählt, daß sich dieser Prozeß der Erfahrung – der Umstrukturierung und Modifizierung von Vorwissen – thematisieren ließ und das Problem geeigneter Vergegenständlichungen erörtert werden konnte. Meines Erachtens handelt sich dabei um ein Problem, daß sich auch in weiten Teilen des naturwissenschaftlichen Unterrichts stellt (Duit 1995) und zum Teil auch darüber hinaus.

Ziel der Interpretation sollte es sein, bei den Studierenden die Einsicht zu fördern, daß es der Fähigkeit von LehrerInnen bedarf, „sowohl die Wahrnehmungsperspektive der Schüler zu verstehen als auch der eigenen reflektiert bewußt zu sein." (Voigt 1984, S. 227)

3.2 Arbeitsschritte

Die zeitliche Aufteilung der Arbeitsschritte gliederte sich (im ersten der beiden Seminare) nach einer Einführungssitzung wie folgt:

Für die anfängliche Interpretation im Plenum wurden zwei Seminarsitzungen verwendet. Dabei konnte die eben dargestellte Problematik bereits reflektiert werden, und zusätzliche Themen wurden von den Studierenden aufgeworfen, wie Aufmerksamkeitsgewinnung für ein neues Thema und Phasenabfolgen im Unterricht. Einzelne Studierende berichteten von Erfahrungen mit ähnlichen Situationen. Gedankenexperimentell wurden alternative Handlungsweisen und LehrerInnenäußerungen durchgesprochen.

Die folgende Sitzung diente der Verdeutlichung der Interpretationsmethode (nachdem ich bisher die Interpretation nur durch Fragen geleitet hatte, ohne methodische Zusammenhänge oder Hintergründe anzusprechen). Für den praktischen Interpretationszweck erwies sich dieser Zeitrahmen auf dem Erfahrungshintergrund der bisherigen Interpretation (und unterstützt durch ein kurzes Handout zum Verfahren der Feinanalyse) durchaus als ausreichend. Fragen, welche die Studierenden stellten, waren solche wie: Wäre es nicht sinnvoller, zunächst das Video anzuschauen? Geht beim Transkript nicht zu viel verloren? War es nötig, Kontextinformationen zur Interpretation heranzuziehen?

Die nachfolgenden vier Sitzungen dienten der Fortsetzung der Transkriptinterpretation in Kleingruppen, wobei diese Gruppen von Anfang an weitgehend selbständig arbeiteten. Zwar wechselte ich zu Beginn in einem gewissen Turnus von Gruppe zu Gruppe, beteiligte mich an der Interpretation, akzentuierte schulpädagogisch relevante Diskussionspunkte und ermunterte zum Austausch persönlicher Erfahrungen; doch später kam ich mehr und mehr nur noch auf Anfrage der Gruppen hinzu. (Während dieser Sitzungen erfolgte auch ein Einüben in das schriftliche Festhalten von Intepretationsergebnissen, wozu einzelne Plenumsphasen vorgesehen waren.) In der letzten dieser vier Sitzungen wurden zum Ende die Ergebnisse zwischen den Kleingruppen ausgetauscht, wobei sich weitgehend Übereinstimmung zeigte.

Die sich anschließende Sitzung diente schwerpunktmäßig einer systematischen Theoretisierung der bisherigen Transkriptarbeit, ausgehend von meinen genannten Zielvorstellungen und unter Einbezug des Aufsatzes von Neth/Voigt, dem das Transkript entstammt. Außerdem habe ich Konzepte wie das der „Rahmung" nochmals verdeutlicht im Anschluß an Krummheuer: „Lehrer und Schüler deuten die Unterrichtsgegenstände prinzipiell in verschiedenen Sichtweisen. Die gewohnheitsmäßigen Deutungsmuster nennen wir ‚Rahmungen'" – (Krummheuer/Voigt 1991, S. 17). Weitere zentrale Konzepte, auf die ich eingegangen bin, waren das der „lebensweltlichen Inszenierung von Mathematik" oder der anschließenden „Vermathematisierung", ebenso habe ich eingehender auf die besondere Funktion und Rolle der Sprache im Mathematikunterricht verwiesen (mit Bezug auf Maier 1997). Die Teilnehmenden – insbesondere auch die MathematikerInnen – trugen eigene Erfahrungen bei. (Parallelen zu anderen Unterrichtsfächern wurden andiskutiert.)

Die verbleibenden vier Sitzungen wurden auf die eigenständige Interpretation der Kleingruppen an Hand eines selbst gewählten Transkripts verwendet. Diese Phase diente hauptsächlich dazu, an dem zum Scheinerwerb nötigen Leistungsnachweis zu arbeiten. (Aus organisatorischen Ursachen war es unrealistisch zu hoffen, daß die Kleingruppen sich hierzu außerhalb des Seminars treffen könnten. Nur die abschließende Redaktion der Interpretationen erfolgte in den Semesterferien.) Am Ende dieser Phase wurde die Interpretation pragmatisch abgebrochen. Die letzte Sitzung stand auch einer kurzen Präsentation im Plenum zur Verfügung.

Wie schon zuvor beteiligte ich mich auf Anfrage in den Kleingruppen, was jedoch mit fortschreitender Interpretation schwieriger wurde, weil mir das bereits Erarbeitete nur bruchstückhaft bekannt war. In eingeschobenen Plenumsphasen wurden sich ergebende Fragen methodischer, theoretischer und erfahrungsbezogener Art diskutiert und auch die angemessene Präsentation der Interpretationsergebnisse exemplarisch eingeübt.

Das zweite Seminar hatte insgesamt drei Sitzungen weniger zur Verfügung, woraus dann entsprechende Kürzungen resultierten. Dennoch konnten in beiden Fällen vergleichbare Arbeitsergebnisse erreicht werden, was auch darin deutlich wurde, daß sich in der Seminarbewertung durch die Teilnehmenden (per standardisierter schriftlicher Befragung) keine nennenswerten Unterschiede zwischen den beiden Veranstaltungen zeigten.

3.3 Beispiel aus einer Fallinterpretation

Um einen Eindruck von dem zu vermitteln, was wir leisten konnten, möchte ich nun einen Ausschnitt aus einer Gruppenarbeit vorstellen, und zwar an Hand einer Textpassage aus der von der betreffenden Gruppe vorgelegten Seminararbeit (Unterabschn. 3.3.1). Diesen Text werde ich anschließend kommentieren (Unterabschn. 3.3.2). Es geht mir dabei nicht um die extensive Wiedergabe eine Fallstudie und eine systematische Anmerkung meinerseits, die gegebenenfalls mit zusätzlichen oder konkurrierenden Lesarten aufwarten würde. Vielmehr möchte ich nur einen Eindruck von den Resultaten eines solchen Seminars vermitteln und will dabei allein von den Seminarzielen (und einigen methodischen Aspekten) ausgehend – eher assoziativ – kommentieren.

3.3.1 Auszug aus einer von Studierenden erarbeiteten Interpretation

Ich stelle hier nur 2¼ Seiten der insgesamt 21-seitigen Seminararbeit (17 Seiten Interpretation) vor. Der von mir ausgewählte Ausschnitt beginnt auf S. 5 der von den Studierenden verfaßten Arbeit (es gehen voraus: Aussagen zur Fragestellung der Untersuchung, die Kennzeichnung des herangezogenen Interpretationsmaterials, Hinweise zur Interpretationstechnik, Darstellung des vorab bekannten Kontextwissens sowie die Präsentation des interpretierten Textes). Überschriften und deren Numerierung stammen aus diesem Text, ebenso die Fußnoten. Die Transkriptionserläuterungen, die ich der Interpretation angefügt habe, sind dem verwendeten Transkript entnommen.

Hinweis an die Leserin/den Leser: Es scheint mir sinnvoll, den Text zuerst nur rasch zu überfliegen, um einen Gesamteindruck zu gewinnen, und dann beim Lesen von Unterabschn. 3.3.2 bei den Anmerkungen zu den einzelnen Interpretationssequenzen zurückzublättern.

„3. Präsentation einer Textsequenz mit anschließender Interpretation[1]
3.1 Sequenz (1): Zeilen 526 – 540

Zeile (526)
S: „*gut, Grenzwert, werde ich mal aufschreiben. (29 sec Stimmengewirr)*"
Nach dem Tafelanschrieb des Lehrers erkennen wir im wesentlichen zwei mögliche Lesarten für diese Aussage des Schülers:

---

[1] Transkriptionserläuterungen: Die Transkriptionsregeln habe ich nachfolgend nur soweit aufgeführt, wie sie für den obigen Textausschnitt aus dem Unterrichtstranskript nötig sind:
L – Lehrer / S – nicht identifizierter Schüler /, – ganz kurzes Absetzen, innerhalb einer Äußerung/... – kurze Pause/… – mittlere Pause/(*Pause*) – lange Pause, mit Angabe der Dauer in sec/. – Senken der Stimme/ – Stimme in der Schwebe/' – Heben der Stimme/ sicher – / auffällige Betonung/ (*Lachen*), (*geht raus*) Charakterisierung von nicht-sprachlichen Vorgängen bzw. Sprechweise; die Charakterisierung steht vor der entsprechenden Stelle und gilt bis zum Äußerungsende oder zu einer neuen Charakterisierung/(*Stimmengewirr*) – Bezeichnet eine Phase, in der sich keine Äußerung von dem Geräuschhintergrund abhebt.

Der Schüler mißt dem ‚Grenzwertbegriff' Bedeutung zu und will ihn deshalb aufschreiben; er erwähnt dies u. U. laut, damit andere es ihm nachtun.

Der Schüler ist nicht ernst bei der Sache, hat nichts verstanden, ist aber unterbeschäftigt und wird deshalb den Tafelanschrieb in sein Heft übernehmen.

Hätte der Lehrer die Bemerkung des Schülers an dieser Stelle aufgegriffen, hätte er diesen entweder bestärken können (‚Ja, es ist wichtig, schreib es mal auf ... ') oder wegen mangelnder Ernsthaftigkeit kritisieren können. Statt dessen folgen nun 29 Sekunden Stimmengewirr'. Was könnte passiert sein?

Aus dem Reflex heraus, daß alles, was an der Tafel steht, abgeschrieben werden muß, übertragen die Schüler den vom Lehrer als wichtig bezeichneten Satz[2] in ihre Hefte.Der Lehrer hat seinen Tafelanschrieb beendet (in 42 sec., Z. (525)) und ‚betrachtet' jetzt sein Werk. Eventuell will er den Schülern die Möglichkeit bieten, über diesen ‚zentralen' Satz nachdenken zu können.

Gerade über die Interpretation dieses ‚Stimmengewirrs' herrschte Uneinigkeit in der Gruppe; für manche war es (aus eigener Erfahrung) selbstverständlich, daß die Schüler in dieser Zeit von der Tafel abschreiben, andere berichteten, daß sie im Regelfall nicht unaufgefordert den Tafelanschrieb übernommen haben.

Auffällig ist, daß der Lehrer es zuläßt, daß die Klasse sich ½ Minute mit sich selbst beschäftigt, ohne einen bestimmten Auftrag auszuführen.

Zeile (527)
L: „*ja* .. *Mathematiker sind, wie sie ja wissen, fleißige Leute* .. "
An dieser Stelle hatten wir spontan den Eindruck, daß der Lehrer seinen eigentlichen ‚Unterricht' durch einen völlig unqualifizierten Kommentar stört. Zwar versucht er, durch ein betontes ‚Ja' und eine Pause Aufmerksamkeit auf sich zu lenken, geht dann aber nicht auf den Schüler von (526) ein, läßt das 29-sec-Stimmengewirr unkommentiert und behauptet, Mathematiker wären fleißige Leute. In der Gruppe hatten wir die Idee, daß er durch diese Aussagen cool und dynamisch wirken will (darüber hinaus ist er ja selbst Mathematiker); wir überlegten also, wie diese Aussage auf die Schüler wirken könnte.

Vor allem hebt sich der Kontrast hervor: Der Lehrer bezeichnet sich (als Mathematiker) als fleißig (sind die Schüler also faul?). Unserer Ansicht nach [kann/könnte] der Lehrer in den Augen der Schüler aber gerade nicht als fleißig gelten, was vor allem aus den Kontextinformationen hervorgeht.

Da diese Aussage zunächst einmal zusammenhanglos im Raum steht, sind wir der Ansicht, daß der Lehrer weiterreden wird.

Zeile (528)
(S. lacht) „*und deshalb hat man auch gleich* .. "

---

2 Vgl. Zeile (521)

Der Lehrer fährt fort, nachdem ein Schüler gelacht hat. Ob dieses Lachen zustimmend oder auslachend war[3], bleibt offen; jedenfalls wird der Lehrer seinen Monolog fortsetzten [!]. Zeile (529) *S: „was für ein Buch ist das'"*. Für andere Mitschüler gut hörbar, platzt ein Schüler mit einer Frage (Hebung der Stimme) in das Unterrichtsgeschehen. Sie ist wohl nicht an den Lehrer gewendet (dieser sprach nicht von einem Buch) und scheint unpassend zu sein, da sie nichts mit dem Thema zu tun hat. Da man davon ausgehen kann, daß der Fragesteller von einem anderen Schüler nicht wissen will, was er selbst für ein Buch besitzt, scheint er auf einen ‚Reiz' durch einen anderen Schüler zu reagieren, der z.B. in einem unbekannten Buch blättert, es aus seiner Tasche holt o. ä.

Dies zeigt nun die gespaltene Aufmerksamkeit in der Klasse[4]; ein Teil der Schüler scheint zuzuhören, während andere sich privat beschäftigen, zumindest dem Lehrer nicht folgen, obwohl dieser in (527) ja den Anschein machte, das ‚Heft in die Hand' nehmen zu wollen.

Zeile (530)
L: (geht ans Fenster, lehnt sich an die Fensterbank) „dieses Inter-"
Der Lehrer indes wendet sich einer ihm scheinbar eigenen Angewohnheit zu, ans Fenster zu gehen und sich an die Fensterbank zu lehnen, während er weiterredet[5]. Nach Betrachtung des mitgelieferten Raumplanes stellten wir fest, daß, wenn der Lehrer am Fenster steht, er keine zentrale Position gegenüber der Klasse mehr einnimmt, sondern daß er sich sogar im Rücken einiger Schüler befindet. Dies gibt unserer Ansicht nach desinteressierten Schülern die Gelegenheit, selbst aktiv zu werden, sei es in Form von außerfachlichen Gedanken oder durch Gespräche mit dem Nachbarn.

Zeilen (531-533)
L: „[dieses Inter-] vall [vorausgehende Klammer im Text, C. B.] .. mit einem anderen Begriff belegt ... und zwar mit zig Erklärungen, Zahlen die größer sind als Null – .. und die beliebig nahe an Null rankommen können. (zeigt auf die linke Tafel) ..ohne"
Zunächst gab es in unserer Gruppe größere Probleme beim Verständnis dieser Lehrerworte, wobei wir ja diese Zeilen mehrmals lesen konnten, im Gegensatz zu wird [!] den Schülern, die ihn möglichst direkt verstehen sollten. Plausibel ist, Zeile (528 ff) bis ‚Erklärungen' (Z. 532) als Sinnzusammenhang zu sehen (das Intervall bekommt einen Namen), ebenso wie die folgenden Worte, mit denen der Lehrer das erst später genannte ‚ε' (Epsilon) charakterisiert. In diesen Sätzen bedient der Lehrer sich einer völlig unmathematischen Ausdrucksweise (‚zig[').]

Erklärungen, was noch zusätzlich zur [!] der Tatsache, daß ein neues Thema eingeführt wird, Verwirrung bei den Schülern stiften dürfte. Eine an-

---

3   Vgl. den beschriebenen Gegensatz in (527)
4   Vgl. Stundenbeginn
5   Vgl. (192), (198f), (266), (392), (438), (453), (484ff).

dere Lesart wäre, daß der Lehrer versucht, sich durch Benutzung von Umgangssprache auf das Niveau der Schüler zu begeben, um (seiner Ansicht nach) von ihnen besser verstanden zu werden. Bemerkenswert ist weiterhin, daß er versucht, bevor er dem Intervall mit den ‚zig' Namen den Begriff Umgebung zuordnet, ein ‚Epsilon' zu beschreiben (‚Zahlen, die größer sind als Null'[6]), welches er überhaupt noch nicht erklärt hat. Diese Aussage[,] verbunden mit der Tatsache, daß er an die Fensterbank gelehnt auf die Tafel zeigt, bringen uns zu der Vermutung, daß der Lehrer sich nicht sehr engagiert, keine rechte Lust hat bzw. sich nicht (genug) Mühe gibt, den Schülern das Thema klar und verständlich zu erklären."

3.3.2 Kommentar

Ich habe speziell die Interpretation dieser Gruppe von Studierenden ausgewählt, weil sie im Vergleich mit anderen einerseits recht früh besonders selbständig gearbeitet hat, so daß hier recht gut zu sehen ist, was die Gruppe selbst zu leisten imstande ist. Zum anderen zeigt das Ergebnis noch einige Defizite, die einige (methodische) Schwierigkeiten illustrieren können, die zum Teil auch bei anderen Gruppen auftraten.

Es waren an dieser Gruppe sechs Studierende beteiligt. Die meisten studierten im vierten Fachsemester, wobei die Spanne allerdings vom zweiten bis zwölften Semester reichte. Der von den Studierenden selbst gewählte Transkriptausschnitt bezog sich auf Mathematikunterricht; aber nur zwei der Beteiligten studieren Mathematik, die anderen geisteswissenschaftliche Fächer.

Die vorgelegte Gruppenarbeit untersucht einen Teil einer Mathematikstunde in der elften Klasse des Gymnasiums, in welcher der Begriff des „Grenzwerts" eingeführt wurde (als der Wert, dem die Glieder einer nach bestimmten Regeln gebildeten Folge von Zahlen zustreben, wenn die Gliederzahl der Folge unbegrenzt anwächst). Das Transkript stammt aus einer Zusammenstellung der Arbeitsgruppe „Kommunikation im Mathematikunterricht" – Bauersfeld u.a.). Wie die Seminargruppe schreibt, hat sie dieses Transkript ausgesucht, „da es sich um eine höhere Klassenstufe handelt, und weil der Begriff des ‚Grenzwertes' ein mathematisches Grundproblem ist, auf dem der Unterricht der letzten beiden Schuljahre zum größten Teil aufbaut. Von daher schien es uns sehr interessant und wichtig, wie der Lehrer die Einführungsstunde gestaltet."

Diese Formulierung („wie der Lehrer die Einführungsstunde gestaltet") läßt sich nur rudimentär als Präzisierung einer Fragestellung bezeichnen. Hier liegt allerdings ein Versäumnis von meiner Seite vor, da ich die Studierenden nicht deutlich genug darauf verwiesen habe.

---

6   Eine der häufigsten Formulierungen in der höheren Mathematik besagt: Sei (0) beliebig [vorgegeben] [vorausgehende Klammer im Text C.B.]

Als Kontextinformation zog die Arbeitsgruppe den bisherigen Verlauf der Stunde heran, den sie in eigenen Worten zusammenfaßte:

„Zu Beginn der Stunde erfolgt eine Lautsprecherdurchsage durch die Schulleitung. Im weiteren Verlauf versucht der Lehrer über die Hausaufgaben zu sprechen. Die Schüler nehmen jedoch nur wenig Notiz von ihm und unterhalten sich ungestört. Als eine Schülerin zu spät den Raum betritt, verstärkt sich die Unruhe. Auch während der Besprechung der Hausaufgaben kehrt kaum Ruhe ein. Die an einer Tafel angemalten Folgen werden auf ihre Merkmale hin untersucht [die Schüler erhielten zu dieser Stunde die Hausaufgabe, 3 mathematische Folgen graphisch darzustellen]. Anhand von Folgegliedern innerhalb und außerhalb wird der Begriff ‚Grenzwert' eingeführt. Die Schüler scheinen mittlerweile größtenteils aufzupassen."

Ich hatte die Studierenden angewiesen, beim Zusammentragen von Kontextinformationen solche zu verwenden, die „am ehesten objektiven Charakter" (Oevermann/Allert/Konau 1980, S. 22) haben. Das ist hier auch gelungen; ausgenommen die letzte Aussage, bei der keine Indikatoren für die Behauptung genannt sind, daß die Schüler tatsächlich mittlerweile größtenteils aufpassen.

Der von mir gewählte Aszug bezieht sich auf die Zeilen 526-533 des Transkripts (die Zeilen 526-540 wurden wohl innerhalb einer einzelnen Seminarsitzung von der Gruppe interpretiert und werden von ihr mißverständlich als „Sequenz (1)" bezeichnet):

Zu Zeile 526:
Die Gruppe setzt, so wie sie ihre Interpretation beginnt, die unmittelbar vorangegangene Lehrerhandlung offenbar stillschweigend als bekannt voraus, nämlich:

„(geht an die noch leere Tafel und schreibt an: ‚Grenzwert; außerhalb eines Intervalls liegen endlich viele Folgenelemente und innerhalb des Intervalls liegen unendlich viele Folgenelemente.', 41 sec, Stimmengewirr)" (Zeilen 522-525)

Hieran knüpfen zwei Lesarten an, die plausibel erscheinende subjektive Intentionen des Schülers reflektieren. Anschließend wird gedankenexperimentell entworfen, worin eine angemessene Lehrerreaktion hätte bestehen können („Hätte der Lehrer [...]"). So etwas halte ich im Sinne des Seminarziels für besonders wichtig, damit die Studierenden üben, Handlungsalternativen zu erkennen und deren Vor- und Nachteile abzuwägen.

Da eine der ins Kalkül gezogenen Reaktionen nicht erfolgt, wird nach Kontextbedingungen gesucht, die das Lehrerhandeln sinnvoll erscheinen lassen („Was könnte passiert sein?"). Das ist ein Aspekt, auf den ich auch bei der Interpretation von Schüleräußerungen und -handlungen besonderen Wert lege: Ich möchte den Studierenden eine Haltung vermitteln, aus der heraus sie grundsätzlich jede Schüleräußerung als sinnvoll, motiviert und (aus Schülersicht) plausibilisierbar auffassen und ernst nehmen. (Der Verweis auf Zeile 521 ist wiederum ein Zugriff auf stillschweigend vorausgesetztes Wissen: „L: also das ist schon mal ein ganz wichtiger, zentraler Satz".)

Was die Gruppe nun zur Interpretation des „Stimmengewirrs" geschrieben hat, läßt erkennen, wie die Teilnehmenden hier auch auf eigene Schulerfahrungen, deren Austausch und Reflexion, angewiesen sind. Ein abschließender Satz wie „Auffällig ist [...]" würde mich, wenn er in meinem Beisein geäußert wird, sicherlich dazu provozieren, weiter nachzufragen, warum die zugrundeliegende Handlung aufgrund der Perspektive der InterpretInnen als angehende LehrerInnen überhaupt auffällig erscheint und woher sie diesen Maßstab nehmen. Eventuell könnte dies im Seminar auch ein Anknüpfungspunkt für einen theoretischen Exkurs sein.

Zu Zeile 527:
Die Gruppe protokolliert zunächst ihren spontanen Eindruck. Dazu hatte ich die Studierenden ausdrücklich aufgefordert, um so den eigenen impliziten Vorstellungen von Unterricht und auch affektiven Reaktionsmustern leichter auf die Spur zu kommen. Durch die methodisch angeleitete Interpretation des Transkripts soll dann wiederum die nötige Distanz des unvoreingenommenen Beobachters hergestellt und dadurch auch eine Reflexion der eigenen spontanen Reaktion möglich werden.

Ich zweifle, ob dies der Gruppe an dieser Stelle gelungen ist, denn ohne ihre Interpretation argumentativ ausführlicher zu stützen, hebt sie sehr stark auf die subjektive Intention des Lehrers ab und fügt den möglichen objektiven Bedeutungsgehalt eher hintan. (Dieses Verhältnis der beiden Bedeutungsgehalte war im übrigen ein Punkt, der von mir im Plenum und in den Kleingruppen wiederkehrend angesprochen wurde, da mir eine gewisse Tendenz zu einer psychologisierenden Interpretationsweise erkennbar schien.)

Mit Kontextwissen wird hier methodisch wiederum sehr unkontrolliert umgegangen und die darin geknüpfte Interpretation bleibt so letztlich nicht nachvollziehbar.

Zu Zeile 528:
Hier wird die Lehreraussage inhaltlich überhaupt nicht interpretiert. Das scheint mir Indiz für eine Tendenz, in den Kleingruppen doch etwas rascher vorzugehen als bei der gemeinsamen Seminarinterpretation, bei der ich auch auf die extensive Interpretation von scheinbar Vordergründigem, Unproblematischem Wert gelegt habe.

Zu Zeile 529:
An dieser Stelle der Interpretation wird die Parallelität verschiedener Handlungsstränge im Unterricht deutlich. Dies ist ein Punkt, auf den einzugehen, ich bei Plenumsinterpretationen für wichtig halte: Wie gehen Lehrkräfte mit solchen nicht auf das formulierte Sachthema bezogenen Äußerungen um? Ist es sinnvoll sie zu ignorieren, sie auszugrenzen oder als Störungen zu betrachten? Oder sind sie ein Teil der aktuellen Unterrichtssituation, auf den man als LehrerIn eingehen sollte – und wie?

Zu Zeile 530:
Indem die Sequenz mitten im Wort abgeschnitten wird, offenbar, weil das Zeilenende erreicht ist, wird deutlich, daß die Studierenden zum Teil noch sehr schematisch mit der Sequenzierung umgehen. Hierzu wurde von den Kleingruppen auch öfter bei mir nachgefragt.

Zu Zeile 531-533:
Diesmal wird eine recht lange Sequenz gebildet, die dann, wie es auch bei anderen Gruppen vorkommt, doch eher zusammenfassend gedeutet wird. Gerade hier aber wäre es sinnvoll gewesen, zumindest die kurzen Sprechpausen als Strukturierung zu nutzen und nach plausiblen Lesarten für die einzelnen Teiläußerungen zu fragen und gedankenexperimentell den Fortgang der Lehreräußerung (oder verschiedener Variationsmöglichkeiten) zu antizipieren. Demgegenüber ist die Aussage, „daß der Lehrer sich nicht engagiert, keine rechte Lust hat bzw. sich nicht (genug) Mühe gibt", sehr weitreichend und recht pauschal.

Problematisch ist unter dem Gesichtspunkt der Interpretationsmethode der Vorgriff auf „das erst später genannte ,ε' (Epsilon)". In diesem Fall wäre es m.E. möglich gewesen, in der Kleingruppe zu reflektieren, auf welchen fachmathematischen Aspekt bzw. Begriff der Lehrer mit seiner aktuellen Äußerung möglicherweise hinarbeiten will, und zu rekonstruieren, vor welchen Schwierigkeiten er dabei momentan stehen könnte. Im weiteren würde ich es an dieser Stelle für wünschenswert halten, daß die Gruppe den fachlichen Zusammenhang eingehender expliziert und als Bezug bei der Interpretation deutlicher berücksichtigt.

Vielleicht kann gerade die letzte Interpretationssequenz deutlich machen, worin die Grenze einer weitgehend selbständigen Gruppeninterpretation liegt, wenn zuvor den Studierenden doch recht wenig Zeit zur Verfügung stand, sich mit der Methode auseinanderzusetzen und sie methodologisch zu reflektieren: Es scheint (und hier ergänze ich aus meinem Eindruck von anderen Gruppenarbeiten), daß vor allem dann die Gefahr eines Abweichens von einem methodisch kontrollierten Vorgehen besteht, wenn eine Textpassage einem intuitiven Verstehen beim ersten Lesen schwer zugänglich ist.

Andererseits bietet gerade die Gruppenarbeit durch ihre intimere Arbeitsatmosphäre auch Chancen, die sich im Plenum sehr viel schwerer realisieren lassen. Ich möchte dazu eine der Teilnehmerinnen aus der eben herangezogenen Kleingruppe zitieren:

„Die Gruppenarbeit ermöglichte, die verschiedenen Interpretationsmöglichkeiten genauer zu diskutieren, was mit allen Leuten im Seminar nicht möglich war. Man hatte Zeit, über einzelne Passagen intensiver nachzudenken, und wir wurden einfach sensibler für Worte. Wichtig war auch, daß dabei eigene Schulerlebnisse verglichen werden konnten."

3.4 Bewertung durch die Seminarteilnehmenden

Zur persönlichen Bewertung der Veranstaltung erhielten die Teilnehmenden beider Seminare in der vorletzten Sitzung einen standardisierten Fragebogen (in Anlehnung an ein Instrument, das von KollegInnen auch in anderen Veranstaltungen benutzt wird). Diese Form der Rückmeldung – eine Notlösung – habe ich gewählt, weil für ein ausführlicheres Feedback im Seminar keine Zeit blieb.

Von der weitaus überwiegenden Mehrheit der Teilnehmenden, die schon andere Veranstaltungen in der Pädagogik besucht hatten, wurden die Seminare als „besser" oder „deutlich besser" beurteilt. Ein erheblicher Anteil behauptet das sogar im Vergleich mit Veranstaltungen in den eigenen Fächern (auch wenn dieser Vergleich sicherlich nicht ganz unproblematisch ist).

Fast durchweg wurden die Seminare als sehr geeignete Einführung in das erziehungswissenschaftliche Begleitstudium angesehen.

In der Schlußbefragung und auch bei zwischengeschalteten Reflexionsrunden hoben die Studierenden häufig den Praxisbezug der Veranstaltung hervor. Als besonderer Lernertrag – der insbesondere durch die ausgedehnte Gruppenarbeit unterstützt worden sei – wurde immer wieder genannt:

– das schon eingangs erwähnte Wahrnehmen der Komplexität der Unterrichtssituation (was andererseits von einigen durchaus im Blick auf ihre spätere Berufstätigkeit auch als belastend erlebt wurde),
– die Sensibilisierung für Unterrichtsprozesse,
– das Einüben der Fähigkeit, sich in die Beteiligten hineinzuversetzen, und
– ein Gespür für Sichtweisen von Schülerinnen und Schülern zu entwickeln.

Dazu wurde auch als wichtig anerkannt, die eigenen schulischen Erfahrungen und Vorstellungen über das Handeln von LehrerInnen zu reflektieren.

Zudem wurde der Gewinn an methodischer Deutungskompetenz angeführt, mit dem sich später Situationen aus dem eigenen Unterricht reflektieren ließen.

Hier wurde auch die gedankenexperimentelle Entwicklung von Handlungsalternativen als ergiebig angesehen; ebenso sei die gemeinsame Interpretation anregend: andere Deutungen zu hören, auch solche, auf die man alleine nicht gekommen wäre.

Den meisten Studierenden gelang es, wie sie selbst sagten, sich in ihre künftige Rolle als Lehrkraft hineinzuversetzen, und auch aus dieser Warte Erlebnisse, die sie als Schülerinnen und Schüler machten, zu betrachten. Dabei hoben sie die Typizität bestimmter Ereignisse und Prozesse hervor. Auch künftige Praktika wurden angesprochen: Eine Reihe von Studierenden betonte, daß sie ein ausgeprägteres Bewußtsein dafür gewonnen hätten, wie und inwieweit eine Steuerung des Unterrichtsablaufs durch die Lehrkraft möglich ist bzw. erfolgt.

Nur einige wenige Studierende äußerten Unzufriedenheit, weil sie eine systematische Präsentation und (subsumtionslogische) Anwendung von Theorie erwartet hatten. In der Reflexion im Plenum konnte ich auf theoretische Aspekte, die sich aus der Interpretation ergaben, aus Zeitmangel oft nur hinweisen.

Auch eine systematische Reflexion von persönlichen Bezügen erwies sich eher als schwierig. Sie muß immer wieder eigens als Thema eingeführt werden, braucht Ermunterung und Anleitung, und es muß gesondert Zeit dafür reserviert werden. Gerade dies aber blieb aus meiner Warte unbefriedigend, weil praktisch das letzte Drittel des Seminars für die Interpretationsarbeit in den Kleingruppen freigehalten werden mußte (womit ich ursprünglich nicht gerechnet hatte).

Insgesamt habe ich den Eindruck, daß das inhaltliche Seminarthema eher im Vordergrund stand bzw. daß dieser Aspekt für die Studierenden wohl leichter zu handhaben, zu objektivieren ist. Soweit eine persönliche Reflexion im Plenum möglich war, streuten die angesprochenen Aspekte zudem recht weit.

Die 1½-stündige Seminarzeit erwies sich insgesamt als praktikabel, wenn auch vor allem in Phasen der Plenumsarbeit gewisse Abstriche gemacht werden müssen. Interpretationen müssen dann abgebrochen werden, wenn der Arbeitsfluß in der Großgruppe gerade richtig in Gang gekommen ist und die Teilnehmenden mit Spannung den Fortgang des Transkripts erwarten. Bei der Interpretation in Kleingruppen schien dies weniger ein Problem.

4. Reflexion und Ausblick

Im Folgenden greife ich über die beiden bisher dargestellten Seminare hinaus und beziehe mich ergänzend auf Erfahrungen, die ich in zwei weiteren Seminaren dieser Art im Wintersemester 1997/98 sammeln konnte. Punktuell beziehe ich mich außerdem auf ein gerade – Sommersemester 1998 – laufendes Seminar. Die Veranstaltungen des Wintersemesters wurden mit einem vergleichbaren Fragebogen und einer Gruppendiskussion evaluiert, und es läßt sich zunächst sagen, daß sich die oben dargestellten Ergebnisse bestätigen.

Die folgenden vier Punkte beziehen auf Ausschnitte meines Reflexionsprozesses als Seminarleiter; sie sollen nicht als Merkmale oder Begründungen einer abschließenden Konzeption betrachtet werden:

(1) Der erste Reflexionspunkt, auf den es mir ankommt, betrifft meine eigenen Beiträge als Leiter. Wie werden sie von den Studierenden im Kontext des Seminars wahrgenommen? Zwar wurden meine Beiträge in allen Seminaren im Durchschnitt deutlich positiv bewertet (Bezeichnung und Betonung der wichtigsten Punkte, Wecken von zusätzlichem Interesse für das Thema, genügend theoretische Erläuterung zu den Interpretationsergebnissen); doch rangieren diese Aussagen im Vergleich zu anderen Aussagen eher im Mittelfeld. Und hierin sehe ich ein gewisses Problem aus der Spannung zwischen Seminarkonzeption und meiner persönlichen Qualifikation:

Zum einen fiel es mir als fachmathematischem Laien doch schwer, angemessene fachliche Erläuterungen zu den Unterrichtstranskripten zu geben (was allerdings durch Fachstudierende bis zu einem gewissen Grad ausgeglichen werden kann), und dies gilt auch für ad hoc-Erläuterungen und Theoretisierungen zu schulpädagogischen, unterrichtsplanerischen, didaktischen oder methodischen Fragen, für die ich mich als nicht eigens spezialisierter Pädagoge nicht immer hinreichend qualifiziert sah.

Zum anderen lassen die Offenheit der Interpretation und vor allem die Unvorhersehbarkeit der individuellen Erfahrungsassoziationen, welche die Studierenden an bestimmte Transkriptpassagen oder Interpretationsergebnisse knüpfen, nur schwer vorhersagen. Und es läßt sich so nicht immer abschätzen, welche Theoretisierungschancen sich im einzelnen anbieten werden und wie man sich als SeminarleiterIn am besten darauf vorbereitet.

Letztlich sehe ich aber in diesen beiden Aspekten keine ernstlichen Hinderungsgründe, auch wenn gewisse Abstriche zu machen sind. Ich orientiere mich hier an Aussagen, die H. Jungwirth zur theoretischen Basis für Fortbildungskonzepte in der LehrerInnenbildung gemacht hat:

„FortbildnerInnen haben in diesem Konzept, inhaltlich wie organisatorisch, primär unterstützende Funktion, da das Ziel ja nicht ist, den LehrerInnen einen festen Bestand an Wissen zu liefern, den sie übernehmen und dann in ihrem Berufsalltag anwenden sollen. Damit ist jedoch nicht gemeint, daß hier die Vermittlung von wissenschaftlich gewonnenem Wissen ausgeschlossen wäre; es hat durchaus seinen Platz, wenn ihm auch ein anderer Stellenwert und eine andere Funktion als sonst in der LehrerInnenfortbildung zukommt." (Jungwirth 1990, S. 191)

(2) Eine weitere Einschränkung bildete allerdings die doch recht umfangreiche Seminargröße, die es mir nur sehr begrenzt erlaubte, die Interpretation der einzelnen Kleingruppen zu begleiten. Im Wintersemester habe ich in dieser Hinsicht gewollt experimentiert, indem ein kleineres Seminar mit knapp 20 Teilnehmenden stattfand und ein größeres, das gut 30 Teilnehmende umfaßte. Schon bei der Plenumsarbeit machten sich die Nachteile des größeren Seminars spürbar bemerkbar: Die Interpretation wurde tendenziell stärker als langatmig empfunden. In der Phase Kleingruppenarbeit waren dort fünf Gruppen zu betreuen, was mir nur sehr bedingt gelang (und bei einer Gruppe deutlich unzureichend war, was deren Leistungsnachweis dokumentiert); während es im kleineren Seminar nur drei Gruppen gab, was angemessen war. Auch im Urteil der Studierenden (schriftliche Befragung und Gruppendiskussion) schlagen sich die Differenzen zwischen beiden Seminaren nieder: Das kleinere Seminar wurde im Durchschnitt deutlich positiver wahrgenommen. Die Konsequenz ist, die Seminare künftig auf 20 Teilnehmende zu beschränken. Das scheint insbesondere dann geboten, wenn der Fortgang der Veranstaltung so stark an Gruppenprozessen orientiert ist wie in diesen Seminaren.

(3) Ein weiterer Punkt, der als Desiderat im Sinne der Seminarzielsetzung bleibt, ist, die persönliche Reflexion stärker zu unterstützen und in den

gesamten Seminarablauf systematischer zu integrieren. Denkbar wäre gewesen, die Seminararbeit um eine persönliche Stellungnahme und Einbeziehung eigener Erfahrungen zu ergänzen. Davor scheute ich jedoch (vielleicht etwas zu vorsichtig) zurück, da ich keinesfalls wollte, daß solche persönlichen Reflexionen mit einer Leistungsbewertung in Verbindung gebracht würden. Vereinzelt finden sich eher allgemein gehaltene Anspielungen, wie auch einzelne Arbeitsgruppen da und dort theoretische Versatzstücke in ihren Bericht einfließen ließen, die jedoch eher subsumtionslogisch wirken. (Dieses Bild bestätigt sich auch für die beiden nachfolgenden Seminare im Wintersemester.)

Eine Möglichkeit, die persönliche Reflexion in die schriftliche Arbeit einzubinden, sehe ich darin, dieser Reflexion eine besondere Form zu geben. In meinem Potsdamer Vortrag habe ich dazu auf einen Versuch hingewiesen, den ich in einem anderen Seminar – über das Lernen aus konstruktivistischer Sicht – unternommen hatte. Ich hatte dazu auf ein Genre zurückgegriffen, das G. L. Ulmer (1989, S. 82-112) unter dem Namen „Mystory" entwickelt hat; wobei „Du Deine Erfahrung mit drei Ebenen des Diskurses zueinander in Beziehung setzt – der des Persönlichen (Autobiographie), der des Populären (in der Gemeinschaft geteilte Geschichten, mündlich überlieferte Geschichte oder Massenkultur), der des Expertentums (Disziplinen des Wissens)" (Übersetzung aus Beck 1993, S. 186; dort auch eine ausführlichere Erläuterung).

So haben wir in diesem Seminar versucht, konstruktivistische Lerntheorien (als Überblick J. Gerstenmaier/H. Mandl 1995) mit eigenen Erfahrungen von Unterricht sowie mit Alltagswissen über Schule und Unterricht reflexiv zu verknüpfen. Über die für eine Transkriptarbeit wichtige Möglichkeit einer Einbindung dieses Genres in sozialwissenschaftliche Interpretation schreibt N. K. Denzin (1997, S. 115-120).

Inzwischen halte ich die Verwendung dieser Form unter den gegebenen Seminarbedingungen und angesichts der erheblichen Zeit, welche die Interpretation der Unterrichtstranskripte beansprucht, für zu arbeitsintensiv und zu zeitaufwendig. Ich habe mich deshalb im laufenden Semester für ein „Persönliches Lerntagebuch" entschieden (in Anlehnung an eine unveröffentlichte Arbeitsvorlage von H. Belz). Ich verwende es gegen Ende der Sitzung nach der gemeinsamen Interpretation oder den Interpretationen in den Kleingruppen. Es soll die Teilnehmenden in einem fortlaufenden Prozeß unterstützen, das Erarbeitete mit eigener Erfahrung und eigenem Erleben zu verknüpfen. Dazu habe ich auf einem Arbeitsblatt unter anderem Fragen formuliert wie:

Was ist das mir Wesentliche von heute?
Was möchte ich in die Schulpraxis, ggf. das Schulpraktikum übernehmen?
Habe ich Ideen, Themen, Fragen, an denen ich im oder nach dem Seminar weiterdenken möchte?

Fallen mir besondere Erlebnisse ein? Welche Ahnung, Einsicht, Gewißheit und welches Gefühl habe ich dazu?

Dieses Lerntagebuch dient zunächst der eigenen Reflexion und wird nicht öffentlich gemacht. Allerdings frage ich zu Beginn der folgenden Sitzung, ob jemand auf bestimmte ihm/ihr wichtige Aspekte zurückkommen und diese zum Thema machen will (unter dem Stichwort: „Reste aus der vergangenen Sitzung"). In einer eigens freigehaltenen Reflexionssitzung vor dem letzten Drittel des Seminars sollen die persönlichen Erfahrungen aber gezielt zum Thema gemacht werden, wobei die Aufzeichnungen aus dem Lerntagebuch die Basis für einen Austausch sein sollen. Nach meinen ersten Eindrücken könnte dies ein gangbarer Weg sein.

(4) Verglichen mit den meisten herkömmlichen Seminaren unterscheiden sich die hier dargestellten augenfällig durch ihren geringen oder eher situativ herzustellenden Literaturbezug. In den beiden ersten Seminaren hatte ich ausgewählte Texte jeweils an entsprechender Stelle als ergänzende Lektüre empfohlen und habe auch in den nachfolgenden Sitzungen angeboten, auf Fragen und Diskussionspunkte einzugehen. Nach meinen Beobachtungen wurden die Texte jedoch nur von einzelnen Studierenden gelesen, die hierzu kaum Nachfragen stellten, sondern eher pauschal eine Unzugänglichkeit der Texte für das eigene Verstehen bemängelten.

Ich habe das zum Anlaß genommen, in den beiden folgenden Seminaren gezielt einen vorab ausgewählten theoriebezogenen Text, passend zum gemeinsam interpretierten Transkript, zu besprechen. Auch hier wurde von vielen Studierenden die Unzugänglichkeit, speziell auf Grund von unvertrauter Fachterminologie bemängelt. Als Seminarleiter hatte ich hier zunächst einmal „Übersetzungsarbeit" zu leisten, um einen Bezug herzustellen zu dem, was wir durch die eigene Interpretation im Seminar erarbeitet hatten. Dennoch wurde die gemeinsame Bearbeitung des Textes von der Mehrzahl der Teilnehmenden wohl eher als eine unwillkommene Unterbrechung des Interpretationsprozesses angesehen: Nur zwei Befragte gaben in der Abschlußbefragung explizit an, daß sie sich gewünscht hätten, mehr theoretische Texte zu bearbeiten. In der bisher nicht aufgehobenen Spannung von praktischer Interpretationsarbeit und literaturbezogener Reflexion liegt ein Grundproblem dieses Seminaransatzes. Ob es letztlich überhaupt unabdingbar sein sollte, in solchen Einführungsveranstaltungen beides miteinander zu vermitteln, ist für mich eine offene Frage.

5. Schlußbemerkung aus studentischer Sicht

Zum Schluß möchte ich aus einem Brief zitieren, den mir einer der Studierenden geschrieben hat, die an der vorgestellten Gruppeninterpretation beteiligt waren. Ich hatte die Mitglieder dieser Gruppe gebeten, aus ihrer persönlichen Sicht die Bedeutung solcher Fallinterpretationen zu kommentieren. Damit sollen nach meiner zusammenfassenden Bewertung noch einmal die Betroffenen zu Wort kommen:

„In meinen Fächern Mathe/Physik [...] erlebe ich häufig, daß man die Theorie nicht auf die Praxis anwenden kann, weil sie zumeist viel zu kompliziert ist. In diesem Seminar bei Ihnen war das anders. [...]
Ich kann nicht sagen, daß ich klare päd. Theorien gelernt habe, die man nun auf einem Blatt niederschreiben könnte. Gelernt habe ich vielmehr, die Praxis des ‚Lehrens' zu analysieren, und aus den erkannten Vor- bzw. Nachteilen Rückschlüsse oder besser ‚Vorschlüsse' auf meine spätere berufl. Tätigkeit zu ziehen.
[...] Es tut gut, sich an der Universität, in der ich zumeist nur Dinge lerne, die ich in der Schule nicht gebrauchen kann, mit der Praxis/dem Alltag des Lehrers zu beschäftigen und dessen Probleme zu erforschen."

Die letzte Aussage betrachtet, könnte das Seminar den Bedürfnissen vieler Studierender entsprechen. Es darf aber keineswegs eine Zweigleisigkeit im Veranstaltungsangebot entstehen, bei der ein solches Seminar quasi eine kompensatorische Funktion erfüllt. Vielmehr wäre dies als Anfrage zu verstehen, wie die hier als alltags- oder praxisnah erlebten Elemente sich auch in andere Veranstaltungen sinnvoll aufnehmen lassen – denkbar wäre z.B. die Anwendung von (qualitativ gewonnener) Theorie auf einen Einzelfall (vgl. H. Oswald 1997, S. 81).

Literatur

Beck, C. (1993): Ästhetisierung des Denkens. Zur Postmoderne-Rezeption der Pädagogik. Amerikanische, deutsche, französische Aspekte. Bad Heilbrunn.
Beck, C./Maier, H. (1994): Zu Methoden der Textinterpretation in der empirischen mathematikdidaktischen Forschung. In: Maier, H./Voigt, J. (Hg.): Verstehen und Verständigung. Arbeiten zur interpretativen Unterrichtsforschung. (IDM-Reihe. Bd. 19.) Köln , S. 43-76. (a)
Beck, C./Maier, H. (1994): Mathematikdidaktik als Textwissenschaft. Zum Status von Texten als Grundlage empirischer mathematikdidaktischer Forschung. In: Journal für Mathematik-Didaktik 15, S. 35-78. (b)
Belz, H. (1988): Auf dem Weg zur arbeitsfähigen Gruppe. Kooperationskonzept von H. Belz – Prozeßberichte aus TZI-Gruppen. (Aspekte Themenzentrierter Interaktion.). Mainz.
Denzin, N. K. (1997): Interpretive Ethnography. Ethnographic Practices for the 21st Century. Thousand Oaks/London/New Delhi: Sage.
Duit, R. (1995): Zur Rolle der konstruktivistischen Sichtweise in der naturwissenschaftsdidaktischen Lehr- und Lernforschung. In: Zeitschrift für Pädagogik 41, S. 905-923.
Gerstenmaier, J./Mandl, H. (1995): Wissenserwerb unter konstruktivistischer Perspektive. In: Zeitschrift für Pädagogik 41, S. 867-888.
Jungwirth, H. (1990): Mädchen und Buben im Mathematikunterricht. Eine Studie über geschlechtsspezifische Modifikationen der Interaktionsstrukturen. (Reihe Frauenforschung. Bd. 1.) Wien: Bundesministerium für Unterricht, Kunst und Sport.

Jungwirth, H., u.a. (1994): Interpretative Unterrichtsforschung in der Lehrerbildung. In: Maier, H./Voigt, J. (Hg.): Verstehen und Verständigung. Arbeiten zur interpretativen Unterrichtsforschung. (IDM-Reihe. Bd. 19.) Köln, S. 12-42.

Krummheuer, G./Voigt, J. (1991): Interaktionsanalysen von Mathematikunterricht. Ein Überblick über einige Bielefelder Arbeiten. In: Maier, H./Voigt, J. (Hg.): Interpretative Unterrichtsforschung. H. Bauersfeld zum 65. Geburtstag. (IDM-Reihe. Bd. 17.) Köln, S. 13-32.

Maier, H. (1997): Zur Praxis eines sprachfördernden Mathematikunterrichts. [Noch unveröffentl. Typoskript.] [Regensburg.]

Neth, A./Voigt, J. (1991): Lebensweltliche Inszenierungen. Die Aushandlung schulmathematischer Bedeutungen an Sachaufgaben. In: Maier, H./Voigt, J. (Hg.): Interpretative Unterrichtsforschung. H. Bauersfeld zum 65. Geburtstag. (IDM-Reihe. Bd. 17.) Köln, S. 79-116.

Oevermann, U./Allert, T./Konau, E. (1980): Zur Logik der Interpretation von Interviewtexten. Fallanalyse anhand eines Interviews mit einer Fernstudentin. In: Heinze, T./Klusemann, H. W./Soeffner, H. G. (Hg.): Interpretationen einer Bildungsgeschichte. Überlegungen zur sozialwissenschaftlichen Hermeneutik. Mit Beiträgen von T. Allert u.a. (päd. Forschung.) Bensheim, S. 15-69.

Oevermann, U., u.a. (1979): Die Methodologie der „objektiven Hermeneutik" und ihre allgemeine forschungslogische Bedeutung in den Sozialwissenschaften. In: Soeffner, H.-G. (Hg.): Interpretative Verfahren in den Sozial- und Textwissenschaften. Stuttgart, S. 352-433.

Oswald, H. (1997): Was heißt qualitativ forschen? In: Friebertshäuser, B./Prengel, A. (Hg.): Handbuch Qualitative Forschungsmethoden in der Erziehungswissenschaft. Weinheim/München, S. 71-87.

Portele, G./Heger M. (Hg.) (1995): Hochschule und Lebendiges Lernen. Beispiele für Themenzentrierte Interaktion. Mit einem Vorwort von R. Cohn. (Blickpunkt Hochschuldidaktik. Bd. 99.) Weinheim.

Ulmer, G. L. (1989): Teletheory. Grammatology in the Age of Video. New York/London: Routledge, Chapman, and Hall.

Voigt, J. (1984): Interaktionsmuster und Routinen im Mathematikunterricht. Theoretische Grundlagen und mikroethnographische Falluntersuchungen. (Beltz-Forschungsberichte.) Weinheim/Basel.

Thomas Loer

Unterrichtsinterpretation in der akademischen Lehrerausbildung – Mittel zum Erwerb methodischer Kompetenz oder Moment von Professionalisierung?
„Gegenrede" zum Beitrag von Christian Beck[1]

Vorbemerkung

Ausgehend von der Dramaturgie des in dem vorliegenden Band dokumentierten Symposions, die mich ja in die Rolle eines „Gegenredners" stellt, werde ich im Folgenden drei Aspekte der Rede meines Vorredners ansprechen, die ich für klärungsbedürftig halte. Dass ich dies so vorsichtig ausdrücke, liegt daran, dass ich weniger ein Gegenmodell explizieren als vielmehr Implikationen des Gesagten gegenläufig auslegen möchte. Dies allerdings nicht aus dramaturgischen Gründen, sondern aus Gründen, die in der Sache liegen: Man muss sie anders auslegen, wenn anders man die Lehrerbildung als Professionalisierung begreifen und betreiben möchte. Dass man dies wiederum muss (andererseits möglicherweise gar nicht kann), das unterstelle ich mit Verweis auf die von Ulrich Oevermann skizzierte Professionalisierungstheorie (vgl. Oevermann 1996). Darüber hinaus möchte ich diese Aspekte auch deshalb thematisieren, weil sie für die gesamte Diskussion um Relevanz und Funktion von Fallanalysen in der Lehrerbildung[2] bedeutsam sind. Dies erscheint mir aus meiner – zugegebenermaßen kursorischen – Kenntnis der einschlägigen Literatur so, und es wird auch daran deutlich, dass die von mir ins Spiel gebrachte Hinsicht sogar in dem wohlüberlegten und in allen Aspekten reflektierten fallanalytischen Vorgehen von Christian Beck auf systematische Weise nicht eingenommen bzw. mit anderen Hinsichten vermengt wird.

---

1 Für genaue Lektüre und kritische Diskussion der ersten schriftlichen Fassung dieses Beitrags danke ich Dorothea Wagner, Berlin, und Jörg Gräbner, Frankfurt/Main.
2 Ich spreche von Lehrer*aus*bildung, weil die methodischen und fachlichen Kompetenzen, die im Rahmen dieser Ausbildung erworben werden müssen, eine wesentliche Rolle spielen, der Lehrer also ein ausgebildeter Fachmann ist. Gleichwohl müssen die Momente, die mit ‚Lehrerbildung' besser bezeichnet sind, in die Ausbildung integriert sein, wenn anders es sich um *Lehrer*ausbildung handeln soll. Anders als etwa Hans-Karl Beckmann (1997, S. 97) meine ich mit dem Begriff Professionalisierung nicht schlicht Verberuflichung, so dass, anders als es bei Beckmann heißt, von den beiden Termini ‚Lehrerbildung' und ‚Lehrerausbildung' der erste der Professionalisierung näher steht.

Drei Problemaspekte

Die drei Aspekte, die ich kurz behandeln möchte, benenne ich mit folgenden Gegenüberstellungen:

1) Methodisches und maieutisches Verstehen (Diese Gegenüberstellung ist allerdings unecht, da unvollständig: Das praktische Verstehen wäre hier noch in Beziehung zu den beiden genannten Formen zu setzen.)
2) Schulung in einer Methode und Professionalisierung
3) Theorie und Praxis

Dabei ist zu beachten, dass es sich tatsächlich um Aspekte handelt, die natürlich in der Sache, auf die hin sie blicken lassen, vermittelt sind. Ihre Scheidung ist analytisch, und ihre reale Verquickung teilt sich noch in der Darstellung durch unvermeidliche Wiederholungen mit.

Zwei Modi des Verstehens

Methodisches Verstehen meint die handlungsentlastete, methodisch explizite Rekonstruktion der objektiven Bedeutungsstruktur von Ausdrucksgestalten aller Art. Hierzu werden methodisch kontrolliert diejenigen Regeln für die Bedeutungsrekonstruktion in Anschlag gebracht, die in der Praxis selbst operieren, von der der zu verstehende Text ein Ausdruck ist, und die die Bedeutung des Textes konstituieren. Text meint dabei Ausdrucksgestalten in jeglichem Ausdrucksmaterial (sei es Farbe, Klang, leibliche Gesten oder anderes) bzw. jeglicher Ausdrucksmaterialität (sei es Sprache oder – wie z.B. im Film – Handlungssequenzialität). Das, was der Sprecher (der Maler, der Komponist, usw.) dabei mit seiner Äußerung *meinte*, ist methodisch nur erschließbar auf der Basis des *Gesagten* (der zu rekonstruierenden Bedeutungsstruktur).

Methodisches Verstehen ist folglich das hauptsächliche Geschäft der Wissenschaften von der sinnstrukturierten Welt: der Geistes-, Kultur- und Sozialwissenschaften, und wesentliches Moment ihrer Theoriebildung.

Nehmen wir nun die folgende Äußerung, von der Beck in seinem Beispiel ausgeht:

S: *„gut, Grenzwert, werde ich mal aufschreiben".* (29 sec Stimmengewirr) *(Zeile 526)*

Der vorangehende Kontext (vgl. S. 41)[3]: dass es irgendeine Lautsprechermitteilung der Schulleitung gab, auf die Unruhe in der Klasse folgte, woraufhin der Lehrer mit business as usual (Besprechung der Hausaufgaben, Einführung des Begriffs ‚Grenzwert' mittels Tafelanschriebs) fortfuhr, ist uns

---

3   Seitenzahlen ohne weitere Angaben beziehen sich stets auf den Beitrag von Christian Beck in diesem Band.

in Form eines Beschreibungsprotokolls gegeben, und so empfiehlt es sich, nicht erst mit der Schüler-Äußerung einzusetzen, sondern bereits die vorausgehende Sequenz zu analysieren. Wir behandeln dabei also den Kontext als Text.

Hier soll eine knappe Skizze genügen. Ohne dass wir den Inhalt der Lautsprecherdurchsage kennen, müssen wir festhalten, dass sie ein Moment des gemeinsamen Handlungsraumes von Lehrer und Schülern darstellt, das eine Reaktion erwarten lässt – und sei es das ritualisierte Aufstöhnen bei der routinemäßigen Ankündigung, dass in der nächsten Pause die Schulmilch abgeholt werden könne. Und so sehen wir auch, dass sie Einfluss auf das Unterrichtsgeschehen nimmt. Die Schüler nämlich reagieren mit Unruhe und machen damit deutlich, dass die Durchsage – auch wenn sie faktisch nichts mit dem Unterricht zu tun hatte – ein Moment des Unterrichts darstellt. Dies aber bedeutet, dass der Lehrer darauf eingehen muss, und sei es durch einen knappen Kommentar. Dass er das nicht tut, ist objektiv Ignoranz. Deren Motivierung kann man in einem spezifischen Verständnis von Unterricht sehen. Dieses Verständnis wird von einem Deutungsmuster generiert, das ein folgendermaßen zu paraphrasierendes Deutungselement enthält: ‚Ereignisse, die nicht zur Stoffvermittlung zählen, gehören nicht zum Unterricht und dürfen deshalb ignoriert werden'.

Ein erster Zugriff auf die oben zitierte Schüleräußerung im Modus des methodischen Verstehens führt nun dazu, dass wir sie als eine Antwort auf die Ignoranz des Lehrers gegenüber der durch die Mitteilung der Schulleitung ausgelösten Unruhe rekonstruieren. *Dass* der Schüler diesen Satz äußert – statt die in ihm beschriebene Handlung einfach vorzunehmen –, ist Explanandum; seine Wahrnehmungsperspektive – die eines Schülers, der etwas begreifen will – und die Situation, auf die er reagiert, bilden das Explanans: Da die Äußerung des Schülers prima vista überflüssig ist, muss sie über ihre bloße Mitteilungsfunktion hinaus einen anderen pragmatischen Sinn haben. Wenn man nun etwa gedankenexperimentell den Extremfall konstruiert, dass die Schulleitung den Ausbruch eines Krieges bekanntgab, so wird offensichtlich, dass die pragmatische Funktion in der Kritik an der Ignoranz des Lehrers besteht. Dass es sich um Ignoranz handelt, liegt, wie oben dargelegt, nicht am konkreten Gehalt der Durchsage – wie banal sie faktisch auch immer gewesen sein mag: sie beeinflusste die Unterrichtssituation, induzierte Unruhe und hätte eines Lehrerkommentars bedurft. Der Schüler klagt hier, so könnte man formulieren, gegenüber der Reduktion des Unterrichts auf Stoffvermittlung durch den Lehrer, die Dimension der Interaktion von ganzen Personen ein. – Nun kann man diesen Rekonstruktionsansatz weiterentwickeln, darüber *theoretisieren*, davon jedoch später.

Maieutisches Verstehen meint das in der Vermittlungspraxis stehende, in der Regel implizite Begreifen und praktische Aufgreifen des Gehalts einer Ausdrucksgestalt, und zwar so, dass derjenige, dem vermittelt wird, dazu geführt wird, über das subjektiv Gemeinte hinaus sich das objektiv Gesagte selbst anzueignen. Auch wenn es sich beim maieutischen Verstehen also um eine stellvertretende und begleitende Praxis handelt (wie auch die Hebamme[4] nicht selbst das Kind zur Welt bringt, sondern eine Gebärende in ihrem Handeln unterstützend begleitet), so findet sie eben nicht, wie das methodische Verstehen, im handlungsentlasteten Raum der Wissenschaft statt. Um das mit der Wahl des Terminus verknüpfte Bild aufzunehmen: Die Geburt ist, so könnte man sagen, Praxis in einer ihrer dichtesten Formen. Jede Erfahrungsbildung aber, und um diese geht es ja im Lehren, hat etwas von einer Geburt, ist ein Zur-Welt-Bringen.

Wenden wir uns nun wieder dem oben zitierten Unterrichtsprotokoll zu, das Christian Beck in seinem Seminar analysieren ließ, so kann man sagen, dass der Lehrer nicht maieutisch handelt. Die „29 sec Stimmengewirr" zeigen, dass er den oben knapp explizierten pragmatischen Sinn der Äußerung des Schülers nicht implizit begreift, geschweige denn praktisch aufgreift.[5]

Nun ist es aufschlussreich, zu sehen, dass die Ignoranz des Lehrers durch die interpretierenden Studenten ihrerseits ignoriert wird: „Der Schüler ist nicht ernst bei der Sache, hat nichts verstanden," so deuten sie die Äußerung, und meinen, es handele sich um einen „Reflex [...] alles, was an der Tafel steht", abzuschreiben. Die Studenten befinden sich nicht in der Unterrichtssituation selbst, sondern in einer quasi-wissenschaftlichen Forschungssituation und könnten also aus dieser Distanz heraus methodisch verstehend den Text auslegen. Dennoch ignorieren sie wie der Lehrer die unterrichtliche Relevanz der Störung und folglich auch die Ignoranz des Lehrers selbst.

Handelte es sich um eine echte Forschungssituation, in der dieses Ignorieren zweiter Stufe auftritt, so ginge es für die anderen Teilnehmer – ein solcher wäre hier auch der Seminarleiter – lediglich darum, die bisher noch nicht genannte Lesart ins Spiel zu bringen, die Auswertung um eine falsifizierbare Hypothese anzureichern.[6]

---

4 Maieutiké oder maieia ist die Hebammenkunst, als die auch die Lehrmethode des Sokrates bezeichnet wurde; auf diese Fragemethode sollte aber das von mir Gemeinte nicht reduziert werden.

5 Sowohl hätte er auf die implizite Kritik reagieren müssen als auch den Schüler – u. U. durch diese Reaktion – dazu ermuntern müssen, sich diesen impliziten Gehalt seiner Äußerung explizit zu vergegenwärtigen und sich so sein Unbehagen als Kritik zur Erfahrung zu bringen. – Ich bin auf den Inhalt der Äußerung nicht näher eingegangen: es ist ja nicht lediglich eine Tätigkeitsbeschreibung. Vielmehr enthält die Äußerung, indem sie ungefragt ein Einverständnis bekundet („gut"), ein Beharren auf – vom Lehrer verweigerter – Reziprozität. Diesen Zug verstärkt die Qualifizierung „mal", da sie impliziert, man könnte es auch lassen. Die weitergehende, hier lediglich angedeutete Rekonstruktion des Äußerungsgehalts unterstützt also die bisherige Analyse

6 Dass das Beispiel der schriftlichen Darlegung der Studenten und nicht dem Seminargespräch entstammt, muss man natürlich in Rechnung stellen. Es zeigt die zusätzliche Schwierigkeit, den im folgenden skizzierten maieutischen Prozess in der Ausbildung durch schriftliche Fixierungen zu realisieren. Gleichzeitig ist die schriftliche Fixierung natürlich einer der Wege, sich der Aneignung der methodischen Kompetenz, um die es in der akademischen Ausbildung natürlich immer auch geht, zu vergewissern.

Die Ausbildungssituation ist aber nur eine quasi-wissenschaftliche Forschungssituation, weil hier die „Vorerfahrungen der Lernenden" nicht lediglich für die Generierung von Lesarten eingesetzt werden, sondern, worauf Beck hinweist, selbst thematisch werden müssen, da sie u. U. den Blick auf die Sache systematisch verzerren.

Hier tritt nun die Bedeutung des maieutischen Verstehens auf einer zweiten Ebene auf: In der Ausbildungssituation kommt es darauf an, dass der akademische Lehrer seinerseits maieutisch die Bedeutungsstruktur der Äußerungen (und hierzu zählt natürlich auch die Nicht-Äußerung, d. h. die regelgemäß erwartbare, aber eben nicht erfolgende Äußerung)[7] implizit begreifen und praktisch aufgreifen muss, um etwa, wie in dem vorliegenden Beispiel, bestimmte Haltungen und Deutungsmuster der Studenten diesen selbst zur Erfahrung zu bringen.

Es fällt auf, dass Beck das hier nicht tut: er ignoriert die Ignoranz der Studenten gegenüber der Ignoranz des Lehrers gegenüber der Störung und der Unruhe; wir haben es also mit einer Ignoranz dritter Stufe zu tun.

Diese Häufung ist nun allerdings erklärungsbedürftig. Es geht nicht lediglich um einen methodischen Fehler, auf den hinzuweisen der Seminarleiter versäumte;[8] vielmehr handelt es sich um ein Phänomen, das in der psychotherapeutischen Praxis als Agieren bekannt ist.[9] Offensichtlich gehört das oben skizzierte Deutungselement bezüglich der Lautsprecherdurchsage[10] zum Deutungsmuster aller Beteiligten: des Lehrers, der Studenten und des akademischen Lehrers. Zugleich ist dieses Element des Deutungsmusters so eng mit dem habituell verankerten Selbstverständis als Lehrer verknüpft, dass es trotz methodischer Vorkehrungen nicht thematisiert, sondern nur ausagiert wird.

Hier wird nun deutlich, dass die bloße Rekonstruktion dieses Sachverhalts mittels methodischen Verstehens der Texte, in denen er zum Ausdruck kommt, an der Sachlage nichts ändert: wissenschaftliche Erkenntnis ist und bleibt unpraktisch.

Eine Ausbildungspraxis aber, deren zentrales Moment das maieutische Verstehen ist, wäre der Ort, aus der fallanalytischen wissenschaftlichen Erkenntnis, die sich zwar auch noch weiter ausformulieren, sich „*theoretisieren*" ließe,[11] *praktische* Folgerungen zu ziehen.

---

7 In diesem Sinne ist eben auch Schweigen eine Äußerung, so dass der Terminus ‚Äußerung' missverständlicherweise für zwei Begriffe steht.
8 Die Anweisung zum Zusammentragen der Kontextinformationen (S. 41) hätte mit der Aufforderung, diese ebenfalls auszuwerten, verbunden werden müssen.
9 Ich danke Stan Albers, Wiesbaden, für einen erhellenden Hinweis.
10 Zur Erinnerung: ‚Ereignisse, die nicht zur Stoffvermittlung zählen, gehören nicht zum Unterricht und dürfen deshalb ignoriert werden'.
11 Es ließen sich sowohl theoretische Entfaltungen zum Zusammenhang von Deutungsmuster und Habitusfomation, zur Struktur von Bildungsprozessen und natürlich zur Problematik der Professionalisierung des Lehrerberufes anschließen. – Eine „Gegenrede" ist dafür nicht der Ort.

Lehrerausbildung als Praxis der Professionalisierung

Es geht nicht darum, „sich mit der Methode auseinanderzusetzen und sie methodologisch zu reflektieren", nicht um eine bessere methodologische und methodische Schulung also (S. 43), die vermeintlich zu genaueren Interpretationen führt; gefragt ist auch nicht eine „Selbstreflexion", die „auch Bezüge zu persönlichen Erfahrungen, Werthaltungen u. ä." abstrakt thematisiert und untereinander austauschen lässt (S. 33); erforderlich ist vielmehr eine maieutisch angeleitete Explikation des Gesagten und dann ein konkretes Zur-Erfahrung-Bringen der eigenen Perspektive und damit des eigenen Deutungsmusters, das die Aneignung des Gesagten verhindert oder verzögert.

Dies bedeutet, einen mühevollen Prozess von Sensibilisierung und quasitherapeutischer Selbstthematisierung auf sich zu nehmen. Mühevoll ist dieser maieutisch angeleitete Bildungsprozess, ein Prozess der praktischen Aneignung von implizit, als Möglichkeit schon Gewusstem, ein Prozess der Erfahrungsbildung auch für den akademischen Lehrer.[12] Er kann sich weder auf die Funktion eines sich als Techniker begreifenden Wissensvermittlers zurückziehen, noch kann er jede Äußerung und Selbstäußerung der Teilnehmer als gleich gültig akzeptieren. Vielmehr muss er eine Haltung des Ernstnehmens exemplifizieren, des Ernstnehmens von Sache und Person. Dies realisiert sich in einem geduldigen Beharren darauf, dass seine Schüler zu einer präzisen Explikation der Sache und zu einer konkreten Rekonstruktion der eigenen Erfahrung gelangen.

Hier hätte nun eine Explikation der analytisch zu unterscheidenden Momente des Begriffs ‚Rekonstruktion' zu erfolgen. Dies ist im Rahmen einer Gegenrede nicht möglich. Deshalb möchte ich im Folgenden nur jenes Begriffsmoment hervorheben, das in unserem Zusammenhang entscheidend ist und das in der Perspektive auf akademische Lehrerausbildung als Phase des Erwerbs methodischer Kompetenz zu kurz kommt. – Zuvor sei aber noch klargestellt, dass diese Seite, die Beck herausarbeitet, von ihm völlig zurecht betont wird. Dabei ist entscheidend, dass die in Anschlag gebrachte Methode eine Affinität zu den für die Professionalisierung erforderlichen Bildungsprozessen aufweist, dass es sich also um eine rekonstruktive Methode handeln muss, die den Fall in seiner Konkretion erschließt.

Konkrete Rekonstruktion der eigenen Erfahrung ist hier wesentlich eine *praktische* Operation. Indem ein Student eine in dieser Weise verstandene Rekonstruktion des eigenen Deutungsmusters vollzieht (*hier* als ein die Wahrnehmung bestimmter Bedeutungsaspekte einer Äußerung *behindernde* Struktur), realisiert er zugleich, was als Möglichkeit in ihm lag: Ich war einer, der – aufgrund eines bestimmten Deutungsmusters – bestimmte Aspekte des Wahrzunehmenden ignorierte. Das kann ich nur sagen, indem ich nicht mehr so einer bin, sondern ein anderer, der diese Aspekte und seine eigene

---

12 Sehr aufschlussreich für diese Frage ist eine Darstellung der Funktion des Staunens in der psychoanalytischen Ausbildung von Joachim F. Danckwardt (1995).

Ignoranz nicht mehr ignoriert. Es hat sich beim Ignorieren um eine aktive Operation, ein Ausblenden gehandelt – und nicht etwa lediglich um den Effekt eines natürlich eingeschränkten Wahrnehmungsapparates (Ultraviolett etwa können wir gar nicht ignorieren – zumindest solange wir dafür keine Messgeräte besitzen). Dies: dass eine aktive Operation vorliegt, impliziert (aus der Perspektive des Dritten wie aus der Retrospektive des vormals Ignoranten), dass die jetzt erreichte Entfaltung der Wahrnehmung, dass der andere, der ich nun bin, möglich war.[13]

Erst die so verstandene Haltung des Ernstnehmens von Sache und Person, die vor allem in der Offenheit für das Mögliche in beiden besteht, ist es, die die Chance auf Professionalisierung eröffnet; diese besteht, so lässt sich nun sagen, wesentlich genau darin, eine solche Haltung des Ernstnehmens bei den sich Bildenden, die hier nun wirklich nicht verkürzt ‚Auszubildende' genannt werden können, zur Entfaltung zu bringen.[14]

Dass dies bei Beck nicht weit genug expliziert wird, liegt m.E. an dem letzten der drei genannten Aspekte, auf den ich nun noch kurz eingehen möchte.

Theorie und Praxis

Wenn man die Formulierungen prüft, mit denen Beck die Arbeit der Studenten in seinem Seminar beschreibt, so fällt auf, dass sie durchgängig ambigue sind: Nie wird deutlich, ob sie eine theoretische oder eine praktische Tätigkeit beschreiben. Dies lässt sich z.B. an der häufig vorkommenden Forderung nach „Reflexion" ablesen:

Ziel ist, „daß die Studierenden eigene Idealisierungen des Lehrberufs und Erwartungen reflektieren" (S. 31); es geht darum, „eigene schulische Erfahrungen zu reflektieren oder sich der eigenen impliziten Theorien über Unterricht und das Handeln von LehrerInnen bewußt zu werden" (S. 32); es sollen „Reflexions- und Deutungskompetenzen vermittelt werden, die eine (selbst)kritische Auseinandersetzung mit dem Lehrberuf, seinen Widersprüchen, dem Unterrichten und dessen sozialen Rahmungen ermöglichen"

---

13 Nur verkürzt kann ich hier auf die dichte Formulierung Adornos verweisen, die zentrale Momente einer Lehre als Maieutik enthält: „was möglich ist, ist ein Seiendes, das bestimmt ist in bezug auf ein Anderes, das es noch nicht selber ist" (Adorno 1965, S. 117). Die Rekonstruktion – durchaus auch in dem Sinne einer *methodischen* Operation – bestimmt in dem Vergangenen Mögliches, vollzieht so – verstanden in dem Sinne einer *praktischen* Operation – die Bestimmung in Bezug auf ein Anderes und realisiert dieses dadurch.
14 So verstanden entfaltet auch die etymologische Beziehung zwischen ‚lehren' und ‚erfahren' wieder ihre Bedeutung: ‚Lehren' heißt nicht ‚wissen vermitteln'. Das Verb ‚lehren' ist vielmehr zu begreifen als Kausativ zu ‚erfahren' (Grimm 1885, Bd. 12, Sp.559-570)!

(ebd.); es geht darum, „an Hand der verschrifteten Unterrichtsszenen nicht nur deren Sinnerschließung zu erproben, sondern auch erste Schritte zu einer fallnahen Theoretisierung von Schule, Unterricht – LehrerIn und SchülerIn – und evtl. der Berufsbiographie zu unternehmen. Damit versuchte das Seminar auch, Theorie und Praxis aufeinander zu beziehen – forschungspraktisch ausgedrückt: ‚das Allgemeine im besonderen Fall' herauszuarbeiten" (S. ebd.); es geht um „Selbstreflexion" (S. 33); es soll gelernt werden, sowohl „die Wahrnehmungsperspektive der Schüler zu verstehen als auch der eigenen reflektiert bewußt" zu werden (S. 35); es soll „eine Reflexion der eigenen spontanen Reaktion" eingeübt werden (S. 42); es „wurde auch als wichtig anerkannt, die eigenen schulischen Erfahrungen und Vorstellungen über das Handeln von LehrerInnen zu reflektieren" (S. 44); im Rückblick haben die Studenten einen „Gewinn an methodischer Deutungskompetenz angeführt, mit dem sich später Situationen aus dem eigenen Unterricht reflektieren ließen" (S. 44); die „systematische Reflexion von persönlichen Bezügen erwies sich eher als schwierig. Sie muß immer wieder eigens als Thema eingeführt werden, braucht Ermunterung und Anleitung, und es muß gesondert Zeit dafür reserviert werden" (S. 45).

Was nun ist Reflexion hier? Ist es das wissenschaftlich distante, analytische Durchdringen des jeweiligen Gegenstandes zum Zwecke begrifflicher Erkenntnis, zum Zwecke des „Theoretisierens"? Oder ist Ziel der Reflexion die Erfahrungsbildung im Sinne von Veränderungen von Deutungsmustern und Einstellungen, die zu einem veränderten Handeln führen? Da Lehrer nicht primär Theorien über Lehrerhandeln entwickeln, sondern eben als Lehrer handeln müssen, kann vorrangiges Ziel der Lehrerausbildung nur das Zweitgenannte sein – ganz so, wie es oben in Bezug auf den Begriff der Rekonstruktion zu bestimmen versucht wurde. Bei Beck wird aber diese praktische Operation von der Theoriebildung nicht unterschieden.[15]

Hinzu kommt, dass nicht etwa der maieutischen Vermittlungspraxis, die, wie oben gezeigt, auch in der Lehrerausbildung eine entscheidende Rolle spielt, die Aufgabe zugewiesen wird, „Theorie und Praxis aufeinander zu beziehen"; vielmehr wird dies „einer [...] Theoretisierung von Schule, Unterricht – LehrerIn und SchülerIn – und evtl. der Berufsbiographie" aufgebürdet (S. 32). Gerade die Qualifizierung der „Theoretisierung" als einer „fallnahen" aber zeigt die Gefahr, die Fallorientierung in der Lehrerausbildung misszuverstehen. Es geht nicht – wie etwa im Streit der methodischen Paradigmen in der Soziologie – darum, die richtige Form der Theoriebildung zu finden und zu vermitteln, z.B. die Strukturgeneralisierung gegenüber der

---

15 Hierin kommt i. ü. auch das notorische Strukturproblem der Pädagogik generell zum Ausdruck: Noch immer konnte sie nicht klären, was sie sein will: eine Wissenschaft, die sine ira et studio ihren Gegenstand analysiert und der begrifflichen Erkenntnis zuführt, oder eine Handlungslehre, die darauf angelegt ist, durch eine Einführung in die Kunst des pädagogischen Handelns zu genau diesem zu befähigen.

empirischen Generalisierung zu verteidigen als die richtige Form, allgemeine Erkenntnis aus dem besonderen Fall zu gewinnen.[16]

Worum aber geht es dann? Sensibilisierung ist ein entscheidendes Stichwort, das die Studenten von Christian Beck ins Spiel bringen. Aber auch dort, wo die Durchführung auf Grund kontingenter Faktoren als unzureichend empfunden wird, wird der praktische Modus dieser Sensibilisierung nicht offengelegt, bleibt die ambigue „Reflexion" das wichtige Ziel: Was „als Desiderat im Sinne der Seminarzielsetzung bleibt, ist, die persönliche Reflexion stärker zu unterstützen und in den gesamten Seminarablauf systematischer zu integrieren". Die Lösungen für das verspürte Desiderat, dessen Beschreibung mit dem Adjektiv „persönlich" ja durchaus auf eine außerwissenschaftliche Sphäre zielt, verlassen die Ebene der letztlich in Anlehnung an das Modell des theoretischen Diskurses konzipierten Reflexion nicht.[17]

Die Vermittlung von theoretischen Kenntnissen und methodischen Fertigkeiten ist natürlich Moment der gefragten Sensibilisierung, aber dieses Vermittelte bleibt lediglich theoretischer Besitz, wenn es nicht eingeht in eine praktische Rekonstruktion im oben skizzierten Sinne. Nicht die theoretische Reflexion in der institutionalisierten Wissenschaft, sondern Professionen sind der gesellschaftliche Ort der Vermittlung von Theorie und Praxis, und Professionalisierung, die dazu in den Stand versetzen soll, erschöpft sich nicht in der Wissensvermittlung, sondern muss selber praktisch werden.

Schlussbemerkung

Anhand der von mir aus dem Beitrag von Christian Beck hervorgehobenen Aspekte habe ich versucht, durch pointiert gegenläufige Auslegung der kategorialen Bestimmung der Funktion von Unterrichtsinterpretationen in der Lehrerausbildung zu größerer analytischer Prägnanz zu verhelfen. Dazu habe ich gerade jenen besonders aufschlussreichen Fall von dreifacher Ignoranz ausgewählt. Nähme man nun die hierzu wiederum gegenläufige Perspektive ein, so könnte man zeigen, dass das Vorgehen von Christian Beck, ungeachtet der noch unzureichenden Prägnanz seiner kategorialen Fassung, schon sehr weitgehend die Funktion der Professionalisierung erfüllt. Dazu gehört auch die Betonung des Erwerbs methodischer Kompetenz, die, wenn es sich um Kompetenz in einer fallanalytisch-rekonstruktiven Methode handelt, ein unabdingbares Moment der auf Professionalisierung angelegten akademischen Lehrerausbildung darstellt. Insofern ist die Alternative des Titels mei-

---

16 I. ü. wird an dieser Stelle bei Beck auch missverständlich Theorie mit dem Allgemeinen und Praxis mit dem Besonderen analogisiert.
17 Handle es sich hierbei um den Versuch, mittels der „mystory" „die persönliche Reflexion in die schriftliche Arbeit einzubinden", um das „Lerntagebuch", das „zunächst der eigenen Reflexion" dient, oder schließlich – bezogen auf das Seminar – um die „Reflexionssitzung" am Semesterende.

nes Beitrags keine ausschließende. Vielmehr ist der erstgenannte Aspekt: der Erwerb methodischer Kompetenz, integrales Moment des zweitgenannten: Professionalisierung.

Die Kategorien, in denen Beck versucht, diese Funktion der Ausbildung positiv zu fassen, werden hilfsweise aus der Methodologie und aus der Psychologie geschöpft. Seine Praxis aber erfolgt durchaus aus einer professionalisierten und professionalisierenden Haltung heraus. Eine Rekonstruktion dieser Praxis könnte also positiv Momente einer Theorie von Lehrerausbildung als Professionalisierung gewinnen. – Aber das wäre eine andere, jedenfalls keine Gegenrede.

Literatur

Adorno, T. W. (1965): Metaphysik. Begriff und Probleme. Hg. v. Rolf Tiedemann. Frankfurt a.M. 1998.

Beckmann, H.-K. (1997): Das Verhältnis von Theorie und Praxis in der Pädagogik und Konsequenzen für die Lerher(aus)bildung. In: Edith Glumpler u. Heinz S. Rosenbusch (Hg.): Perspektiven der universitären Lehrerbildung. Bad Heilbrunn. S. 97-121.

Danckwardt, J. W. (1995): Staunen. Psychogenetische und epigenetische Gesichtspunkte des vorbewußten phantasierenden und unbewußten affektiven Denkens in der Entwicklung und Ausbildung zum Psychoanalytiker. In: Gerhard Schneider und Günter H. Seidler (Hg.): Internalisierung und Strukturbildung. Theoretische Perspektiven und klinische Anwendungen in Psychoanalyse und Psychotherapie. Opladen. S. 132-158.

Grimm, J. u. W. (1995): Deutsches Wörterbuch. München 1984.

Oevermann, U. (1996): Theoretische Skizze einer revidierten Theorie professionalisierten Handelns. In: Arno Combe und Werner Helsper (Hg.): Pädagogische Professionalität. Untersuchungen zum Typus pädagogischen Handelns. Frankfurt a.M. S. 70-182.

Axel Fehlhaber/Detlef Garz

Das nichtbefragte Lehren ist nicht lehrenswert – Analysen zum religionspädagogischen Habitus

I.

Daß das ‚ungeprüfte Leben nicht lebenswert ist' (Apologie 38a)[1], gehört zu jenen unüberholbaren sokratischen Einsichten, die nicht nur einen Ausgangspunkt bereitstellen für seinen und späterhin für einen Weg des mäeutischen Diskutierens und Befragens, sondern die auch hinweisen auf ein zentrales Charakteristikum pädagogischen Denkens. Pädagogik erweist sich nach dieser Vorstellung als Reflexion, als ein Besinnen über Welt, Umwelt, Gesellschaft, Gemeinschaft, Familie und Individuum. Genauer, Pädagogik erweist sich danach als eine Art und Weise, Generation für Generation erneut darüber nachzudenken, wie wir miteinander umgehen wollen und wie wir miteinander umgehen sollen. Insofern diese Reflexion keine Einschränkungen kennt, läßt sie sich als Aufklärung bezeichnen, als ein Weg, der von der Dunkelheit an das Licht führt.

In diesen knappen Formulierungen verbirgt sich nach unserem Dafürhalten das Janusgesicht, zugleich Stärke und Schwäche jeder Pädagogik, nämlich sowohl deskriptive wie normative Wissenschaft sein zu müssen. D.h. einerseits beschreiben zu sollen, wie beispielsweise pädagogische Verhältnisse in der Gegenwart aussehen, wie Sozialpädagogische Familienhilfe ihre Aufgaben wahrnimmt, wie Straßenmädchen in Brasilien aufwachsen oder wie Kinder und Jugendliche mit den ‚Neuen Medien', konkreter noch: wie sie mit Horrorvideos, umgehen. Andererseits kann Pädagogik aber auch den normativen Fragen, den Fragen nach den Zielen der Erziehung nicht entrinnen. Sie muß Stellung nehmen und sagen oder vorschlagen, wie mit diesen Situationen umzugehen ist, was angemessene und weniger angemessene pädagogische Maßgaben und Maßnahmen sind. Dieses *Janusgesicht* wohnt der Erziehungswissenschaft notwendigerweise inne: Sowohl deskriptive wie

---

1 In der deutschen Übersetzung lautet diese Formulierung, ‚daß ein Leben ohne Selbsterforschung gar nicht verdient, gelebt zu werden'. Allerdings legt die Betonung des Begriffs ‚Selbsterforschung' etwas nahe, das so nicht gemeint ist. Die sokratische Erforschung bezieht sich sowohl auf das Selbst wie auf die anderen.

normative Elemente sind in ihr vorhanden und bilden eine Einheit, die nur in ihrer Gesamtheit angemessen verstanden werden kann.

Obwohl sich diese These gegen den Vorwurf des naturalistischen Fehlschlusses erwehren muß, möchten wir im folgenden an ihr festhalten und zumindest behaupten, daß auch jede Pädagogik, die entweder nur deskriptiv (z.b. Brezinka) oder nur normativ (z.b. Weltanschauungspädagogiken) zu verfahren versucht, ihr Ziel verfehlt. Daher scheint uns eine Vorgehensweise, die sowohl solide empirisch arbeitet als sich auch damit beschäftigt, wie sie ihr gewonnenes Wissen anwendet, also eine Verbindung von Empirie und Reflexion, oder anspruchsvoller formuliert, eine Verbindung von Erfahrungswissenschaft und Philosophie, durchaus fruchtbar und ein adäquater Kandidat zur Behandlung pädagogischer Fragestellungen zu sein.

Worüber aber sollte diese pädagogische Reflexion erfolgen? Was könnte ihre leitende Idee, was ihr Gegenstand sein? Sowohl aus historischer wie systematischer Sicht lassen sich dazu eine Reihe von Möglichkeiten (z.b. der ‚gute' Staatsbürger, das emanzipierte Subjekt, der seiner Polis treu Dienende etc.) benennen, ohne daß sich ein Königsweg a prori auszeichnen ließe. Auch hier läßt sich ein Ergebnis nicht vor der wissenschaftlichen Tätigkeit verteidigen.

II.

Im folgenden möchten wir unsere einleitenden Bemerkungen am Beispiel der Biographieforschung diskutieren und prüfen. Lassen Sie uns mit einem Zitat beginnen. „Jedes Leben kann beschrieben werden, das kleine wie das mächtige, das Alltagsleben wie das außerordentliche. Unter ganz verschiedenen Gesichtspunkten kann ein Interesse entstehen, dies zu tun. Die Familie bewahrt ihre Erinnerungen. Die Kriminaljustiz und ihre Theorien mögen das Leben eines Verbrechers festhalten, die psychische Pathologie die eines abnormen Menschen. Alles Menschliche wird uns zum Dokument, das uns irgendeine der unendlichen Möglichkeiten unseres Daseins vergegenwärtigt" (Dilthey 1970/1910, S. 305). Dies sind die Worte, mit denen Wilhelm Dilthey zu Beginn dieses Jahrhunderts die Biographie als Gegenstand wissenschaftlichen Bemühens bestimmte und damit eine eigenständige Forschungsrichtung auf den Weg brachte[2]. Angelegt sind in seinen Überlegungen bereits viele

---

2 „Am Ende muß uns, die wir in das Drama der Lebensgeschichte verstrickt sind, der Sinn des Vorgangs selbst kritisch zu Bewußtsein kommen können; muß das Subjekt seine eigene Geschichte auch erzählen können und die Hemmungen, die der Selbstreflexion im Wege standen, begriffen haben. Der Endzustand eines Bildungsprozesses ist nämlich erst erreicht, wenn sich das Subjekt seiner Identifikationen und Entfremdungen, seiner erzwungenen Objektivationen und seiner errungenen Reflexionen als der Wege erinnert, auf denen es sich konstituiert hat" (J. Habermas 1973, S. 317).

der Stärken, aber auch manche der Schwächen und Probleme, die heute noch oder erneut die Debatten bestimmen. Wir nennen nur einige: Die Kategorie des Lebens und die damit einhergehende Ambivalenz einer Philosophie oder Pädagogik (z.B. Bollnow) des Lebens, das dichotome Verständnis von Natur- und Geisteswissenschaften, die Hermeneutik als Interpretin menschlicher Objektivationen, aber auch als Methode, die nicht vermag, die von der Praxis vorgespielte Melodie zu transzendieren und die insofern nach dem Motto der geisteswissenschaftlichen Pädagogik ‚Aus der Praxis für die Praxis' unreflektiert (vgl. Klafki 1973) und möglicherweise, wie einige (so Hauke Brunkhorst) meinen, ‚hermeneutisch regressiv' verfährt

Ungeachtet dieser Einwände läßt sich gegenwärtig von einem Siegeszug biographischer Forschung sprechen. Untersucht werden Flakhelfer und die Generation der 68er, befragt wird die sogenannte 89er Kohorte, aber auch taxifahrende Studierte und studierende Taxifahrer, Managerinnen und Kaufmannsgehilfen, Technikerinnen und Ingenieure.

Insoweit diese Untersuchungen aus einer pädagogischen Perspektive vorgenommen werden, interessieren die Muster, die diesen Bildungsprozessen zugrundeliegen, interessieren die Normalitätsfolien, die Bewältigungsstrategien wie die Abwehrmechanismen, und es interessiert vor allem, wie es zu deren Ausbildung kommt und schließlich, ob und welchen Beitrag die Pädagogik zum – pathetisch ausgedrückt – gelingenden Leben beisteuern kann. Und wiederum läßt sich anhand der unterschiedlichen Studien aufzeigen, daß die Pädagogik beim Registrieren nicht stehenbleibt, sondern daß sie eine Bilanzierung und damit verbunden eine Gewinn- und Verlustrechnung aufmacht: Gesprochen wird von Wendegewinnern und -verlierern, von positiven aber auch von negativen Karrieren, von Wandlungen und ‚wilden' Wandlungen, schließlich und verallgemeinernd von biographischen Steig- wie von Fallkurven (Schütze 1983).

An diesen Beispielen wird deutlich, daß sich die Biographieforschung sowohl auf das Kanonische als auch auf die Brüche, Krisen und Wendepunkte (vgl. dazu Strauss 1968) im menschlichen Leben bezieht. Damit wird zweierlei impliziert; zunächst und trivialerweise, daß nicht alles Erzählte auch Relevanz für die Biographie hat. So wird die Narration, wie wir uns in einem Restaurant verhalten, biographisch erst dann bedeutsam, wenn sie mit einem lebensgeschichtlichen Ereignis verbunden ist: ‚Als ich nicht zahlen konnte, als die Braut nicht erschien oder vielleicht auch als ich mehrere Lokalrunden ausgeben mußte'. Jerome Bruner verallgemeinert diese These zu dem starken Argument, daß Brüche, d.h. die Abweichungen vom standardisierten Text, das Zentrale für biographische Erzählungen sind. „Um überhaupt erzählenswert zu sein, muß eine Geschichte davon handeln, wie ein implizites kanonisches Muster (script) gebrochen wird, wie dagegen verstoßen oder davon abgewichen wird in einer Weise, die dessen ‚Legitimität' Gewalt antut" (Bruner 1991, S. 11).

Geschildert wird demnach immer beides: Ein Standard (das Kanonische), und dessen Nichteinhaltung – also das, was Bruner als Brüche bezeichnet:

Nämlich die üblichen menschlichen Not- und Zwangslagen wie ‚der fliehende Schuldige oder Unschuldige, die verlassene Frau – der verlassene Mann', aber auch Probleme, die ‚neuartig' sind aufgrund veränderter gesellschaftlicher Konstellationen, so beispielsweise das Lebenslaufmuster des Yuppies und dessen spezifische Plagen und Nöte. Insgesamt also Ereignisse, die im besten Fall als ein „Sprung in die nächste Stufe" der biographischen Entwicklung, so Hyo-Seon Lee (1996, S. 143), zu verstehen sind; im negativen Fall lassen sich diese Entwicklungen – mit einer Formulierung von Fritz Schütze – als Verlaufskurven bezeichnen, die hinweisen auf ein Leben, das ‚in das Trudeln' geraten ist.

Schließlich läßt sich am Beispiel von Brüchen, also anhand von krisen- und konflikthaften Momenten menschlichen Lebens, noch einmal die Nichthintergehbarkeit des Normativen oder Kanonischen verdeutlichen. Erzählt wird immer die ‚Fünfheit' des Zusammenwirkens von Handelnden, dem Akt der Handlung, dessen Zweck, der Umgebung und den eingesetzten Mitteln [agency] (vgl. die Burkesche Pentade; Burke 1989, S. 139ff.), die sich in einer wie auch immer fragilen Balance befinden. Genau in jenem Augenblick, in dem dieses Verhältnis in ein Ungleichgewicht gerät, sind biographische, sind bildungswirksame Schwierigkeiten zu erwarten. Die Anerkennung des Normativen zeitigt andererseits aber auch Konsequenzen, die sich für eine Methodologie der Forschung fruchtbar machen lassen. So interessiert sich die objektive Hermeneutik aufgrund ihres Vorgehens notwendigerweise nicht nur dafür, ‚was der Fall ist', sondern zugleich auch dafür, ‚was der Fall nicht ist, was er aber hätte sein können'. Das heißt, sie agiert gleichermaßen rekonstruktiv wie dekonstruktiv. Wir wollen diese kryptische Bemerkung an einem kurzen Beispiel erläutern. So wird bei der Interpretation des Lebens einer Person, die 1890 geboren ist, immer auch gefragt: Wo ist sie geboren: In Preußen oder in Cambridge, Massachussetts? In der Stadt oder auf dem Land? Als Frau oder als Mann? Als Arbeiter- oder als Bürgerkind? Als deutscher oder als amerikanischer Jude? Je erneut werden demnach im Verlauf des Interpretationsprozesses Normalitätsfolien herangezogen, geprüft und eventuell verworfen. Die Erfüllung des eingeführten und geprüften Normalitätsmusters wird ebenso wie Abweichungen davon in der Auseinandersetzung mit dem Text erkenn- und damit belegbar.

III.

Neben dieser inhaltlich-lebenslaufbezogenen Betrachtungsweise läßt sich noch eine weitere Lesart der sokratischen These anführen; nämlich eine stärker methodisch-didaktisch orientierte. In diesem Sinn kann die Befragung eines Lebens auch im Anschluß an die methodisch erfolgte Rekonstruktion[3]

---

3   In diesem Zusammenhang sollte stärker, als dies bisher geschehen ist, die Rekonstruktive Methodologie, d.h. ‚die Rekonstruktion der universalen Bestandteile des re-

einer Biographie erfolgen. Geprüft wird in diesem Fall, inwieweit aus den biographischen Narrationen heraus auf Maßgaben oder Maßnahmen für einen aufklärenden (z.B. in der Erwachsenenbildung), einen pädagogisch-beratenden oder einen therapeutischen Eingriff zu schließen ist. Bernhard Haupert und Klaus Kraimer (1991) haben dies beispielhaft für den Bereich der Sozialpädagogik, Sylvia Kade (1990) unter der Überschrift der Handlungshermeneutik für die Erwachsenenbildung vorgeführt; wir versuchen dies hier für die Lehrerbildung. Im Aufgreifen der mäeutischen Idee und ihrer Verbindung mit neuen Methoden der Biographieforschung kann somit die sokratische Maxime einen weiteren Sinn bekommen (vgl. Bruner 1987, S. 32).

Wie läßt sich diese dann verstehen und was könnte sie für den wissenschaftlichen Umgang mit qualitativen Methoden, was vor allem für die universitäre Ausbildung, bedeuten? Zunächst ist zu betonen, daß Lektüre und Reflexion allein für den Umgang mit qualitativ-empirischen Verfahren nicht ausreichen. Qualitative Forschung ist vielmehr in einem außerordentlich großen Umfang auf Einübung angewiesen. Insofern muß es darum gehen, das Gelingen von Forschungsmethodiken bereits in der Ausbildung zu erfahren. Allein dies kann zur der Einsicht beitragen, daß hieraus auch Hilfen für die Berufspraxis erwachsen können. Nur dann, wenn die zukünftige Erwachsenenbildnerin sich bereits während des Studiums methodische Kompetenzen aneignen kann, besteht begründete Hoffnung, daß diese Kompetenzen beibehalten und unterrichtspraktisch eingesetzt werden. Nur dann, wenn der Lehrer in seiner Ausbildung erfahren hat, daß qualitative Forschung hilft, das komplexe soziale Geschehen, das wir Unterricht nennen, zu verstehen und zu verbessern, kann erwartet werden, daß er in seiner Praxis darauf zurückgreift. Insofern besteht die Notwendigkeit, sowohl diejenigen, die sich primär als Wissenschaftlerinnen mit qualitativer Forschung beschäftigen wollen, als auch diejenigen, die in stärker praktisch-pädagogischen Bereichen ihre Arbeit erforschen möchten, systematisch so auszubilden, daß eine Habitusbildung, also ein Aufbau und das ‚zwanglose' Beibehalten konzentrierter Wahrnehmung, erfolgt.

Zu einer solchen Habitusbildung als Voraussetzung der Professionalisierung der pädagogischen Berufe gehört dann die Fähigkeit, verdeckte aber auch vermeintlich offensichtliche pädagogische Prozesse selbständig (oder auch in pädagogischen Gruppen) aufzunehmen und sie (wenn nötig) zu bearbeiten. Innerhalb dieser sachhaltigen Auseinandersetzung läßt sich dann eine Vielzahl weitreichender Fragen stellen und nach möglichen Antworten suchen. Wir zählen in unsystematischer Reihung auf: ‚Welches Lernen wird eigentlich angeregt?' – ‚Welche Beratung erfolgt? Wozu trägt sie bei' – ‚Können wir den didaktisch perfekt zielorientierten, aber schülervergessenen Unterricht erkennen und – können wir ihn verhindern?' – ‚Stimmt es also, daß die postmoderne Metapher vom ‚Tod des Subjekt' auch die Didaktik erreicht

---

levanten Wissens' (R. Döbert u.a. 1977, S. 27) alltäglicher Subjekte (Kognition, Sprache, Moral, aber auch z.B. Ästhetik oder Religion) entwickelt und erprobt werden.

hat?' – ‚Gelingt es uns, die Gegenbewegung zu vollziehen, d.h. die Lehrer wieder zu den Schülern zu bringen?' – Schließlich: ‚Können wir die alten, aus der Schulzeit beibehaltenen Muster der Studierenden aufbrechen?'.

Wir fassen diese Überlegungen zusammen. Die hier beschriebene qualitative Forschung kann das Sichtbarmachen bislang verkannter oder verdeckter biographischer Muster erreichen und den ‚heimlichen Lehrplan' aufbrechen. Sie führt dazu, daß viele Phänomene ihre Selbstverständlichkeit verlieren und einer Neu-Bewertung zugänglich werden, daß wir alle also aus unserem ‚dogmatischen Schlummer' erwachen und sich ein ‚kognitiver Sturm und Drang' (Flavell) in unseren Köpfen entwickelt. Aber das pädagogisch Neue geschieht nicht einfach. Wir müssen etwas dafür tun. Dieses Tun kann sich beziehen auf universitäre Veranstaltungen, vom Forschungskolloqium bis hin zur Forschungswerkstatt, die auf intensiver Interpretationsarbeit beruhen. Die Hermeneutik des Forschens wird in einer Vorstufe praktischen Tuns eingeübt; allein dieser Weg, so die These, führt zu einer professionsadäquaten Habitusbildung. Mehr noch, wir möchten hier von einem hermeneutischen Propädeutikum sprechen und zur Diskusssion stellen, inwieweit dieses Vorgehen systematisch in die universitäre Lehre eingebunden werden kann.

Lassen Sie uns noch auf eine in diesem Zusammenhang naheliegende Frage eingehen. Was kann nun Studierende, vor allem zukünftige Praktikerinnen, motivieren, den Aufwand, den ja der Prozeß der Forschung mit sich bringt, auf sich zu nehmen? Unsere Antwort darauf ist weder neu noch originell – allerdings muß sie deshalb nicht falsch sein. Forscherinnen und Lehrer werden den Mehraufwand nur leisten wollen, wenn er Erfolg verspricht. Erfolg, soweit qualitative Forschung einen Einfluß ausüben kann, heißt die Verbesserung von Praxis durch a) ein angemesseneres Wahrnehmen und b) durch ein besseres Verständnis.

Dieser Sachverhalt läßt sich u.E. schlaglichtartig anhand jener drei Elemente beschreiben, die von Max Weber in seinem Vortrag ‚Politik als Beruf' benannt wurden, er umfaßt nämlich

1. die Hingabe an die Sache (die erzieherische Leidenschaft oder – in Begriffen der geisteswissenschaftlichen Pädagogik: das pädagogische Eros) – dazu folgen Hinweise im methodischen Teil dieses Vortrags;
2. die Verantwortung (dies wäre unter der Überschrift Professionsethik abzuhandeln) und
3. das Augenmaß, als „Distanz zu den Dingen und Menschen" (S. 227), die auch die gute beziehungsweise die gelungene pädagogische Arbeit auszeichnen; wobei wir dasjenige, das Weber mit Augenmaß meinte, noch einmal unterteilen in einerseits die Logik des unvoreingenommenen Blicks (Bourdieu) und andererseits den pädagogischen Takt.

Lassen Sie uns den ersten Teil des letzten Punktes zumindest ansatzweise in die Sprache der Pädagogik übersetzen. Die Logik des unvoreingenommenen Blicks soll, in den Worten des in Kanada lehrenden Max van Manen, zunächst darauf hinweisen, daß ‚pädagogisches Verstehen sensibles Zuhören und Beobachten' bedeutet. Und auch Pierre Bourdieu, der den Begriff geprägt hat, meint damit vergleichsweise Unspektakuläres; nämlich die Fähigkeit, einen Sachverhalt möglichst ungetrübt wahrzunehmen, dessen Sinn zugleich aber kombinationsfähig auszudeuten. Fragen, die sich für diese Aufgabe anbieten, können z.B. lauten: ‚Was bedeutet es, den Unterricht auf eine bestimmte Art und Weise zu eröffnen'? – ‚Was bedeutet es für den Unterricht, auf Konflikte auf eine bestimmte Art zu reagieren?; schließlich ‚Was heißt es, auf eine bestimmte Art und Weise im Unterricht zu intervenieren'[4]? (vgl. Aufenanger/Garz 1996).

IV. Methodische Vorbemerkung

Gegenstand der nachfolgenden Falldarstellung ist ein biographisches Interview mit einem Religionslehrer (RL), das im Rahmen eines Forschungsprojekts zur religiösen Sozialisation von Religionslehrern erhoben worden ist[5]. Unsere Frage ist die nach der ‚Religion der (evangelischen) Religionslehrer', wobei wir davon ausgegangen sind, daß in einer säkularisierten, zunehmend entkirchlichten und entchristlichten Gesellschaft, die durch einen tiefgreifenden Traditionsabbruch geprägt ist, nicht ohne weiteres vorausgesetzt werden kann, daß heutige Religionslehrer bzw. Studierende der Religionspädagogik (RP) noch explizit christlich sozialisiert, mit der Kirche – dies war die Forderung der evangelischen Unterweisung – oder der christlichen Tradition, insbesondere mit der Theologie, verbunden sind, wie es das Konzept des hermeneutischen Religionsunterrichts (RU) vom Religionslehrer verlangte.

Diese beiden Konzeptionen des evangelischen RU sind – als Antwort auf die sich verschärfende Krise des RU (Häufung der Abmeldungen vom RU und der Kirchenaustritte – durch die sich Ende der 60er Jahre konstituierende ‚neue Religionspädagogik' abgelöst worden, deren Zentralbegriffe ‚Schülerorientierung', ‚Emanzipation' und ‚Identität' waren.

Diese löste nicht zuletzt das mit der Krise des Religionsunterrichts verbundene Rekrutierungsproblem, indem sie sich für alle Studierwilligen weit öffnete – u.a. durch den Abschied von der „Mittelpunktstellung der Bibel" (Kaufmann 1968), durch die Entwicklung vielfältiger religionspädagogischer Konzeptionen und eines umfangreichen Methodenrepertoirs, durch die Rezeption

---

4   Diese und damit verwandte Fragen werden in der qualitativen Forschung nicht zufällig erhoben, sondern sind im Sinne einer Filteranalyse gebunden an Gelenkstellen des Unterrichts, sie richten sich z.B. auf Eröffnungen, Beschließungen oder Konstellationen des Konflikts und der Krise, also Situationen, die ubiquitär auftreten und denen eine besondere Bedeutung bei der Strukturierung von Handlungen zukommt; vgl. S. Aufenanger/D. Garz 1996.
5   Das Projekt wurde an der Universität Kassel durchgeführt.

weiter, soziologischer (z.B. Berger/Luckmann) und religionsphilosophischer (z.B. Tillich) Religionsbegriffe.

Mitte der 70er Jahre bemerkte man in der Religionspädagogik, daß über der Entwicklung immer neuer Konzeptionen und Methoden „Rolle und Person" des Lehrers als eines zentralen Faktors des RU (Vierzig 1976) vernachlässigt worden war. Die „Religion des Religionslehrers" galt Nipkow sogar als „die verschwiegenste von allen" (Nipkow 1982, S. 110).

Man wußte und weiß immer weniger, mit wem man es in der Ausbildung (und in der Berufspraxis) zu tun hat, welches Verständnis von Religion und christlichem (evangelischem) Glauben die Studierenden in das Studium mitbringen und später in der Schule vermitteln.

In der Ausbildung von Religionslehrern sieht sich die Religionspädagogik deshalb, gerade was die hermeneutische Kompetenz angeht, vor schwierige Probleme gestellt. Wir nennen einige:

- Fehlende Kenntnis biblischer Texte, die sich in einer ‚Flucht vor dem Text' äußert.
- Probleme mit dem Lesen und Interpretieren von Texten überhaupt. Wo in Unterrichtsentwürfen auf angeblich ‚aktuellere' Texte zurückgegriffen wird, bleiben diese oft uninterpretiert.
- Probleme mit einem lebenspraktischen Verständnis theologischer Inhalte (z.B. der für den evangelischen Religionsunterricht zentralen Rechtfertigungslehre) und der lebenspraktischen Bedeutung von Religion, was nicht selten zum Moralisieren im Unterricht führt.
- Orientierungslosigkeit im Dschungel religionspädagogischer Konzeptionen bei gleichzeitiger methodischer und medialer Überfrachtung des Unterrichts.
- Die Zunahme evangelikal bzw. fundamentalistisch orientierter Studierender, die sich auf angeblich feste Positionen zurückziehen und sich auf diese Weise einem hermeneutischen Zugang zu den Inhalten des Faches verschließen

Mit anderen Worten: Es scheint so zu sein, daß bei vielen Studierenden nicht davon ausgegangen werden kann, daß sie den für die Wahrnehmung ihres Berufs notwendigen religionspädagogischen Habitus entwickeln, der sie zu einem angemessenen Verstehen und Umgang mit den religiös (z.B. biblischen) und pädagogisch (das pädagogische Fallverstehen) relevanten Texten befähigt. Hierzu zählt nicht zuletzt auch die Befähigung, den eigenen ‚Text' ‚lesen' zu können. Die Befähigung zur religiösen *und* pädagogischen Auslegung von Lebensgeschichten (inklusive der eigenen) vor dem Hintergrund der christlichen Tradition bildet gewissermaßen das Zentrum des religionspädagogischen Habitus als ernst zu nehmende Antwort auf den sich aus der Säkularisierung ergebenden „hermeneutischen Imperativ" (Gräb 1990).

Auf die zunehmenden Probleme in der Lehrerbildung wurde innerhalb der Religionspädagogik in den 70er und 80er Jahren mit einer Reihe quantitativer Studien zum Rollenverständnis der Religionslehrer reagiert. Daneben erhob Biehl (1987) die Forderung, die biographische Methode in die Religionspädagogik einzuführen, beließ es aber bei einem Versuch, der an einer Vielzahl von – nicht zuletzt methodischen – Problemen gescheitert ist.

Die vorliegende Falldarstellung versucht, diesen Ansatz wieder aufzunehmen, wobei wir uns an der Auswertungsmethode der objektiven Hermeneutik (Oevermann u.a. 1979) sowie an den religionssoziologischen Überlegungen Oevermanns (Oevermann 1995) orientiert haben.

Dabei ist die Überlegung entstanden, Material *und* Methode in der Ausbildung selbst einzusetzen, da durch ein solches Vorgehen religionspädagogische Lehrerforschung im Zuge eines ‚forschenden Lernens' für die Bildung eines religionspädagogischen Habitus fruchtbar gemacht werden und so nicht nur zur bloßen Kenntnisnahme innerhalb der akademischen Religionspädagogik bzw. der Kirche – allenfalls noch zur Trendberichterstattung in Hochschul- oder Fortbildungsseminaren – verurteilt bleibt.

Wir stellen hier einen ‚eindeutigen' Fall dar, in dem sich einige der o.g. Probleme wiederfinden und gemeinsam mit Studierenden – aus methodischer Distanz – thematisieren lassen. Die Befragten gehören der ‚Nach-68er-Generation' an, ihre primäre religiöse Sozialisation fiel in die zweite Hälfte der 50er und die beginnenden 60er Jahre, ihre religionspädagogische Ausbildung dagegen in die Phase der Konstituierung bzw. Konsolidierung der ‚neuen Religionspädagogik', die bis heute – in den unterschiedlichsten Konzeptionen – den religionspädagogischen mainstream bildet. So gesehen spiegeln diese Biographien wichtige Etappen der Entwicklung der westdeutschen Religionspädagogik nach 1945 wider[6].

Die Eingangsfrage zielte auf den Zusammenhang von religiöser Sozialisation und Berufswahlentscheidung und wurde so offen formuliert, daß es den Befragten möglich war, die unterschiedlichsten Motive zu nennen, die bei der Wahl des Berufs (bei der Entscheidung für das Studium) für sie von Bedeutung waren[7].

---

6 Ein Großteil dieser Interviews wurde vom Erstautor am Rande von Fortbildungsveranstaltungen erhoben, einige aber auch an gesondert verabredeten Terminen bei den Befragten zu Hause.

7 Zur Transkription: Die Transkription gibt nicht die Modulierung der Äußerungen wieder, sie beschränkt sich im wesentlichen auf die Angabe des Wortlauts, der Pausen (kurze Pause: .. längere Pause: ...) und der Rezeptionssignale des Interviewers oder des Befragten, die, zumeist durch Schrägstriche abgetrennt (z.B.: /I.: Mhm/), in die Wiedergabe der jeweiligen Äußerung des Interviewpartners eingefügt worden sind. Zuweilen sind auf diese Weise auch kurze Einwürfe markiert worden. – Auf eine Analyse der objektiven Daten mußte aus Platzgründen verzichtet werden. Es sei hier wenigstens darauf hingewiesen, daß eine solche Analyse gerade für Studierende eine wertvolle Übung für ein angemessenes pädagogisches Fallverstehen sein kann.

V. Falldarstellung

Bei der Darstellung des Falles müssen wir uns auf einige wenige Interviewsequenzen beschränken, wobei wir versuchen werden, deutlich zu machen, welche thematisch relevanten Dimensionen bei einer Interpretation im Rahmen der Ausbildung von Religionslehrern thematisiert werden können.

Mit dem Befragten (Andi) sind zwei Interviews durchgeführt worden. Zum Zeitpunkt des Erstinterviews war er 37 Jahre alt und 11 Jahre im Schuldienst. Er unterrichtet Biologie und Religion, manchmal auch Werte und Normen.

I.:Ja, äh ich wüßte gerne von Dir, wie Du dazu gekommen bist, Religionslehrer zu werden, was für Erlebnisse, Begegnungen da eine Rolle gespielt haben in Deinem Leben.

A.: Ja, also so die die augenfälligste, oder erste Geschichte, die mir dazu einfällt, ist natürlich erstmal die Entscheidung, Religionspädagogie .. Religionspädagogik zu studieren.

1. Zur Eingangsfrage

Mit der Eingangsfrage spricht der Interviewer den Befragten auf die biographischen Wurzeln seiner Entscheidung für den Beruf des Religionslehrers an. Die Frage ist relativ offen formuliert. Dem Befragten wird so die Möglichkeit gegeben, diejenigen Einflüsse zu nennen, die für ihn bei der Wahl des Berufs – d.h. zunächst: bei der Entscheidung für das Studium der Religionspädagogik – von Bedeutung gewesen sind. Die Antwort auf diese Frage kann sehr unterschiedlich ausfallen. Wir nennen einige Möglichkeiten:

a) Die Wahl des Berufs des Religionslehrers könnte quasi die natürwüchsige Fortsetzung einer spezifisch christlichen Sozialisation oder einer kirchenchristlichen Karriere darstellen.
b) Die Wahl des Berufs könnte das Ergebnis einer Bekehrung sein.
c) Die Wahl des Berufs könnte primär aus pädagogischen Gründen getroffen worden sein, etwa um einen möglichst vollständigen Fächerkanon an der Grundschule zu unterrichten oder aus Einsicht in die Bedeutung des Einflusses, den die christliche Religion auf die Entwicklung der abendländischen Gesellschaften ausgeübt hat.
d) Die Wahl des Berufs könnte aus im weitesten Sinne instrumentellen Überlegungen getroffen worden sein, etwa um ein ‚Mangelfach' zu studieren, das in Zeiten absehbarer Lehrerarbeitslosigkeit die spätere Einstellung in den Beruf sicherstellen soll.

Auf der anderen Seite impliziert die Frage aber, daß es einer besonderen Begründung für die Wahl des Religionslehrerberufs bedarf, das Fach also nicht ‚ein Fach wie jedes andere' ist. Diese gesteigerte Begründungsverpflichtung ergibt sich aus der Situation der christlichen (hier: evangelischen) Religion in der säkularisierten Gesellschaft, die eine Trennung der religiösen Funktion von der Bildungsfunktion der Schule nach sich gezogen hat, was sich in der Außenseiterposition des Faches in der Schule manifestiert. Kurz: Man muß als Lehrer nicht mehr begründen, warum man Religion nicht unterrichtet, sondern warum man – gegen den gesellschaftlichen Trend – dieses Fach unterrichtet.

Daneben wird mit der Eingangsfrage aber auch noch allgemein nach den Motiven für die Wahl des Lehrerberufs gefragt. Auch hier lassen sich unterschiedliche Antworten denken:

Von einem starken Interesse an pädagogischer Arbeit über die Fortführung einer Lehrerdynastie bis hin zur Verlegenheitslösung bei der Studienwahl oder der Orientierung an einem sicheren Beamtenjob mit viel Urlaub. Die gemeinsame Analyse und Interpretation der Eingangsfrage bietet im Rahmen der Ausbildung für die Studierenden einen Anlaß zur Reflexion über verschiedene mögliche (eigene) biographisch begründete Motive der Berufswahl der Religionslehrer. Die Eingangsfrage ist also zugleich auch eine Frage an sie selbst – und an den Dozenten-, der sie sich nicht ohne weiteres entziehen können.

In die Konstruktion möglicher Antworten auf die Eingangsfrage fließen so notwendig auch die je eigenen Antworten ein, die man auf eine solche Frage geben würde. Dabei können schon Überlegungen über die Tragfähigkeit einzelner Motive hinsichtlich der Bewährung in Studium und Beruf angestellt werden, was allerdings zur Einsicht führen kann, daß es sich um eine „begründungslose Entscheidung" (Oevermann) handelt, für die die Einlösung der Begründungsverpflichtung noch aussteht. Nicht durch die Berufswahlmotive an sich, sondern erst durch die „Hingabe an die Sache" in Studium und Berufspraxis kann die Einlösung dieser Begründungsverpflichtung geleistet werden.

2. Zur Antwort des Befragten (Andi)

Der Befragte setzt mit seiner Antwort auf die Frage bei einer Geschichte zu seiner Entscheidung für das Studium der Religionspädagogik ein. An seiner Äußerung fällt folgendes auf:

Andi begründet seine Wahl insofern nicht aus seiner Lebensgeschichte, als er weder auf eine (kirchen-)christliche Karriere, einen guten Religionsunterricht oder etwa auf ein Bekehrungserlebnis verweist, die ihn quasi naturwüchsig zum Studium der Religionspädagogik geführt haben. Vielmehr wird die Entscheidung für das Studium des Faches als solche hervorgehoben. Sie fällt – ihm selbst – ins Auge. Die Entscheidung ist *die erste Geschichte* – im Sinne einer (möglicherweise auch unangenehmen) Angelegenheit, die im thematischen Zusammenhang für ihn von Bedeutung ist. Es handelt sich für ihn nicht um die Geschichte *der* Entscheidung, sondern die Entscheidung selbst ist eine von ihm nicht ohne weiteres zu erwartende Angelegenheit.

Diese Differenz fällt dann auf, wenn man sich im Zuge der Sequenzanalyse um die Konstruktion von Kontexten bemüht, in die die Äußerung hineinpaßt. Sie würde sonst wahrscheinlich einfach überlesen. Im Zusammenhang der Ausbildung kommt es aber – gerade auch im Hinblick auf die *eigenständige* Auseinandersetzung der Studierenden mit biblischen und theologischen Texten, aber auch mit den ‚Texten' ihrer Schüler – darauf an, daß ein möglichst genaues Lesen immer wieder geübt wird.

Mit der bisherigen Interpretation ist noch nicht gesagt, daß Andi keine lebensgeschichtlich begründeten Motive für die Wahl des Studiums hatte, sondern lediglich, daß die Entscheidung von ihm als ein besonders bedeutungsschwerer, punktueller Akt der Wahl eingeführt wird, wobei dieser – als ‚Geschichte'- tendenziell negativ bewertet sein kann.

b) Die Entscheidung ist für Andi nicht selbstverständlich gewesen. Man hätte sie eigentlich nicht von ihm erwartet. Es scheint so, daß es ein besonderes Ereignis – z.B. eine ‚Bekehrung' – gegeben haben muß, das ihn zur Wahl des Faches veranlaßt hat. Kurz: Man kann deshalb vermuten, daß die Entscheidung für das Fach im Zuge einer – wie auch immer begründeten – lebensgeschichtlichen Krisensituation gefallen ist.

c) Andi präsentiert sich als Religionspädagoge und nicht etwa als Theologe. Er betont also den Vermittlungsaspekt. Gerade dieser Versuch der Selbstpräsentation als Religionspädagoge aber mißlingt ihm, da er sich bei dem für diesen Satz entscheidenden Wort *Religionspädagogik* verspricht und von *Religionspädagogie* redet.

Die Benennung seines eigenen Faches bereitet ihm Schwierigkeiten. Wie auch immer dieser Versprecher im einzelnen motiviert sein mag, es bleibt der Eindruck, daß ihm das Fach auf irgendeine Weise fremd geblieben ist bzw. daß er sich mit seinem eigenen Fach nur schwer identifizieren zu können scheint.

Die Fruchtbarkeit des Grundsatzes der objektiven Hermeneutik, möglichst ‚alles' zu interpretieren, wird an dieser Stelle besonders deutlich. Die Neigung, bei der Interpretation von Texten schnell weiterzugehen, wo man etwas nicht verstanden hat, hier: indem man einfach konstatiert, der Befragte habe sich eben versprochen, kann durch den Hinweis auf die Methode aufgefangen werden. Es zeigt sich dann, daß man, indem man bei einer Sache bleibt, tatsächlich zu Ergebnissen kommt, nämlich zunächst zu der Vermutung, daß hier etwas ‚nicht stimmt'.

Wichtig ist also, daß überhaupt erst einmal wahrgenommen wird, daß dem Befragten an dieser Stelle die Selbstpräsentation als Religionspädagoge – zumindest im ersten Anlauf – mißlungen ist und daß dies für jemanden, der 11 Jahre in der Berufspraxis als Religions-Lehrer arbeitet, ungewöhnlich ist und der Erklärung bedarf.

Bei der Suche nach einer Begründung kann dann weiter deutlich werden, daß es sich bei dem Wort ‚Religionspädagogik' um ein Kompositum handelt, das die beiden Bezugswissenschaften des Religions-Lehrers – die Theologie und die Pädagogik – in sich aufgenommen hat, was verschiedene Vermutungen hinsichtlich der Schwierigkeiten zuläßt, auf die die unkorrekte Benennung des Faches durch den Befragten verweisen könnte:

- Schwierigkeiten mit der Theologie bzw. dem Glauben
- Schwierigkeiten mit der Pädagogik (Theorie oder Praxis pädagogischen Handelns)
- Schwierigkeiten mit beidem
- Schwierigkeiten mit der Religionspädagogik (theoretischen Konzeptionen, Methoden, Medien).

Damit sind die thematisch bedeutsamen Dimensionen, gewissermaßen das Bewährungsfeld, auf das sich die weitere Interpretation beziehen wird, abgesteckt und, es können erste Überlegungen dazu angestellt werden, was denn für Schwierigkeiten in diesen Bereichen auftreten könnten – womit kehrseitig im Prozeß der Interpretation von den Interpreten schon erste Ansätze zu einer Theorie des ‚guten Religionslehrers' entworfen werden.

3. Die Geschichte

A: Und das ähm ging so los, daß ich eigentlich nach Beginn meines Studiums 1975, ähm zunächst mit Biologie und Mathe angefangen habe, und dann hatt' ich so nach zwei Semestern etwa so ‚ne Art Eingebung. Ich saß also in 'ner Mathevorlesung, und rings um mich rum saßen die äh oder kamen die ganzen Kommilitonen, packten ihre Rechner aus, ihre Blöcke, klappten die Aktenkoffer auf, und irgendwie hatte ich so das Gefühl, hier gehörst Du nicht mehr hin. /I.: Mhm/ Das war also 'n richtiges Schlüsselerlebnis. (Räuspern) Und ich wußte eigentlich von der Minute an, daß mir Mathe äh mit Biologie gekoppelt eigentlich nicht mehr viel bringt. Das war so eine äh Geschichte.

Andi leitet nun zur Darstellung der Entscheidung über, wobei er die Entscheidungsgeschichte *nach Beginn* des Studiums beginnen läßt. Er hatte ursprünglich nicht Religionspädagogik studiert, sondern Biologie und Mathematik.

Auffallend ist seine Äußerung, daß er *nach Beginn* seines Studiums *zunächst mit Biologie und Mathe angefangen* haben will. Da er sein Studium schlecht ohne ein Studienfach begonnen haben wird, scheint der Sinn dieser Äußerung in der Betonung des Studiums als solchem zu liegen. Es ist ihm wichtig, daß er studiert hat. Die Fächer scheinen, gemessen an der Tatsache des Studiert-Habens, von sekundärer Bedeutung.

Nachdem er zwei Semester diese Fächerkombination studiert hatte, geriet er durch eine *Art Eingebung* in die Entscheidungsgeschichte.

Naheliegend ist, daß ein Grund für diese *Eingebung* eine Leistungskrise im Studium – entweder mit der sehr arbeitsintensiven Fächerkombination oder allein im Fach Mathematik – gewesen ist, die, angesichts der sich seit Mitte der 70er Jahre abzeichnenden Lehrerarbeitslosigkeit, für ihn eine Bedrohung seiner beruflichen Zukunft und damit seiner Existenzsicherung bedeutet haben dürfte.

Weiter legt er hier nahe, er sei nicht aufgrund systematischer Überlegungen zur Entscheidung für das Fach Religion gekommen, sondern er habe sich eher ‚aus dem Bauch heraus' – begründungslos – für das Fach entschieden. So gesehen scheint es sich um eine Notlösung zu handeln.

Andi erzählt dann die mit der *Eingebung* verbundene Geschichte. Er schildert aus der Perspektive des distanzierten Beobachters die Situation einer Mathematikvorlesung.

Ein *ganzer* Kommilitone ist Andi spätestens im zweiten Semester nicht mehr gewesen. Statt einer klaren zweckrationalen Karriereorientierung machte sich bei ihm ein diffuses (*irgendwie*) *Gefühl* der Entfremdung breit.

Die Bedeutung dieses Erlebnisses für seine Entscheidung, Religionspädagogik zu studieren, wird von Andi durch die Charakterisierung: *Das war also 'n richtiges Schlüsselerlebnis* betont. Durch ein *Schlüsselerlebnis* wird einem etwas aufgeschlossen oder erschlossen. In Andis Fall scheint dies auf den ersten Blick anders zu sein: Das *Schlüsselerlebnis* macht ihm deutlich, daß ihm etwas verschlossen ist, nämlich die Kombination von Mathematik und Biologie und die Identifikation mit dem (Klischee)Bild des Mathematikers, wobei deutlich wird, daß Andi nicht den Eindruck aufkommen lassen möchte, daß Mathematik prinzipiell ein Problemfach für ihn war.

Hinter dieser biographischen Konstruktion lassen seine Formulierungen (*irgendwie hatte ich so das Gefühl; daß mir ... eigentlich nicht mehr viel bringt*) aber unterschiedliche Entwürfe des Studiums deutlich werden, die sich durch die Opposition von ‚Sachbezug' und ‚Selbstverwirklichungsbezug' darstellen lassen.

Fazit:

Am Beginn seiner Karriere als Religionslehrer steht für Andi eine Erfahrung des Scheiterns. Sie gibt gewissermaßen die Grundierung ab für seine Entscheidung, Religionspädagogik überhaupt gewählt zu haben. Dieses Scheitern aber wird von Andi nicht offen eingestanden, sondern es wird mit dem in seinen Formulierungen anklingenden Klischee der technokratisch-zweckrationalen und rollenförmig agierenden Mathematikkommilitonen tendenziell als Entscheidung für ein ‚wahres', nicht entfremdetes Leben positiv umgedeutet, wobei an dem Versprecher, den Klischees und Widersprüchen, die sich in seine Darstellung einschleichen, deutlich wird, daß es sich für ihn gewissermaßen um einen unbearbeiteten ‚Sündenfall' zu handeln scheint, zu dem er sich nicht frei bekennen mag. Das Studium der Religionspädagogik ist für Andi wahrscheinlich zweitrangig, eine Notlösung, gewesen.

Damit ist er zwar dem lebenspraktischen Kern der ‚Sache' des evangelischen Religionsunterrichts nahe gekommen. Insofern nämlich Religion ihre Herkunft der Not verdankt (Tillich 1962, S. 28), noch steiler formuliert: Da Religion sich der praktischen Lösung einer Leistungskrise des Menschen verdankt, die ihm ein ‚gutes Leben' ermöglichen soll, stellt die Entscheidung für das Fach Religion als Not-, also Krisenlösung, gewissermaßen schon eine biographische Brücke zur angemessenen, selbstreflexiven Aneignung eines lebenspraktisch begründeten Verständnisses des Fachs – und damit auch: des christlichen Wirklichkeitsverständnisses – dar, das ja selbst auf der Geschichte eines *Gescheiterten* aufbaut. Die von Andi hier präsentierte Geschichte ist also quasi schon die Geschichte einer religiösen Erfahrung, es kommt sozusagen nur darauf an, ob er in der Lage ist, sie als solche auch zu verstehen und sich anzueignen.

Die bisherige Tendenz in seinen Äußerungen läßt aber vermuten, daß er diesen Zusammenhang nicht herstellen wird.

Bei der Interpretation mit Studierenden kann schon hier deutlich werden, daß der Befragte seine Entscheidung – als Umentscheidung – im Zuge einer (Leistungs-)Krisenlösung gefällt hat. In diesem Zusammenhang kann dann darauf aufmerksam gemacht werden, daß in dieser Erzählung schon die religiöse Dimension mitthematisiert wird, daß diese also nichts von der Lebenspraxis Abgelöstes ist. Daneben kann auch überlegt werden, ob der sich hier andeutende ‚Selbstverwirklichungsbezug' eine tragfähige Basis für das Gelingen des Studiums und die spätere Bewährung im Beruf darstellt.

4. Die ‚andere Geschichte'

A: Die andere ist, daß ich parallel dazu natürlich auch 'ne Menge Leute kennenlernte, die Religionspädagogik pädagogik studiert haben, in der Cafeteria, und daß ich mit denen so ins Gespräch gekommen bin. /I.: Mhm/ Und da is mir eigentlich auch schon häufig klargeworden, daß viele Probleme, die da so angesprochen wurden, daß ich die eben auch nicht äh in meinem Studium anpacken kann oder bereden kann, und die fand ich eigentlich auch viel interessanter.

Neben der Geschichte des Scheiterns gibt es eine Geschichte der Annäherung an die Religionspädagogik, die sich über das Kennenlernen von Studierenden vollzogen hat. Mit der *Menge Leute* lernte Andi offensichtlich den Gegentypus zu den *ganzen Kommilitonen* des Mathematikstudiums kennen. Bei ihnen ging es lockerer zu, sie waren kommunikationsbereit, ja, das Studium scheint sich eher *in der Cafeteria* in Form von Diskussionen über ‚Gott und die Welt' abgespielt zu haben, als in Hörsälen und Seminarräumen.

Diesem bunten Treiben, in dem sich eigene Probleme, wenn schon nicht *anpacken*, so doch wenigstens *bereden* ließen, stellt Andi implizit die ‚Defizite' seines damaligen Studiums gegenüber, in dem hauptsächlich die einsame Anstrengung zählte, und von dem Sinnstiftung nicht zu erwarten war.

Hier kann mit heutigen Studierenden ein Bild des Studiums der Religionspädagogik in den 70er Jahren rekonstruiert werden, das in bestimmten Grundzügen auch im heutigen Studium wiederzufinden ist.

Dennoch enthält Andis Äußerung auch einen kritischen Unterton. Handelte es sich bei den Mathematikstudenten um *Kommilitonen*, so wird mit der Formulierung *'ne Menge Leute* eine diffuse Quantität von Menschen eingeführt, denen er den Rollenstatus des Kommilitonen verweigert. Dies mag einerseits darin begründet sein, daß sie ein anderes Fach studiert haben als er. Andererseits aber weist einiges – u.a. die fast schon satirische Formulierung: *... die Religionspädagogie pädagogik studiert haben, in der Cafeteria* – darauf hin, daß er von der Warte des Mathematikstudenten aus diese *Leute* und ihr Studium nicht ganz ernstnehmen konnte.

Andi reproduziert bei der Benennung der sich ihm damals bietenden Studienfachalternative seinen Versprecher vom Interviewanfang, indem er zunächst erneut von *Religionspädagogie* spricht, um sich dann sofort wieder zu korrigieren, diesmal allerdings nur durch die korrekte Nennung des zweiten Teils des Kompositums: *pädagogik*.

Diese Reproduktion des Versprechers bei der Nennung des Faches, das er studiert hat und inzwischen gut zehn Jahre lang als Beruf ausübt, erhärtet den Eindruck eines Identifikationsproblems mit dem Fach evangelische Religion und einer Distanz zu den pädagogischen Anteilen des Lehrerberufs.

Es ist deshalb zu vermuten, daß Andi sowohl bei der Aneignung pädagogischer Inhalte als auch bei der Auseinandersetzung mit den für das religionspädagogische Studium konstitutiven theologischen Inhalten erhebliche Schwierigkeiten gehabt haben dürfte, und zwar nicht zuletzt deshalb, weil er sich selbst eher als Naturwissenschaftler definierte denn als Theologe oder Pädagoge. Wenn seine Entscheidung für das Studium aber primär durch die interessanteren Probleme und Fragestellungen des Faches Religion motiviert gewesen wäre, wenn es ihm also primär um die Sache gegangen ist, so müßte er jetzt beginnen, inhaltlich zu argumentieren und diese interessanteren Inhalte, Fragen und Probleme darzustellen.

5. Der ‚Kundschafter'

A: Natürlich war es bei dem Mathestudium auch so, daß mir das auch sehr schwer gefallen ist. Aber es war auch häufig einfach nur die Begrenzung auf die rein naturwissenschaftliche Erkundung /I.: Mhm/ der Welt und der Menschen, das war mir zu wenig.

Andi kommt nun statt dessen doch noch explizit auf Leistungsprobleme im Mathematikstudium zu sprechen und bestätigt damit den Eindruck, daß seine Entscheidung für die Religionspädagogik primär als eine Folge des Scheiterns im Mathematikstudium und der damit verbundenen Notwendigkeit einer Neuorientierung betrachtet werden muß.

Schon im folgenden Satz aber versucht er, die Drastik dieses Eingeständnisses dadurch zu mildern, daß er die Lösung der Leistungskrise als einen Akt selbstbestimmter Befreiung (*das war mir zu wenig*) aus den zu engen Grenzen der *rein naturwissenschaftlichen Erkundung der Welt und der Menschen* präsentiert.

Erst das Scheitern im Mathematikstudium ermöglichte es ihm, sich seiner eigenen Begrenztheit bewußt zu werden. Die *Begrenzung auf die rein naturwissenschaftliche Erkundung der Welt und der Menschen* ergibt sich nämlich nicht zwangsläufig aus der Wahl der Fächer Mathematik und Biologie. So ist es ja durchaus nicht abwegig, daß ein Mathematiker oder Biologe an philosophischen, theologischen oder psychologischen Fragen interessiert ist, ohne deshalb gleich sein Fach aufzugeben.

Auffallend ist in dieser Passage das Wort *Erkundung*, das im militärischen Sprachgebrauch, in der Geologie, aber auch in der Pädagogik verwendet wird. Gemeinsames Merkmal der Verwendungsweise ist dabei, daß der Erkundende, als Kundschafter, Distanz zur Sache behält, sein Blick sucht nach Anzeichen für Schutz oder Gefahr, der Verwertbarkeit des Materials, oder dient der Aufklärung über die Struktur eines Handlungsfeldes. Das Interesse richtet sich nicht auf die Sache selbst, sondern auf deren Verwertbarkeit für ein Vorhaben.

Andi präsentiert sich hier als Kundschafter, dessen anfängliche *Begrenzung auf die rein naturwissenschaftliche Erkundung der Welt und der Menschen* eher dem bloßen Kartographieren entsprach, das allein noch nicht ausreichte, um größtmögliche Sicherheit für ihn selbst zu gewährleisten.

Nur durch eine Erweiterung des Blicks bei seiner Kundschaftertätigkeit, die er sich vom Fach Religion zu versprechen schien, meinte er, ein vollständigeres Bild von *der Welt* und *den Menschen* zu gewinnen, das sich zur eigenen sicheren Orientierung im Leben eignen würde. Bei alledem aber schien er die Distanz des Kundschafters zu *Welt* und *Menschen* beibehalten zu wollen, ließ er Vorsicht walten, um sich nicht an *die Welt und die Menschen* zu verlieren, blieb der Zweck, die Absicherung des eigenen Vorhabens, das Primäre.

Andi scheint also das Studium der Religion auch dazu benutzt zu haben, sich selbst über Welt und Menschen ‚kundig' zu machen. Er sagt damit zugleich, daß er zum Zeitpunkt seiner Entscheidung noch nicht über Welt und Menschen ‚kundig' war.

So gesehen, gewinnt die Hypothese, Andis Entscheidung für das Fach Religion sei eine Notlösung gewesen, eine weitere Dimension: Mit der Entscheidung, sich durch das Studium der Religionspädagogik über *die Welt und die Menschen* kundig zu machen, schien er eine Orientierungskrise lösen zu wollen.

Andis sprachliches Bild der *Erkundung* macht aber auch noch etwas anderes deutlich: Ein Kundschafter weiß, daß er Kundschafter ist (wer er ist), er kennt seinen Standort (woher er kommt) und sein Ziel (wohin er geht). Ein Kundschafter kann also die drei Existenzfragen beantworten, sein Problem ist nicht, seine Identität zu finden, sondern: sich durchzubringen. Die nötige Distanz zur ‚Gegend' kann er gerade deshalb aufbringen, weil er sich seiner Identität: Kundschafter zu sein, sicher wähnt.

Sich über *die Welt und die Menschen* kundig zu machen, mußte deshalb für den Kundschafter Andi nicht gleichzeitig bedeuten: sich über sich selbst kundig zu machen. *Welt und Menschen* scheinen vielmehr Objekte seines distanziert-auskundschaftenden Blicks zu sein.

Überträgt man diese Überlegungen auf die Hypothese, Andi habe sich in einer Orientierungskrise befunden, die er mit der Wahl des Faches Religion zu überwinden suchte, so wird deutlich, daß er mit der biographischen Konstruktion des Kundschafters, die mit dem sprachlichen Bild der *Erkundung* impliziert wird, andeutet, daß es sich nicht um eine innere Orientierungs- bzw. Identitätskrise gehandelt habe, sondern um eine Krise, die seine Orientierung im ‚Außen', eben in der Welt und mit den Menschen, betraf. Kurz: Er wußte, wer er war, ihm fehlte ‚nur' das nötige Orientierungswissen über die Welt und die Menschen, um sicher durchs Leben zu kommen.

Das Deutungsmuster, dessen Andi sich zur Begründung seiner Entscheidung für das Studium der Religionspädagogik bedient, impliziert sein Interesse an der Welt und den Menschen und weist ihn als einen nach Orientierung Suchenden aus, was ihn für das Fach Religion zu prädestinieren scheint, insofern es in der Auseinandersetzung mit den Inhalten des Faches immer auch um die Reflexion der eigenen Orientierungen also: der eigenen Identität geht.

Die im Bild der *Erkundung* mitlaufende biographische Konstruktion des *Kundschafters* läßt aber unterhalb dieser Ebene eine habitualisierte Distanz der *Welt und den Menschen* gegenüber erahnen, mit der Andi an das Studium der Religionspädagogik herangegangen sein dürfte. Auf dieser Ebene wird die mit dem Bild der *Erkundung* implizierte Identitätssuche gewissermaßen dementiert: Es ging ihm nicht darum, in der Auseinandersetzung mit den Inhalten des Faches eine eigene, innere Orientierung ('Identität') in Frage stellen zu lassen und neu zu gewinnen. Leben und Fach blieben zwei voneinander getrennte Bereiche.

Hypothese:

Der subjektiv intendierte Sinn seiner Äußerung scheint in der Bekundung eines inhaltlichen Interesses für das Fach Religion zu liegen, das sich einem intellektuellen Mangelgefühl verdankte, so daß sich zusammenfassend folgende Hypothese formulieren läßt.

Andi kann sich mit den Inhalten des Faches Religion nicht voll identifizieren, sondern steht ihnen weitgehend distanziert gegenüber, weshalb das Studium der Religionspädagogik sich für ihn als Krisenlösung nur teilweise – wahrscheinlich als Zugang zu einem sicheren Job – bewährt hat.

Bislang hat Andi seine Entscheidung für das Studium der Religionspädagogik hauptsächlich negativ, als Entscheidung gegen das Fach Mathematik, gegen einen bestimmten Studententypus und gegen eine angeblich drohende Vereinseitigung durch das rein naturwissenschaftliche Weltbild begründet.

Positiv scheint seine Entscheidung mehr durch das Geborgenheitsgefühl, das ihm die Gruppe der Religionspädagogikstudenten vermittelte, und die Möglichkeit zur Selbstthematisierung in gemeinsamen Diskussionen begründet gewesen zu sein, als durch das Interesse an den spezifischen theologischen und pädagogischen Inhalten des Faches. Von diesen ist bisher nicht die Rede gewesen.

Andi hat hier einen Zusammenhang von Scheitern, Krise und Neuorientierung, von Entscheidung und Bewährung, den er am eigenen Leib erlebt hat, dargestellt. Es deutet aber wenig darauf hin, daß er diesen biographischen Zusammenhang aus einer theologischen und religionspädagogischen Perspektive reflektieren und somit bewußt, als zur ‚Sache' des Religionsunterrichts selbst gehörend, wahrnehmen kann.

Die bisherige Interpretation hat also schon zu einer begründeten Hypothese bezüglich der Frage geführt, ob es sich bei dem Befragten um einen ‚guten Religionslehrer' handelt. Diese Hypothese wäre nun anhand weiterer Textstellen zu überprüfen. Dabei können weitere biographische Dimensionen erschlossen werden, wie etwa die religiöse Sozialisation in der Familie, die Bewährung des Befragten in Studium und Referendariat sowie in der Berufspraxis oder das Verhältnis zur Kirche.

6. Religiöse Sozialisation

A: Ich denke mal, daß (Räuspern), jetzt so biographisch gesehen, vielleicht noch ganz wichtig ist, daß mir die Beschäftigung mit dem Thema nicht fremd ist; eigentlich. Ich hab' eigentlich, wahrscheinlich 'ne ganz äh traditionelle Jugend durchlebt, mehr oder weniger äh stark religiös geprägt. Meine Mutter ist katholisch. Die hat also versucht, mit mir auch zu beten ab und zu, und ich hab' also den lieben Gott auch durch sie kennengelernt. Aber ansonsten war in unserer Familie Religion äh nicht Haupttagespunkt. Wir sind durchaus christlich, äh pf im christlichen Sinne oder christlich – ethisch erzogen. Und ähm mir sind also christliche Werte, die ich dann später in der Bibel festgestellt habe, durchaus nicht fremd. Daraus, denk' ich, ist ja auch so 'ne Erziehung dann erwachsen. Mein Vater ist eigentlich auch eher un..ähm unchristlich.

I.: Er ist evangelisch!?

A.: Er ist evangelisch, ja, klar, ja.

Andi konnte bei seiner Entscheidung für das Studium der Religionspädagogik auf eigene Erfahrungen mit der *Beschäftigung mit dem Thema* – also wahrscheinlich mit christlicher Religion – zurückgreifen.

Die *Beschäftigung* mit Religion ist ihm schon vor seinem Studium nicht gänzlich fremd gewesen. Interessant ist diese Äußerung insofern, als Andi zwar meint, daß ihm *die Beschäftigung mit dem Thema* (*eigentlich*) *nicht fremd ist*, was aber noch nichts darüber aussagt, ob ihm das Thema selbst auch vertraut gewesen ist.

Zugespitzt könnte man sagen: Andi weiß zwar, wie es geht, aber nicht, worum es geht. Noch steiler: Auch das Wie scheint ihm nicht ganz vertraut zu sein.

Andis Äußerung ist voll von Relativismen und vagen Formulierungen (*eigentlich, wahrscheinlich, mehr oder weniger*). Es scheint so, als wolle oder könne er sich nicht festlegen.

Deutlich wird, daß er aus einem gemischtkonfessionellen Elternhaus kommt. Daß er erst jetzt – beiläufig – darauf zu sprechen kommt, daß seine Mutter katholisch ist, scheint nicht nur ein Indiz für seine Indifferenz gegenüber der Bedeutung konfessioneller Unterschiede zu sein. Er scheint vielmehr bislang kaum darüber nachgedacht zu haben, welche Auswirkungen die Tatsache, daß seine primäre spezifisch-religiöse Sozialisation katholisch geprägt gewesen ist, auf seine Biographie – insbesondere auch auf sein Studium der *evangelischen* Religionspädagogik – gehabt hat.

Hinzu kommt noch, daß der Vater zwar evangelisch war, ansonsten aber den unchristlichen, möglicherweise atheistischen, Gegenpol zu seiner katholischen Mutter bildete.

Der Umgang mit Religion und Konfession scheint in Andis Familie vernunftbetont gewesen zu sein. Christliche Werte, Ideale und Ideen wurden zwar rational im allgemeinen akzeptiert, die emotionale Identifikation mit und die lebenspraktische Gestaltung von christlichen Glaubensinhalten jedoch wurde von Andis Eltern vermieden, möglicherweise, um einen potentiellen Konfliktstoff aus der Gattenbeziehung prinzipiell auszuschließen.

Insofern wäre Andi also bekenntnislos aufgewachsen. Oder besser: Das Bekenntnis, mit dem Andi aufgewachsen ist, scheint darin bestanden zu haben, religiöse Bekenntnisse zu meiden, sich von der emotionalen Identifikation mit religiösen Inhalten zu distanzieren und Auseinandersetzungen in diesem Bereich aus dem Weg zu gehen.

Auf die Frage nach dem grundlegenden Bewährungsmythos bezogen, der Andi von seinen Eltern im Prozeß der religiösen Sozialisation vermittelt worden ist, lassen sich drei wichtige Elemente für eine Strukturhypothese ableiten:

a) Distanz gegenüber persönlichen Bekenntnissen. Diese Distanz scheint v.a. im Atheismus des Vaters begründet gewesen zu sein, an den anzupassen Andis Mutter genötigt gewesen zu sein scheint.

b) Sicherheit. Von seiten der Mutter scheint die Anpassung an die distanzierte Haltung ihres Ehemannes einem religiösen Bekenntnis gegenüber primär der Sicherung einer relativ konfliktfreien Ehe gedient zu haben. Sie konnte also ihr religiöses Bekenntnis nicht *leben*. Kam es dennoch zu Äußerungen ihres Katholizismus, die sporadisch immer wieder – v.a. den Kindern gegenüber – hervorgebrochen zu sein scheinen, dürften diese ohne inneren Zusammenhang oder Auswirkungen auf die Lebensführung geblieben sein, nicht jedoch ohne Wirkung auf ihre Kinder. Diese Wirkung dürfte eine doppelte gewesen sein: Zum einen lernten die Kinder hin und wieder *den lieben Gott* – also ein naives Gottesbild – durch die Mutter kennen, zum anderen aber scheint diese Bekanntschaft durch ihre Sporadik so lose und ohne Zusammenhang zur Lebenspraxis der Familie gewesen zu sein, daß sich bei ihnen keine Verstehensbasis für die christliche Religion, aber auch keine Weiterentwicklung des Gottesbildes ausbilden konnte.

c) ‚Inhaltslosigkeit'. Insofern ein religiöses Bekenntnis immer zugleich ein persönliches Bekenntnis zum eigenen Wirklichkeitsverständnis ist, verweist dessen Unterdrückung, die Andis Mutter geleistet zu haben scheint, auf eine ‚Inhaltslosigkeit' in der Gattenbeziehung. Sieht man das Besondere der Gattenbeziehung als „diffuser Sozialbeziehung" (Oevermann) darin, daß prinzipiell *alles*, was die beiden Ehegatten angeht, zur Sprache gebracht werden können muß, so wird deutlich, daß Andi gewissermaßen in einer ‚*inhaltslosen Gemeinschaft*' aufgewachsen ist.

Die gesamte Passage verweist auf einige der lebensgeschichtlichen Wurzeln der in der biographischen Konstruktion der *Erkundung* implizierten habitualisierten Distanz des ‚Kundschafters', so daß sich als Fazit eine Erhärtung der Vermutung ergibt, daß Andi der Sache des *evangelischen* Religionsunterrichts eher fremd gegenübersteht.

Im Sinne eines religionspädagogischen Fallverstehens kann an einer solchen Stelle also mit Studierenden überlegt werden, was es für diesen Befragten bedeutet haben könnte, in einer gemischtkonfessionellen Familie aufzuwachsen, in der das religiöse Bekenntnis gewissermaßen ein Tabuthema gewesen zu sein scheint.

Dabei stünde die Klärung der Bedeutung des Bekenntnisses als eines Ausdrucks der eigenen (christlichen) Wirklichkeitssicht und als Voraussetzung für ein erwachsenes Gottesverständnis bzw. Verständnis der Religion im Mittelpunkt des Interesses. Der Fall zeigt – als Negativfolie – biographische Wurzeln der Trennung von Religion und Lebenspraxis, die ein solches Wachstum beim Befragten verhindert zu haben scheint.

Ziel einer solchen Übung religionspädagogischen Fallverstehens, das noch durch die Analyse und Interpretation der objektiven Daten ergänzt werden könnte, wäre es also, mit den Studierenden die Probleme herauszuarbeiten, die der Befragte – sollte die Aneignung des Faches evangelische Religion gelingen – im Studium zu bewältigen hatte. Hieran können sich Überlegungen darüber anschließen, ob und wie die Religionspädagogik die hier bereits deutlich gewordenen Defizite des Befragten im Studium aufarbeiten könnte.

7. Das Studium als Bewährungsfeld

I.: Ja, ähm warst Du mit Deinem Studium zufrieden, also an der Uni?

A.: Ähm ja, im Biologiestudium war ich eigentlich zufrieden, Religion hab' ich mich manchmal 'n bißchen allein gefühlt. Da hätte ich gerne noch mehr äh etwas mehr Anleitung gebraucht.

I.: (Kannst Du also mal?)

A.: Äh Anleitung ähm inhaltlicher Art. Ich habe ja schon vorhin gesagt, daß ich nicht alles verstanden habe. Ähm .. da ja, da hätte ich mir vielleicht mehr gewünscht, äh nicht so beschallt zu werden in in so Riesensitzungen, sondern etwas mehr Gespräche führen zu können. /I: Mhm/ Also das etwas äh ja, etwas genauer bearbeiten zu können, beziehungsweise ähm hätte ich doch schon etwas genauere Vorgaben gebraucht. /I: Mhm/ „Das und das und das mußt du genau machen." Ähm *(betont:) vielleicht auch etwas mehr Druck, bestimmte Inhalte einfach zu lernen.* /I: Mhm/ *Ähm weil vieles einfach zu beliebig war, und ich konnte das Wichtige von dem Unwichtigen nicht unterscheiden.* /I: Mhm/ *Und hab' wahrscheinlich ganz viel Unwichtiges gemacht, ähm weil ich dachte, das sind nette Menschen.* /I: (lacht kurz)/ *Ja?* /I: Also/ *Also ich hab so den Blick fürs Wesentliche, den hab ich nicht gehabt, (???). Und dafür hätte ich etwas mehr Anleitung gebraucht.*

Auf eine Beurteilung seines Studiums angesprochen, macht Andi deutlich, daß ihm die notwendige Orientierung, die er sich von den Lehrenden erhofft hatte, fehlte.

So kann man aus seinen bisherigen Äußerungen schließen, daß Andi, der das Studium der Religionspädagogik nicht aus Gründen einer religiösen oder pädagogischen Überzeugung gewählt hatte, sondern als Notlösung in einer Krisensituation, selbst kaum über eine – zumindest grundsätzliche – Orientierung im Fach verfügt haben dürfte, sondern ‚grundlos' in das Studium gekommen ist.

Um so wichtiger wäre es aber für ihn gewesen, mit klaren Auskünften über die fachlichen und pädagogischen Anforderungen konfrontiert zu werden, um sich auf der Basis einer realistischen Einschätzung *für oder gegen* das Studium des Faches entscheiden zu können.

Von seiten derjenigen Lehrenden, bei denen Andi hauptsächlich studiert hat, scheinen ihm jedoch keine Hilfestellungen gegeben worden zu sein, die ihm eine solche realitätsbezogene Entscheidung ermöglicht und ihn damit zu einer intensiveren Auseinandersetzung ermutigt hätten oder dazu, vom Studium der Religionspädagogik Abstand zu nehmen.

Dies allein seinen Dozenten anzulasten, wäre sicherlich falsch, denn es wäre ja auch Andis Sache gewesen, sich gründlicher über die Anforderungen und den Studienaufbau zu informieren. Andererseits hätte ihnen Andis offensichtliche Realitätsferne und Orientierungslosigkeit hinsichtlich der Anforderungen des Faches, die in seinen naiven Vorstellungen zum Ausdruck kam, auffallen und zu einer ausgiebigen Beratung führen müssen.

In Andis Darstellung der Seminare spiegelt sich die Entwicklung zur Massenuniversität wider. Für ihn dient die mit dieser Entwicklung verbundene Anonymität der *Riesensitzungen* aber v.a. als Begründungsfolie für fachliche Defizite.

Auch als ‚Beschallungen' aber, d.h. als notwendigerweise an eine anonym bleibende Masse von Studierenden gerichtete Mitteilung von *Inhalten*, dürften diese Seminare oder Vorlesungen doch immer noch *Mitteilung von Inhalten* gewesen sein, die – ebenso notwendig – von den Studierenden selbständig (nach)bearbeitet werden mußten.

Zum anderen aber dürfte Andi auch durch die Entwicklung innerhalb der Religionspädagogik der 70er Jahre in der Erwartung bestärkt worden sein, das Studium des Faches Religion zur Selbstthematisierung (und Selbstklärung?) zu benutzen.

Bei den von Andi bevorzugten Lehrenden handelte es sich nach seinen Angaben zwar um *nette Menschen,* der persönliche Umgang mit ihnen war, wie Andi mehrfach im Interview betont[8], *locker.* Diese Lockerheit hat jedoch im Rückblick für Andi auch ihre Schattenseiten: den Mangel an *genauer* Bearbeitung wichtiger Inhalte, an deutlichen Vorgaben, an klarer Differenzierung hinsichtlich der Relevanz der Inhalte für die spätere Berufspraxis und an verbindlicher *Anleitung* bzw. an *Druck,* sich mit wichtigen Inhalten auseinandersetzen zu müssen.

Bei seiner Suche nach Orientierung im Fach ist er von diesen *netten* Lehrenden jedoch *alleingelassen* worden. Die Kehrseite der ‚Nettigkeit' scheint auf *beiden* Seiten der Verzicht auf die ‚Hingabe an die Sache' gewesen zu sein.

Nimmt man Andis Äußerung allein als Beleg für sein persönliches Versagen im Studium, greift man zu kurz. In seiner Darstellung werden vielmehr Grundprobleme (nicht nur) der sich nach 68 konstituierenden ‚neuen Religionspädagogik' deutlich, die auch heute noch aktuell sind. Die gemeinsame Arbeit mit Studierenden an solchen Passagen ermöglicht also eine kritische Aneignung der Geschichte des eigenen Faches ‚von unten'.

8. Der Unterricht als Bewährungsfeld

A: *Ja, ... ähm, eine nette Begebenheit, denke ich, kann man da auch noch ruhig zu erzählen. Ich hatte dann in einer fünften Klasse ähm einen .. einen Unterricht geplant zur Gewaltfrage. Und wir hatten dann ganz groß an der Tafel gesammelt und erarbeitet den Satz „Worte sind die besseren Waffen". Und wir waren auch alle ganz stolz. Ich hatte auch, glaube ich, entsprechende Bibelstellen, sogar Bergpredigt in der 5. Klasse gelesen usw. Und nun klingelt es also zum Stundenende. Die Klasse drängt sich aus der viel zu klei-*

---

8 Wir greifen hier aus Platzgründen zur Verdeutlichung der Problematik der vom Befragten angedeuteten Distanzlosigkeit zwischen Lehrenden und Studierenden bewußt methodenwidrig auf eine nicht dokumentierte Sequenz des Interviews zurück. Wie sehr eine solche Haltung beide an der Ausbildung beteiligten Seiten behindern kann, zeigt nicht zuletzt Biehls schon oben erwähnter mißlungener Versuch einer biographische Religionslehrerforschung. Einer der wichtigsten Gründe seines Scheiterns scheint zu sein, daß Biehl seine eigenen Studenten befragt, die Problematik dieser Probandenauswahl nicht reflektiert hat. Durch dieses Vorgehen scheint Biehl gewissermaßen in eine ‚Beziehungsfalle' geraten zu sein, denn er verzichtet auf eine ausführliche Darstellung und kritische Interpretation – gerade auch von Passagen zum Studium – und stellt statt dessen allen Beteiligten ‚gute Noten' aus: „Die Protokolle lassen erkennen, daß die Probanden die Fähigkeit haben, ihre eigene Lebensgeschichte unter dem Gesichtspunkt der religiösen Entwicklung zu verstehen und deren Ambivalenz zu durchschauen. Damit sind die Voraussetzungen dafür gegeben, auch mit den Lebensgeschichten ihrer Schüler angemessen umgehen zu können" (P. Biehl 1987, S. 293). Ganz anders als erwartet und ‚hinter seinem Rücken' drückt sich hier ein Aspekt der „Dysfunktionalität zwischen Theorie und Praxis" (S. 294) aus, die er mit Hilfe des ‚biographischen Ansatzes' beseitigen möchte.

nen Tür, wir waren da in einem Pavillon untergebracht. *Es gibt eine Schlägerei beim Ausgehen, und nach 10 Sekunden kommt also schon das erste Kind zurück und blutet ganz heftig. Und dann kommt also so'n ganz kleiner Kerl, G. hieß er, und sagte ... also versuchte mir auf die Schulter zu klopfen, kam natürlich nur bis zum Unterarm, und sagte: „Na ja, im Leben sieht eben alles ganz anders aus, Herr A."*

Andi erzählt hier – selbstironisch – die Geschichte einer mißlungenen Unterrichtsstunde, an der das Problem seiner Berufspraxis als Religionslehrer, die fehlende Verbindung zwischen den Inhalten des Faches und der lebenspraktischen Realität, besonders deutlich wird.

In diesem Unterricht ging es Andi um die Erarbeitung einer Formel, die er offensichtlich als Ausdruck eines *christlichen Ideals* zu begreifen schien, hinter dem er stehen konnte.

Formal und methodisch hat sich Andi um diese Stunde zur *Gewaltfrage* viele Gedanken gemacht. Er betont, daß er *sogar* die Bergpredigt im Unterricht gelesen und einen Merksatz groß an die Tafel geschrieben hat. Dennoch hatte sein Unterricht, wie er sich von einem seiner Schüler hat belehren lassen müssen, nichts mit dem *Leben* zu tun, er ging an der Wirklichkeit vorbei.

Der Grund für das Mißlingen liegt nach der bisherigen Interpretation des Interviews auf der Hand: Andi hatte eine moralische Formel im Kopf, die er als Ausdruck eines christlichen Lebensideals betrachtete. Unter diese Formel versuchte er nun im Unterricht, den Inhalt biblischer Texte zu subsumieren, d.h. er instrumentalisierte diese Texte, um seine moralische Formel christlich zu begründen. Daß dies nicht nur für die Schüler, sondern auch für ihn selbst eine große Anstrengung gewesen sein muß, wird an der mehrmaligen Verwendung des Pronomens *wir* deutlich. Wenn Andi von einem gemeinsamen Gefühl des Stolzes nach vollbrachter Arbeit spricht, so deutet dies darauf hin, daß er sich hinsichtlich der Anstrengung im Umgang mit dem Thema gewissermaßen als in keiner Weise von den Schülern unterschieden betrachtet. Er ist einer von ihnen. Worauf bezog sich dieser *Stolz*?

Andis Absicht scheint es gewesen zu sein, die Schüler ‚zur *Einsicht*‚ zu bringen', daß es besser sei, miteinander zu reden, als sich die Köpfe einzuschlagen. Die biblischen Texte sollten diese Einsicht befördern, wobei das Ziel des Unterrichts in der Formulierung eines Merksatzes lag, der eine einfache moralisierende Behauptung enthält, die zudem in einem zumindest zweifelhaften Verhältnis zur *Gewaltfrage* steht, da er die Anwendung von Gewalt zur Durchsetzung der eigenen Interessen durchaus akzeptiert und nur eine bestimmte Art von Gewalt, nämlich körperliche Gewalt, vermieden sehen möchte.

Die Behauptung, Worte seien die besseren Waffen, fordert ja gerade nicht, den Waffengebrauch überhaupt möglichst zu unterlassen, sondern nur eine bestimmte Art von Waffen zu vermeiden, weil diese nicht so *gut* seien.

Da Andi bei seiner Vorbereitung sich allein an einem moralischen Ideal des ‚zivilisierten Umgangs' orientiert hat, ist er gar nicht auf den Gedanken gekommen, diesen Merksatz selbst kritisch zu hinterfragen. Dazu hätte ihm allerdings die Bergpredigt dienen können, z.B. Matth. 5, 9 oder 5, 21-26. Da er aber die Bibeltexte nicht als kritische Instanz, sondern lediglich als Illustration für seinen Merksatz benutzt hatte, mußte er gerade das diesem Merksatz Widerständige der Bergpredigt, die Seligpreisung der Friedfertigen und die Forderung nach Verzicht auch auf verbale Gewalt in Matth. 5, 21ff., ‚übersehen' und damit den impliziten Anspruch des Bibeltextes, im ‚Interesse' der eigenen Seligkeit überhaupt irgend etwas als Waffe gegen seine Mitmenschen zu benutzen.

D.h. aber: Die Bergpredigt taugt gerade nicht, um Andis Merksatz zu bestätigen, sondern sie stellt ihn radikal in Frage.

Auf der anderen Seite aber dementiert sich die Formel als einfache Antwort auf die *Gewaltfrage* selbst, denn zu klären wäre ja allererst, in welcher Hinsicht *Worte die besseren Waffen* sind. Was heißt in diesem Zusammenhang ‚besser'? Die Güte einer Waffe ermißt sich an ihrer Durchschlagskraft in Bezug auf ein zu erreichendes Ziel. Eine Waffe ist um so besser, je leichter sich mit ihr das angestrebte Ziel erreichen läßt.

Die Naivität dieses Merksatzes, seine Wirklichkeitsferne, wird sofort deutlich, wenn man ihn an der historischen Wirklichkeit, z.B. am Widerstand gegen den Nationalsozialismus mißt. Der Kampf gegen das nationalsozialistische Deutschland hat nicht in Worten die *besseren Waffen* gegen das Terrorregime gehabt, sondern in den moderneren Tötungsmaschinen, die denen der Nationalsozialisten an Qualität und Menge überlegen waren.

Andi hatte bei seiner Vorbereitung auf den Unterricht die *Gewaltfrage* letztlich nicht ernstgenommen. Sie scheint ein Pflichtthema gewesen zu sein und ihn – als christliches und politisches, letztlich aber: als hermeneutisches Problem nicht interessiert zu haben. Andi und seine Schüler haben auf das Unterrichtsthema offensichtlich als ‚Religionsstunden-Ichs' reagiert: Letztere wußten, was er von ihnen hören wollte und erfüllten ihm diesen Wunsch, der primär ein Wunsch nach harmonischer Gemeinschaft war. Aber eben nur in der Religionsstunde und nicht in *ihrer* Wirklichkeit.

Die *nette Begebenheit* stellt sich also bei genauerer Betrachtung als Geschichte seines Scheiterns im Religionsunterricht dar, an der sein moralisierendes Verständnis christlicher Religion ebenso deutlich wird wie sein vergeblicher Versuch, im Unterricht über einen Sachbezug eine harmonische Gemeinschaft in der Klasse herzustellen, in die er als deren Mitglied eintauchen kann.

An dieser Geschichte kann eine mit Studierenden durchgeführte Interpretation also zu einer gut begründeten Hypothese hinsichtlich der Bewährung des Befragten im Beruf und zu einer Rekonstruktion der Gründe für sein Scheitern kommen.

VI. Objektive Hermeneutik als hermeneutisches Propädeutikum

Die Auswertung biographischer Interviews mit Religionslehrern, die sich an der Methode der objektiven Hermeneutik orientiert, kann im Rahmen der Ausbildung von Religionslehrern als hermeneutisches Propädeutikum für die Studierenden betrachtet werden, also als Einführung und Vorschule in die Kunstlehre des Verstehens. Ein solches Propädeutikum beschränkt sich nicht auf die Interpretation eines Einzelfalls, sondern erlangt seine Bedeutung in der Einübung einer Haltung, die gerade für die heutigen Studierenden der (Religions)-Pädagogik auch bei der Aneignung der Inhalte des Faches – z.B. beim selbständigen Umgang mit biblischen Texten – von einigem Nutzen sein könnte.

Der entscheidende Punkt hierbei ist, daß die objektive Hermeneutik nicht von der Möglichkeit eines problemlosen Verstehens ausgeht, sondern auf dem Mißverständnis als sozialer (Krisen-) Situation aufbaut. Nur in dieser Krisensituation ergibt sich die Notwendigkeit einer intensiven Rekonstruktion dessen, was der Fall ist, die Bedingung der Aufklärung ist.

Die objektive Hermeneutik produziert eine solche Krisensituation durch die Sequenzanalyse, mit der sie einerseits die „Struktur der Lebenspraxis", deren Kern die Dialektik von Entscheidungszwang und Begründungsverpflichtung bildet, methodisch bewußt in den Prozeß der Fallinterpretation einschließt, die sie andererseits durch das Prinzip der Handlungsentlastetheit, also die bewußte Vermeidung des Drucks, möglichst schnell zu einem Ergebnis zu kommen, verfremdet.

Der Zeitdruck, der auf der Analyse lastet, wird aber nicht einfach beseitigt, sondern umgewandelt, indem zu jeder Sequenz nicht nur die eine, ‚passende' Lesart, sondern viele, möglichst einander kontrastierende Lesarten konstruiert werden, so daß an Stelle des Zeitdrucks ein Inhaltsdruck entsteht, der in den Zwang mündet, sich für eine der möglichen Lesarten entscheiden zu müssen oder mehrere Lesarten gelten zu lassen und die Entscheidung zu vertagen, ohne daß – in Form des Gesamttextes oder einzelner späterer Textstellen – auf die Analyse stützende Passagen zurück- bzw. vorgegriffen werden kann. Vielmehr muß jede mögliche Lesart für sich selbst begründet werden, indem ein Verwendungskontext konstruiert wird, in den sie paßt. Auf diese Weise wird im günstigsten Fall eine Vielfalt von Bedeutungen erzeugt, die die ‚tatsächliche', vom Befragten intendierte Bedeutung der Einzelsequenz weit übersteigen kann. Man erhält einen Hof von Bedeutungen, eine Kontrastfolie, von der sich der Einzelfall deutlich absetzt.

Analyse und Interpretation sind dabei nicht einsame Leistungen eines Lehrenden, die von den Studierenden gläubig hingenommen werden müssen, sondern der gesamten Interpretationsgemeinschaft.

Eine Sequenz ist in diesem Methodenmodell also eine Krise in Miniaturformat, deren Bewältigung in einer gemeinsamen Anstrengung geleistet werden muß. Dies gilt gleichermaßen für eine Stelle eines protokollierten Interviews wie für die objektiven Daten eines Befragten. Für unsere These, die objektive Hermeneutik biete die Möglichkeit eines ‚hermeneutischen Propädeutikums' für Studierende der Religionspädagogik, ergibt sich folgendes:

Die Studierenden werden in eine Haltung eingeübt, die das Verstehen als *soziales* Problem ernstnimmt, gerade weil der methodische Ausgangspunkt das Mißverständnis und die Notwendigkeit der extensiven Rekonstruktion ist. Sie bekommen damit die Möglichkeit, sich einem Text bewußt unpraktisch zu nähern, also nicht lernziel- bzw. verwertungsorientiert nach der ‚richtigen' Lesart zu suchen bzw. vom Lehrenden einfach zu übernehmen. Die Hauptarbeit des Lehrenden besteht dann auch nicht darin, die richtige Lesart zu verkünden, sondern auf die Einhaltung der Methode zu dringen, die Diskussion zu organisieren und als Wissens- und Erfahrungsspeicher für die Studierenden da zu sein. Als Interpretationsteilnehmer an der Sequenzanalyse hat er aber den gleichen Status wie die Studierenden, d.h. er muß sich der Begründungsverpflichtung für seine Lesarten ebenso beugen wie die Studierenden.

Die Studierenden können also mit dieser Methode im Studium am Modell einen offenen Umgang mit Texten und Verstehen als sozialen Prozeß begreifen lernen, der erst dann zu seinem – immer vorläufigen – Ende kommt, wenn die Interpretierenden Einigung über die Geltung einer oder mehrerer möglicher Lesarten erlangt haben.

Die klare Regel: sich einzig auf die vorliegende Sequenz zu konzentrieren bzw. auf den aktuellen Stand (Kontext) der Sequenzanalyse, ermöglicht die Erfahrung, daß die eigenen Beiträge zur Aufklärung des ‚Mißverständnisses' beitragen, also Wert haben, insofern sie Anerkennung als Gegenstand einer gemeinsamen kontroversen Diskussion finden.

Geübt wird so auch ein genaues Lesen und sachbezogenes Argumentieren auf der Grundlage alltagspraktischen Verstehens. Das strikte Festhalten am Hypothesencharakter der erarbeiteten Ergebnisse wirkt andererseits einer dogmatischen Auffassung entgegen, der es um die ‚richtige' Interpretation geht. Im Gegenteil sind gerade auch solche Lesarten willkommen, die zunächst abseitig erscheinen.

Da es nicht darauf ankommt, möglichst schnell zu einem Ergebnis zu kommen, sondern darauf, sich im Verfahren von trial and error in der Analyse vorwärts zu bewegen, ist das Scheitern ein notwendiger, integraler Bestandteil der Methode, ist das Fehlermachen nicht nur unvermeidlich, sondern erwünscht. Nicht das ‚Auf-Nummer-Sicher-Gehen' durch die Subsumtion einer Sequenz unter das eigene angeblich unproblematische, alltagspraktische Normalverstehen oder das theoretisch abgesicherte Verständnis des Lehrenden, sondern das Risiko der Wahrnehmung des Besonderen, der Entwicklung und Verteidigung der eigenen Meinung, aber auch die Anerkennung der Logik des besseren Arguments, wird von den Interpretationsteilnehmern verlangt.

Die Methode der objektiven Hermeneutik ist damit geeignet, Studierende der Religionspädagogik in eine wissenschaftlich-hermeneutische Haltung einzuführen, die ein entdeckendes Lernen ermöglicht und sich deshalb auch auf den Umgang mit den Inhalten des Faches, insbesondere auch auf die *eigene* Interpretation biblischer Texte, erstrecken kann.

VII. Abschließende Thesen

1. Mit der Analyse und Interpretation von Interviews mit Religionslehrern wird der Blick der Studierenden auf mögliche eigene Zukünfte gerichtet. Die religionssoziologische Dimension wird damit um eine berufssoziologische Dimension erweitert.

2. Mit einer biographischen Religionslehrerforschung als Bestandteil der Ausbildung von Religionslehrern wird immer auch die Frage nach dem ‚guten Religions-Lehrer', nach Bedingungen der Bewährung oder des Scheiterns im Beruf, gestellt. Letztlich wird so die religiöse Dimension des Berufslebens reflektiert, die als Thema für den RU durchaus eine Rolle spielt und in Zukunft noch weitaus bedeutsamer werden könnte angesichts der massenhaften sozialen Deklassierung durch Arbeitslosigkeit oder die Aussicht für Jugendliche, mehrere Tätigkeiten in ihrem Leben erlernen und ausüben zu müssen.

3. Mit dem Einzelfall wird immer auch eine Facette der Fallstrukturgesetzlichkeit der (Lebenspraxis) ‚Religionspädagogik' rekonstruiert, jeder Einzelfall weist so über sich selbst hinaus auf die Entwicklungen und Fehlentwicklungen der Religionspädagogik und stellt die Frage nach der Mitverantwortung der universitären Religionspädagogik für Gelingen oder Scheitern von Religionslehrern.

Biographische Forschung bietet so den Studierenden eine Basis für die kritische, verstehende Aneignung der Religionspädagogik.

4. Anders als in den Ansätzen einer quantitativ orientierten Religionslehrerforschung bietet die qualitativ biographisch orientierte Forschung damit für die Studierenden die Möglichkeit eines entdeckenden Lernens über den Zusammenhang von Religion und Lebenspraxis.

Dabei bewegen sich die Studierenden immer schon im Bereich der Sache, um die es in ihrem Fach geht, nämlich in der religiösen Dimension von Wertsystemen, Sinn- und Deutungsmustern, die ihren Ausdruck in den – spezifisch religiösen und/oder säkularen – ‚Bewährungsmythen' der Befragten und Interpretierenden finden. Im Prozeß der gemeinsamen Interpretation werden diese Bewährungsmythen zur Sprache gebracht, d.h. es wird nicht nur eine Theorie der ‚Sinn- und Deutungsmuster' oder des ‚Bewährungsmythos' gelernt, sondern es wird gelernt, Sinn- und Deutungsmuster als Elemente von Bewährungsmythen zu verstehen und diese zu den objektiven Anforderungen, die der Beruf des Religionslehrers an die Befragten und Interpretierenden gleichermaßen stellt, in Beziehung zu setzen und auf ihre Qualität hin zu befragen.

5. Bei alledem kann biographische Religionslehrerforschung nur ein Angebot an Studierende sein, sich diese Möglichkeit in der Ausbildung zunutze zu machen. Dabei muß sie sich allerdings auch hüten, das Ideal des ‚guten Religions-Lehrers' mit der Wirklichkeit zu verwechseln, die immer noch ganz anders aussieht.

Für die Ausbildung ‚guter Religions-Lehrer' kann auch sie nicht letztlich garantieren. Dies liegt in der Verantwortung und dem ständigen Bemühen der Studierenden selbst, letztlich aber – theologisch gesprochen – in der Gnade Gottes.

Daher bleiben wir dabei: Die pädagogische Antwort auf alle Erwartungen und Erwartungs-Erwartungen, auf alle Optionen und Options-Optionen kann wiederum nur darin liegen, diejenigen, die sich in einer solchen Welt zurechtfinden müssen, mit den Möglichkeiten ‚auszustatten', eben das Genannte zu tun. Die pädagogische Antwort auf die ‚Neue Unübersichtlichkeit' sollte ganz einfach darin bestehen, Aufklärung – oder weniger anspruchsvoll gedacht – Einblick zu verschaffen; das bedeutet, eine Autonomie der Persönlichkeit anzustreben, die sich darin ausdrückt, ‚Ja-' aber auch ‚Nein-Stellungnahmen' (Habermas) formulieren und entsprechend handeln zu können. Nicht mehr aber auch nicht weniger will die sokratische Rede ausdrücken, die in unserer Formulierung besagt, daß das nichtbefragte Lehren nicht lehrenswert ist.

Literatur

Aufenanger, S./Garz, D. (1996): Moralische Atmosphäre – Qualitative Forschung im Klassenzimmer. In: Bildungsforschung und Bildungspraxis 18, S. 109-120.
Berger, P.L./Luckmann, T. (1966/1970): Die gesellschaftliche Konstruktion der Wirklichkeit. Frankfurt a.M.
Biehl, P. (1987): Der biographische Ansatz in der Religionspädagogik. In: Groezinger, A./Luther, H. (Hg.): Religion und Biographie. München, S. 272-296.
Bruner, J. (1987): Life as narrative. In: Social Research 54, S. 11-32.
Bruner, J. (1991): The narrative construction of reality. In: Critical Inquiry 18, S. 1-21.
Burke, K. (1989): On symbols and society. Chicago.
Dilthey, W. (1910/1970)): Der Aufbau der geschichtlichen Welt in den Geisteswissenschaften (GS VII). Frankfurt a.M.
Döbert, R./Habermas, J./Nunner-Winkler, G. (1977): Zur Einführung. In: Dies. (Hg.): Entwicklung des Ichs. Köln, S. 9-30.
Gräb, W. (1990): Der hermeneutische Imperativ. In: Sparn, W. (Hg.): Wer schreibt meine Lebensgeschichte? Gütersloh, S. 79-89.
Habermas, J. (1973): Erkenntnis und Interesse. Mit einem neuen Nachwort. Frankfurt a.M.
Haupert, B./Kraimer, K. (1991): Die Heimatlosigkeit der Sozialarbeit/Sozialpädagogik. In: Pädagogische Rundschau 45, S. 177-196.
Kade, S. (1990): Handlungshermeneutik. Bad Heilbrunn.
Kaufmann, H.B. (1968): Muß die Bibel im Mittelpunkt des Religionsunterrichts stehen? In: Otto, G./ Stock, H. (Hg.): Schule und Kirche vor den Aufgaben der Erziehung. Hamburg, S. 79ff.

Lee, H.-S. (1996): Moralität bei koreanischen Jugendlichen. Eine empirische Studie in unterschiedlichen sozialen und räumlichen Umwelten Koreas. Diss. Carl von Ossietzky Universität. Oldenburg.

Nipkow, K. E. (1982): Grundfragen der Religionspädagogik. Bd. 3. Gütersloh.

Oevermann, U./Allert, T./Konau, E./Krambeck, J. (1979): Die Methodologie einer ‚objektiven Hermeneutik' und ihre allgemeine forschungslogische Bedeutung in den Sozialwissenschaften. In: Soeffner, H.G. (Hg.): Interpretative Verfahren in den Sozial- und Textwissenschaften. Stuttgart, S. 352-434.

Oevermann, U. (1995): Ein Modell der Struktur von Religiosität. Zugleich ein Strukturmodell von Lebenspraxis und von sozialer Zeit. In: Wohlrab-Sahr, M. (Hg.): Biographie und Religion. Frankfurt a.M., S. 27-102.

Platon (1973): Apologie (Werke in acht Bänden) Bd. 2. Darmstadt.

Schütze, F. (1983): Biographieforschung und narratives Interview. In: Neue Praxis 13, S. 283-293.

Strauss, A. (1959/1968): Spiegel und Masken. Frankfurt a.M.

Tillich, P. (1962): Die verlorene Dimension. In: Ders.: Die verlorene Dimension. Stuttgart.

Van Manen, M. (1991): The tact of teaching. Albany.

Vierzig, S. (1976): Der Lehrer – Rolle, Person und Wirkung im Religionsunterricht. In: Rh 8, S. 19-24.

Weber, M. (1919): Politik als Beruf. In: Max Weber Gesamtausgabe, Bd. 17, S. 157-252.

Reinhard Uhle

„Daß das ungeprüfte Leben nicht wert ist gelebt zu werden – das ist unnötig schroff." (F. Nozick)
Anmerkungen zu Axel Fehlhaber und Detlef Garz

„Jedes Leben kann beschrieben werden, das kleine wie das mächtige, das Alltagsleben wie das außerordentliche. Unter ganz verschiedenen Gesichtspunkten kann ein Interesse entstehen, dies zu tun. Die Familie bewahrt ihre Erinnerungen. Die Kriminaljustiz und ihre Theorien mögen das Leben eines Verbrechers festhalten, die psychische Pathologie die eines abnormen Menschen. Alles Menschliche wird uns zum Dokument, das uns irgendeine der unendlichen Möglichkeiten unseres Daseins vergegenwärtigt." (W. Dilthey 1970/1910, S. 305) – so zitieren Fehlhaber, Garz Diltheys Ausführungen zur Biographie als Objekt von Forschung. Interessanter Weise fehlen die folgenden Sätze, die da lauten: „Aber der historische Mensch, an dessen Dasein dauernde Wirkungen geknüpft sind, ist in einem höheren Sinne würdig, in der Biographie als Kunstwerk fortzuleben. Und unter diesen werden dann diejenigen das Augenmerk des Biographen besonders auf sich ziehen, deren Wirkungen aus besonders schwer verständlichen Tiefen menschlichen Daseins hervorgegangen sind und die daher in das Menschenleben und seine individuellen Gestalten einen tieferen Einblick gewähren."

Die Biographie als „literarische Form des Verstehens von fremdem Leben" (ebd.) kann sich nach Dilthey auf die Pluralität menschlichen Lebens beziehen, kann verschiedene Aufgaben übernehmen, indem sie – aus der Vielheit auswählend – ein bestimmtes Leben dokumentiert. Die Biographie zeigt in der beliebigen Auswahl eine von den unendlichen Möglichkeiten, ein Leben zu leben. Die Biographie bekommt dabei eine bestimmte Bedeutung, nämlich der Familienerinnerung zu dienen oder Fallbeispiele für wissenschaftliche Theorien darzustellen. Besondere Bedeutung aber bekommt die Biographie als Kunstform des Verstehen erst mit dem Rekurs auf besondere Menschen und ihr Leben. So verweist Dilthey wenig später auf Schleiermacher als einen solchen Menschen, der über seinen Tod hinaus religionswissenschaftlich und philosophisch bedeutend wurde. Er sieht diese Bedeutung in der Artikulation tiefen Erlebens und Verstehens von Welt und darin, daß die community der genannten Wissenschaften Schleiermachers Artikulationen immer wieder aufgreift.

Daß Dilthey in diesem Sinne „große" Menschen als Objekte der Kunstform des biographischen Verstehens bevorzugt, wird durch seine lebensphilosophischen Intentionen verständlich. Er sucht einen „Zugang zum größten Geheimnis des Lebens" (Dilthey 1970/1910, S. 263). Menschliches Leben nämlich ist für ihn der unfaßbare Zusammenhang zwischen einem Ich und seinem Milieu als Wechselspiel zwischen der Gesamtheit aller seelischen Impulse des Ich auf Welt und der Wirkung der unendlichen Mannigfaltigkeit von Welt auf das Ich. Nur große Dichter oder Philosophen geben sozusagen prophetische Kunde von solchen Wechselwirkungen. (Vgl. Rodi 1990) Trotz seiner Dilthey-Kritik greift Gadamer diesen Diltheyschen Gedanken des biographischen Verstehens für das Verstehen generell auf. Verstehen heißt für Gadamer, sich von Autoritäten etwas sagen zu lassen. Denn er hebt für hermeneutisch-dialogisches Verstehen nicht das Ansprechen, sondern das Angesprochen-werden, das Sich-etwas-sagen-lassen durch den Anderen (den Text) hervor. Er betont „vernehmende Vernunft" als Kennzeichen der Hermeneutik. Auf diesem Hintergrund kann zwar jedes menschliche Leben durch biographisches Schreiben in ein Dokument, eine Ausformulierung von Lebensmannigfaltigkeit verwandelt werden, aber nur wenige dieser Dokumente geben Anlaß zum Angesprochen-werden, weil sie dem Verstehenden zu tieferem Verständnis des Lebens verhelfen. Diesem Gedanken nahe ist auch die geisteswissenschaftlich-hermeneutische Tradition der Pädagogik bezogen auf ein Leben als Erzieher, wenn sie von der Beschäftigung mit Klassikern oder „wichtigen" Texten des Faches erwartet, daß den Lesern „pädagogisches Sehen und Denken" (Flitner, Scheuerl 1991) ermöglicht werde oder, wie auch gesagt wird, daß „pädagogische Bildung" erworben werde. Klassiker oder wichtige Texte bieten einen Rahmen, um aus der Vielheit von Erziehungswirklichkeit ‚pädagogisch Bedeutsames' hervorzuheben.

Die Biographisierung eines Lebens dadurch, daß ein Religionslehrer einer bestimmten Alterskohorte interviewt und dies Interview interpretiert wird, läßt in diesem Sinne kein Interesse an vernehmender Vernunft erkennen. Die interviewte Person zeichnet sich weder durch besonderes Expertentum in Sachen Religionsunterricht noch durch hervorragende Einsichten in das Leben eines Religionslehrers aus. Die Interviewer wollen solches auch gar nicht. Sie interessieren sich für „Muster", „Normalitätsfolien", „Bewältigungsstrategien" eines Normallehrers, vor allem aber für dessen „Brüche, Krisen und Wendepunkte". Warum ist dies für sie von besonderer Bedeutung? Denkbar ist eine Orientierung an psychologischer, sozialpsychologischer Hermeneutik, die aus der Abweichung, der Abwehr oder dem Differenten Konstituentien des „Normalen" zeigen möchte, das verborgen bleibt, weil Normales so unauffällig erscheint und die Schwierigkeit der Herstellung und Aufrechterhaltung von Normalität nicht zeigt. Das Diltheysche Geheimnis des Lebens wird damit spezifizierbar als Geheimnis, wie ein normales Religionslehrerleben führbar ist. Für diese Frage kann man sich an nichtbesondere Menschen wenden. Es existiert ein sinnvolles Interesse an dieser Frage, wissen wir doch aus der Kulturkritik an der modernisierten Moderne, wie schwierig es ist, Maßstäbe oder Standards für eine normale Berufsbiographie zu entwickeln. Jedoch gehen die Ambitionen der Interviewer weiter, als nur ein solches Lebensgeheimnis aufzuschlüsseln. Sie wollen zwar

1. soziologisch interpretativ „biographische Muster" religiöser Sozialisation und Berufswahlentscheidungen verdeutlichen, aber
2. auch pädagogisch interpretativ die „Muster ... (von) Bildungsprozesse" oder „biographisch ... bildungswirksame Schwierigkeiten" deuten und zudem
3. fragen, „welchen Beitrag die Pädagogik zum – pathetisch ausgedrückt – gelingenden Leben" zu liefern vermag, um zu solchem Leben raten oder verhelfen zu können.

Darüber hinaus möchten sie

4. mit dem Einbringen von Dokumenten und Interpretationstechniken in universitäre Ausbildung an der Entwicklung eines professionellen Habitus von Lehrern und an der Befähigung zu theologisch-hermeneutischer Kunst mitwirken,
5. Studierende motivieren, für Innovation und bessere schulische Praxis aufgeschlossen zu sein, ihnen ein besseres Verständnis von Praxis ermöglichen,
6. Vorstellungen von einem „guten Religionslehrer" hinsichtlich seiner biographischen Voraussetzungen explizieren und – wie in Bemerkungen der Fallinterpretation sichtbar wird –
7. Studierende dazu bewegen, über eine „tragfähige Basis für das Gelingen des Studiums und die spätere Bewährung im Beruf" nachzudenken.

So viele Erwartungen an interpretative Sozialforschung sind zwar sympathisch, deren Einlösungsmöglichkeiten aber mit Ausnahme der Rekonstruktion des Zusammenhangs von religiöser Sozialisation und Berufswahl eher problematisch.

Der Gedanke, Beiträge zum Verständnis von „Bildungsprozessen" oder „gelingendem Leben" über biographisches Interpretieren zu erwarten, beinhaltet das Problem, daß beides nicht aus normalem Leben rekonstruierbar, sondern nur als Forderung an Leben heranzutragen ist. So verbinden sich mit dem Gedanken an Bildung im Sinne von Schulbildung bestimmte Postulate an die Qualität von Unterrichtung und Lehre, verbinden sich mit Selbstbildung in der Wechselwirkung von Ich und Welt Momente von Herausforderungen an die Reichhaltigkeit von Ich und Welt, um diese Wechselwirkung nicht als Sozialisation eines Ich zu bezeichnen. (Vgl. Uhle 1993) So ist die Frage nach einem gelingenden Leben die traditionelle philosophische Frage nach dem „richtigen, guten und glücklichen Leben", für deren Beantwortung diese Disziplin in ihrer langen Geschichte wohl „Porträts" von „Fragen, Unterscheidungen, Erklärungen", aber keine Theorie beitragen kann, wie der amerikanische Philosoph Nozick (1991, S. 10) sagt. Bildungs-, die nicht Sozialisationsprozesse darstellen, können nicht als eben solche rekonstruiert werden, auch wenn sie einem „krisen- oder konfliktreichen" Leben entnommen werden. „Lebensbrüche" fordern Menschen zwar zu neuen Eigenformungsprozessen auf, zu veränderten Einstellungen und Aktivitäten des Lebens, die anders, aber nicht unbedingt reicher oder qualitätvoller sein müssen. Eine Theorie von Bildungsprozessen oder von gelingendem Leben verlangt deshalb anderes als Rekonstruktion: sie verlangt die Formulierung von Bildungs- und Lebensidealen, die – wie es Nozick (ebd., S. 14) für Philosophien zur Lebensführung sagt – Menschen „auffordern oder drängen ..., gemeinsam mit ihnen zu denken und dabei ... eigene Richtungen einzuschlagen." Rekonstruktionen und Aufforderungsideal-Formulierungen gleichzeitig vorzunehmen dürfte weder den Menschen, die je eigene Lebensrichtungen suchen, noch der Formulierung von Aufforderungen zu qualitätvollerem Leben dienen.

Der Gedanke, Beiträge qualitativer Biographieforschung dafür zu erwarten, daß „Phänomene ihre Selbstverständlichkeiten verlieren" und „pädagogisch Neues" geschieht, „pädagogisches Verstehen" als „sensibles Zuhören und Beobachten" bzw. ‚hermeneutische Propädeutik' gerade auch für den „Umgang mit biblischen Texten" gefördert wird, beinhaltet das Problem, daß zu wenig und zu viel erwartet wird. Interpretative Forschung expliziert die Komplexität sozialer Phänomene, entfaltet die Kontingenz sozialen Seins, die jeder Mensch durch je gewählte Bewältigungsverfahren reduziert. Die Interpretation biographischer Narrationen zeigt dem Fremdinterpreten die Fragwürdigkeit von Einschätzungen, Reduktionsmodi und Lebensentscheidungen von Interviewten innerhalb von Gegebenheiten. In diesem Sinne verdeutlichen Fremdinterpretationen die Nichtselbstverständlichkeit von Selbstverständlichkeiten. Aber sie geben keine Hinweise für ‚bessere' Reduktionsmodi als neue Selbstverständlichkeiten. Solche Interpretationen helfen nicht zu entscheiden, sondern nur Entscheidungen in komplexere Wahrnehmungen oder Vorverständnisse zu situieren. Dies unterscheidet die Fremdinterpretation fremden Lebens von der Eigeninterpretation eigenen Lebens. Das Verständnis des eigenen Lebens durchdringt und bewegt dieses Leben in eine bestimmte Richtung. Das Verständnis fremden Lebens dagegen verhilft nur zu mehr Abwägung und Betrachtung, nicht zu Entscheidungsrichtungen.

Wenn Fehlhaber, Garz die Eingangsfrage ihres Interviews an einen schon elf Jahre berufstätigen Interviewten richten: „ ... ich wüßte gerne von Dir, wie Du dazu gekommen bist, Religionslehrer zu werden ...", dann kann dieser sein Leben prüfen. Er kann seine Berufswahlmotive als Schützsche ‚weil-Motive' auffassen, um Klarheit darüber zu gewinnen, was ihm einmal wichtig war, oder als ‚um zu-Motive' rekonstruieren, um zu sehen und gutzuheißen oder zu bedauern, was in Erfüllung gegangen ist und was nicht. Er kann mit dieser Lebensprüfung neue Lebens- und Berufsorientierung finden. Die Interviewer aber schlagen darüber hinaus vor, daß diese Frage und die gegebenen Antworten von Dozent und Studierenden gemeinsam objektiv hermeneutisch interpretiert, d.h. zur Produktion möglicher Lesarten und zur Reflexion eigener Berufswahlmotive verwendet werden sollen, um „Überlegungen über die Tragfähigkeit einzelner Motive hinsichtlich der Bewährung in Studium und Beruf" der Studierenden anzustellen. Studierende aber *wollen* erst Religionslehrer werden. Sie können sich nicht zu einer früheren, Möglichkeiten reduzierenden Entscheidung und deren wenig komplexen Begründungen verhalten, wie dies der Befragte kann, sondern nur zu Selbstreflexion über mögliche eigene Motive angeregt werden. Ob sich diese „in Studium und Beruf bewähren" könnten, darüber können sie mit ihrem Leben keine Auskunft geben. Sie können solche Motive nur unter der Frage hin- und herwenden, ob diese Motive die Chance einer Realisierbarkeit haben, ob sie unter bestimmten Gesichtspunkten wünschenswert sind oder nicht oder ob sie von der Struktur her unrealisierbar sind und doch im Falle von Geltungsansprüchen als ‚um zu-Motive' aufrechterhalten werden sollten. Die Fremdinterpretation der biographischen Narrationen des Interviewten kann zu mehr Selbstreflexion von Fremdinterpreten anregen, nicht aber über Motive, die für deren eigenes Leben ‚richtig' sein können, Auskunft geben. Deren Berufswahlentscheidungen bleiben kontingent, erweisen sich erst im nachhinein als „tragfähig" oder nicht. Die eigene Lebensrichtung müssen die Fremdinterpreten immer noch für sich finden, wie dies der Interviewte einmal getan hat.

Auf jeden Fall wenig erfolgversprechend dürfte die Erwartung sein, daß eine Einübung in die Methodik objektiver Hermeneutik künftigen Religionslehrern für theologisches Interpretieren von Bibel-Texten und für „pädagogisches Verstehen" hilfreich sei. Sozialwissenschaftliche Hermeneutik bezieht sich auf selbst erstellte, immer neue Transkripte sozialer Wirklichkeit, um – im Falle objektiver Hermeneutik – deren latenten Konstitutionsprozesse zu verstehen. Theologische Hermeneutik bezieht sich seit Hunderten von Jahren auf einen eingegrenzten Text-corpus mit ausgearbeiteten Konkordanzen, mit reicher Rezeptionsgeschichte und entwickelter exegetischer Kunst. Exegese ist durch Exegese zu lernen, durch die Initiation in solche theologische Tradition, weil Hermeneutik eine Kunstlehre ist, die sich in Traditionen erhält. Die Gemeinsamkeit zwischen theologischer und spezieller soziologischer Hermeneutik besteht nur im genauen, akribischen Blick auf rudimentäre Details, nicht in Forschungsfragen und nicht in deren Voraussetzungen.

Soziologisches ist auch nicht pädagogisches Verstehen, wenn damit anderes als detailliertes, komplexes Wahrnehmen oder psychologisch-therapeutisches Verstehen bezeichnet werden soll. Pädagogisches Verstehen steht im Kontext von pädagogischem Handeln. Wenn Buchtitel versprechen, ‚Kinder verstehen zu lernen', dann thematisieren sie die kasuistische Anwendung kinderpsychologischen oder -soziologischen Wissens für Interventionen. Wenn Nohl pädagogisches Verstehen als ‚ideales Sehen" anspricht, dann meint er damit die Aufgabe von Erziehern zu verstehen, worauf Zu-Erziehende mit ihrem Leben hinauswollen, um diese unterstützen oder bei falschem Wollen gegenwirken zu können. Wenn pädagogisches Verstehen als ‚helfendes' Verstehen thematisiert wird, dann bezieht sich dies nicht auf Methodiken des Verstehens, sondern auf Haltungen. Heranwachsende können zu der Überzeugung gelangen, verstanden zu werden, wenn ihnen Erzieher mit einer Haltung der Nähe, Vertrautheit, Sympathie, Parteinahme, des Für-sie-Daseins usw. gegenüber treten. Der akribische Blick ist für solches pädagogisches Verstehen gerade nicht förderlich, sondern eher störend. (Vgl. Uhle 1989, 1997)

Der Gedanke, daß Praxis durch „angemesseneres Wahrnehmen" und „besseres Verständnis" verbessert werden kann, daß mit biographischer Religionslehrerforschung „auch die Frage nach dem ‚guten Religionslehrer'" als Frage nach „der Bewährung oder des Scheiterns im Beruf" verbunden ist, beinhaltet das Problem, daß dieser Gedanke nur sekundär mit interpretativer Sozialforschung verbunden bleibt, auch wenn eine solche Forschungsmethode in Lehrveranstaltungen eingebunden wird. Eine solche Einbindung bietet zwar prinzipiell eine Ausbildungsmöglichkeit, Sinnbestimmungen von Aufgaben und Habitus von Lehrern in konkreten Lebenskontexten anschaulich zu erfahren und Vorstellungen von einem besseren Berufsleben in Übernahme und Abgrenzung von biographischen Narrationen zu entwickeln. Aber dies kann nicht durch das Bemühen um interpretative Rekonstruktion selbst geschehen, sondern durch eine Auseinandersetzung mit den ‚Beobachtungen des Beobachters', durch Diskussion der Interpretationen des forschenden Dozenten.

Die Beispielinterpretation der Narrationen eines Religionslehrers durch Fehlhaber/Garz ist insgesamt selbst durch den folgenden Beobachterstandpunkt bestimmt.

– Für die beiden weiß ein guter Religionslehrer zumindest um Probleme, die schon durch Bezeichnungen wie „Theologie", „Glaube", „Religionspädagogik" usw. mit dem Fach ‚Religion' verbunden sind.
– Für die beiden entscheidet sich ein guter Religionslehrer nicht ‚irgendwie' im Kontext eines dahinlebenden Lebens für sein Fach, sondern wählt oder wagt etwas Besonderes.
– Für die beiden geht ein guter Religionslehrer dieses Wagnis nicht im Horizont instrumentellen Denkens ein, sondern auf dem Hintergrund existentiellen Erlebens oder religiös bestimmten Lebens.
– Für die beiden findet ein guter Religionslehrer seine Fach- und religiösen Überzeugungen nicht in einer Clique, sondern einer Gemeinde.
– Für die beiden hat ein guter Religionslehrer über ein Studium nicht nur Grundeinstellungen zu Leben und Welt zu suchen, sondern sich dieser Einstellung auch zu vergewissern.
– Für die beiden hat ein guter Religionslehrer ein identifikatorisches Verhältnis zu seinem Fach.
– Für die beiden ist ein guter Religionslehrer schon früh in seinem Leben mit Gemeinde verbunden oder hat über Krisenerfahrung zu ihr gefunden.
– Für die beiden nimmt ein guter Religionslehrer sein Studium als permanente Entscheidungssituation wahr.

- Für die beiden ist ein guter Religionslehrer von ‚dialogischer Existenz' durchdrungen, wird persönlich von Inhalten angesprochen und ermöglicht ‚bildende Begegnungen' mit religiösen Inhalten.
- Für die beiden weiß ein guter Religionslehrer um die Differenz der Antworten auf moralische Fragen durch laizistisch-liberale Moralphilosophie und religiöse Ethik.

Dies sind die hermeneutischen Denkhorizonte der Interpreten der biographischen Narrationen, wenn diese Interpreten selbst wieder interpretiert werden. In diesen Denkhorizonten werden Eigenüberzeugungen sichtbar, die Fehlhaber, Garz selbst z.B. aus der Beschäftigung mit kulturellen Narrationen der Probleme von religiöser Unterweisung erworben haben, wie die Hinweise auf die „neue Religionspädagogik" seit den sechziger Jahren zeigen. Diese Eigenüberzeugungen wiederum lassen sich als kulturelle Ideen und Gegenideen in der Gestalt von Lehrmeinungen suchen und vom interpretierenden Dozenten präsentieren. Sie können gleichzeitig in den konkreten Narrationen des Interviewten veranschaulicht werden. Aber die Auseinandersetzung der mitinterpretierenden Studenten muß sich auf die Berechtigung der Überzeugungen von „gutem Religionslehrersein" der Interpretierenden beziehen, nicht auf die Narrationen des Interviewten selbst. Denn hinter dessen Narrationen stehen strukturelle theoretische Probleme des Faches, in die die Frage des „guten Religionslehrerseins" eingebunden ist. Muß und kann ein Religionslehrer sein Berufsleben im Kontext existentieller Entscheidungen sehen, wenn ein Lehrerstudium die Auflage macht, daß mindestens zwei Fächer studiert werden müssen, und Fächerkombinationen über Einstellungschancen entscheiden? Ist Religionsunterricht in nicht-religiös gebundenen Schulen auf die Forderung nach bildender Begegnung als Qualitätsmoment von Unterricht verpflichtbar? Wie ist eine „Hingabe an die Sache" der Religion mit Bildungsidealen wissenschaftsorientierten Lernens vereinbar, wenn zur wissenschaftlichen Attitüde Distanziertheit und Kultivierung des Zweifels gehört usw.?

Mehr als Anschaulichkeit und Ermöglichung einer Lehre, die ihre Fachinhalte mit der Konkretheit von einem der vielen gelebten Leben verbinden kann, ist vom Einbezug objektiv hermeneutischer Sozialforschung nicht zu erwarten. Deshalb schreibt der Philosoph Nozick (1991, S. 14f): „Ich sage nicht mit Sokrates, daß das ungeprüfte Leben nicht wert ist gelebt zu werden – das ist unnötig schroff. Doch wenn wir unser Leben von unseren eigenen erwogenen Gedanken leiten lassen, dann ist es *unser* Leben, das wir führen, und nicht das eines anderen. In diesem Sinne wird das ungeprüfte Leben nicht so voll gelebt. Eine Prüfung macht sich alles zunutze, was man anwenden kann, und formt einen völlig." Die Ermöglichung von „eigenen erwogenen Gedanken", das ist die Aufgabe von Hochschullehre. Weil sie sich dafür aller Mittel bedienen kann und soll, die dafür hilfreich sind, kann auch interpretative Biographieforschung Hilfe bieten. Nur sollte man von ihr nicht mehr erwarten, als ihr möglich ist.

risch und kulturell ausgeformten institutionellen Voraussetzungen und Strukturierungen des pädagogisch-professionellen Handelns und den darin gesetzten Widersprüchen und Dilemmata sowie den jeweils fallspezifisch ausgeformten Strukturvarianten und Ausdrucksgestalten der unterrichtlichen Interaktionen unterschieden werden kann (vgl. Helsper u.a. 1998). Was Ergebnis hoch inkonsistenter institutioneller Rahmungen wäre, die das professionelle Handeln brechen und Arbeitsbündnisse zwischen Lehrern und Schülern durch zwanghafte Kopplung und strukturell generiertes Mißtrauen erschweren, könnte – im Sinne einer „sozialen Ontologisierung" – der Grundstruktur pädagogischer Interaktionen zugeschrieben werden. Damit würde die institutionalisierte Praxis vor Kritik immunisiert und die kritische Reflexivität der Studierenden unzureichend gefördert – dies meine ich mit „halbierter Professionalisierung".

3. Vier Vorschläge zur Relevanz der Analyse von Unterrichtssequenzen in der Lehrerausbildung – eine kritische Kommentierung

Wie sind nun vor dem Hintergrund der bisherigen Bestimmungen und Kritikpunkte die Vorschläge zur „Verwendung" von Unterrichtsepisoden unter der Perspektive einer Professionalisierung des Lehrberufs einzuschätzen?

Götz Krummheuer nennt vier Bereiche und Ziele der interpretativen Erschließung von Unterrichtsepisoden in der universitären Lehrerbildung:

1. Die Darstellung von Ergebnissen aus der interpretativen Unterrichtsforschung;
2. die Herausarbeitung spezifischer Aspekte oder Dimensionen unterrichtlicher Interaktion;
3. die Irritation unreflektierter, vorurteilsbehafteter Deutungsmuster zum Unterricht;
4. schließlich die Erzeugung einer generellen Sensibilität für die Komplexität und Eigendynamik des Unterrichtsgeschehens.

Die erste Zielsetzung stellt keine Spezifik eines fallrekonstruktiven Zuganges dar, sondern realisiert lediglich für den Bereich der interpretativen Unterrichtsforschung und deren abgesicherte Erkenntnisse was generell für die Vermittlung wissenschaftlicher Ergebnisse und theoretischer Erklärungsansätze in universitären Zusammenhängen gilt. Allerdings ermöglichen rekonstruktiv-interpretativ erschlossene Ergebnisse der Unterrichtsforschung die exemplarische Konkretisierung theoretischer Bestimmungen, so daß hier weniger die Gefahr einer nicht mehr konkret vermittelten, gewissermaßen „leer" bleibenden theoretischen Realabstraktion droht. Gerade auch für Studierende – darauf verweist Krummheuer – die theorieabweisend sind, kann

Literatur

Dilthey, W. (1970/1910): Der Aufbau der geschichtlichen Welt in den Geisteswissenschaften. Einleitung von Manfred Riedel. Frankfurt.
Flitner, A., Scheuerl, H. (Hg.) (1991): Einführung in pädagogisches Sehen und Denken. 11. Aufl. München.
Nozick, R. (1991): Vom richtigen, guten und glücklichen Leben. Wien.
Rodi,f. (1990): Erkenntnis des Erkannten. Zur Hermeneutik des 19. und 20. Jahrhunderts. Frankfurt.
Uhle, R. (1989): Verstehen und Pädagogik. Eine historisch-systematische Studie über die Begründung von Erziehung und Bildung durch den Gedanken des Verstehens. Weinheim.
Uhle, R. (1993): Bildung in Modernetheorien. Eine Einführung. Weinheim.
Uhle, R. (1997): Objektivity in Pedagogic Hermeneutics. In: Danner, H. (ed.): Hermeneutics and Educational Discourse. Johannesburg, S. 103-128.

Götz Krummheuer

Die Analyse von Unterrichtsepisoden im Rahmen von Grundschullehrerausbildung

0. Zur Orientierung

Die Interpretation von videodokumentierten Unterrichtsepisoden in unterschiedlichen Intensitäts- und Extensitätsgraden stellt in meinen Lehrveranstaltungen einen integralen Bestandteil dar. Diese Lehrveranstaltungen umfassen

- neben projektbezogenen Forschungsseminaren für Studierende im Hauptstudium
- auch die „regulären" Angebote, wie Einführungsveranstaltungen, die üblichen lernbereichsbezogenen Seminare (z.B. „Wochenplanarbeit im Mathematikunterricht der Grundschule") und/oder Praktikumsvorbereitungen für Studierende in jedem Studienabschnitt.

Ich möchte mich im folgenden hauptsächlich auf die Problematik des Interpretierens von dokumentierter Unterrichtsinteraktion in den letztgenannten „regulären" Lehrveranstaltungen im Rahmen der Grundschullehrerinnenausbildung beschränken. Es handelt sich dabei zumeist um Lehrangebote mit einem Schwerpunkt im Lernbereich Mathematik.

Ich setze Transkripte und Videodokumente von Unterrichtsausschnitten vor allem für die folgenden Zielsetzungen ein: zur

1. Illustration von Ergebnissen aus der (interpretativen) Unterrichtsforschung,
2. exemplarischen Rekonstruktion von bestimmten Aspekten unterrichtlicher Interaktion,
3. Irritation unter Studierenden weitverbreiteter (vorurteilsbehafteter) Deutungsmuster über Eigenschaften und Eigentümlichkeiten von Grundschulunterricht und zur
4. generellen Sensibilisierung für die Komplexität und Eigendynamik unterrichtlicher Interaktionsprozesse.

Zu den vier Punkten folgen einige Ausführungen:
(1) Die qualitativ orientierte Unterrichtsforschung hat vielfältige Ergebnisse über sowie Einsichten in die Funktionsweise unterrichtlicher Interaktion gewonnen. Erwähnt seien hier die

- Arbeit von Mehan 1979, in der der interaktionale Dreischritt „initiation-reply-evaluation" des lehrerzentrierten Unterrichts beschrieben wird,
- in Ergänzung dazu die Arbeit von Erickson 1982, die auf die Notwendigkeit von Improvisationsstrategien des Lehrers für das Unterrichten eingeht,
- die mathematikdidaktisch orientierten Arbeiten von Bauersfeld 1982; 1983; 1995, in denen u.a. auf die prinzipiell veränderte Sichtweise auf Unterrichten und Mathematiklernen durch Theorieansätze aus der qualitativen, mikrosoziologischen Unterrichtsforschung eingegangen wird,
- die ebenfalls mathematikdidaktischen Forschungen von Voigt 1984; 1992, in denen musterhafte Interaktionsprozesse im lehrergelenkten Mathematikunterricht und die Auswirkungen auf die mathematische Themenkonstitution behandelt werden,
- die Arbeiten von Krummheuer 1983; 1992; 1995; 1997a, in denen Strukturen unterrichtlicher Konsensfindungen und deren argumentativer Aspekt analysiert werden und die
- Arbeiten von Jungwirth 1989 und Krummheuer 1989, die interaktionstheoretische Ansätze anwenden auf spezielle unterrichtliche Fragestellungen, wie die der Mädchen-Jungen Problematik im Mathematikunterricht oder die des Einsatzes von Computersystemen mit „interaktiver Bedienungsoberfläche" im Unterricht[1].

Derartige Forschungen und deren Ergebnisse werden u.a. in meinen Seminaren behandelt. Vieles hiervon läßt sich an Videodokumenten illustrieren, und in bezug auf den eigenen Beitrag zu dieser Forschung werden diese Ergebnisse zumeist an den Originaldaten verdeutlicht. Legt man hierbei den (strengen) Maßstab der in der Forschung vertretenen methodologisch kontrollierten und theoretisch orientierten Analyse an, so zweiteilt man nach meiner Erfahrung das Seminar in eine Gruppe von an dieser Forschung Interessierten und in eine Gruppe von eher theorieabweisenden, vorwiegend an direkt handlungsanleitenden Ergebnissen orientierten Studierenden. Man kann vermuten, daß in gewisser Weise für Personen aus dieser zweiten Gruppe die unter 3. angesprochene Irritation ihrer gewohnten Deutungsmuster nicht soweit vorangeschritten ist, daß es zu einer Selbstdistanzierung mit folgendem erhöhten Theoriebedarf geführt hätte[2]. Im folgenden wird im Abschnitt 2 diese Problematik noch einmal aufgegriffen.

(2) In vielen Seminaren werden spezifische (fach)didaktische Fragestellungen angesprochen. Als Beispiele seien erwähnt die Problematik

---

1   Einen relativ aktuellen Überblick über diesbezügliche mathematikdidaktisch orientierte Arbeiten bieten die zwei Bände von Maier & Voigt 1991; 1994.
2   Angesichts der Unübersichtlichkeit und Anonymität universitärer Ausbildung läßt sich nur schwer etwas darüber sagen, was mit den Studierenden in dieser letztgenannten Gruppe passiert. Gemeinhin gibt es genügend Alternativangebote im Rahmen der Ausbildung, so daß man viele von ihnen aus dem Auge verliert.

- der Verwendung von Veranschaulichungen im Mathematikunterricht der Grundschule,
- der Anwendungsorientierung,
- des Argumentierens und Erklärens im Mathematikunterricht,
- des Zahlbegrifferwerbs im Unterrichts und/oder die Problematik
- der Planung und Vorbereitung von Mathematikunterricht im Rahmen des Unterrichtspraktikums.

Ausgewählte Unterrichtsbeispiele sollen helfen, Aspekte der dazugehörigen didaktischen Diskussion zu beleuchten und zu relativieren. Es geht hier nicht darum, den „idealen" Unterricht zu entwerfen, sondern vielmehr darum, die Funktionsweise bestimmter Dimensionen der Unterrichtsrealität exemplarisch an dokumentierten Ausschnitten dieser Wirklichkeiten zu rekonstruieren.

(3) Die überwiegende Anzahl der ausgewählten Episoden bezieht sich auf Interaktionen zwischen der Lehrperson und Schülern und auf die Interaktion zwischen Schülern. In den üblichen schulpädagogischen Kategorien würde man hier wohl von „lehrergelenktem Unterrichtsgespräch" und „Gruppenarbeit" sprechen. Beide Begriffe subsumieren in der zugehörigen pädagogischen Diskussion auch eine normative Dimension von *wünschenswerter* Zusammenarbeit im Unterricht. Die von mir verwendeten Episoden irritieren jedoch diese Normen fast durchgängig. Sämtliche Beispiele stammen aus dem Datenkorpus meiner eigenen Forschungsprojekte, die sich gezielt mit dem Unterrichts*alltag* und seinen interaktiven Konstituierungsprozessen beschäftigen. Die hierbei gewonnenen Videodokumente weichen zumeist (stark) von den pädagogisch-normativen Vorstellungen der Studierenden zu diesen Sozialformen ab. Dies führt in den Seminaren bei vielen der Teilnehmerinnen zu teilweise fruchtbaren Irritationen und Denkanstößen.

(4) In allen Lehrveranstaltungen, insbesondere in Seminaren zur Praktikumsvorbereitung, geht es mir übergreifend immer auch um eine Differenzierung der Wahrnehmung und eine Sensibilisierung für die Komplexität und Eigendynamik unterrichtlicher Prozesse. Aus Sicht der eigenen Forschungsergebnisse erscheint Unterricht als ein genuin fragiles Unterfangen, in dem insbesondere die Lehrperson der permanenten Problematik ausgesetzt ist, sich gegen eine in Stupidität entgleitende Interaktionsroutine zu wenden und dabei dennoch die über solche Interaktionsmuster definierten partizipativen Verbindlichkeiten von den Schülern einzufordern. Unterrichtshandeln beinhaltet unter dieser Perspektive ein „doppeltes Wagnis" (Krummheuer 1997b, S. 2; s. u. unter 1.) und erfordert ein entwickeltes Einfühlungsvermögen in derartige Prozesse und in die Gefahren ihres „Entgleitens".

Im Rahmen meiner eigenen Lehrveranstaltungen versuche ich gleichsam aus seminardidaktischen Erwägungen heraus die Förderung einer solchen Sensibilität vor allem in Auseinandersetzung mit unterrichtlichen Interaktionsprozessen in Schüler*gruppen*. Die gezielte Auseinandersetzung mit Schülergruppenprozessen bietet aus meiner Sicht die folgenden Vorteile:

- *Analysefokussierung:* Unterrichtsprozesse sind in bezug auf ihre interaktiven Strukturierungen relativ komplex und variabel. Die Konzentration auf *eine* Sozialform ermöglicht in der Regel ein gezielteres Vorgehen bei den Analysen. Durch die Auswahl von *Gruppen*prozessen wird zudem zu verhindern versucht, vorschnell eine vorgegebene und/oder selbst gewählte Analysefokussierung aufzugeben zugunsten einer offenbar immer wieder herausfordernden undifferenzierten „Lehrerschelte" in Dokumenten zum lehrergelenkten Unterricht. Gruppenprozesse haben zudem häufiger den Charakter von einem „Miniunterricht"; aus dem Klassenunterricht Bekanntes wird wieder aufgegriffen und kommentiert, sehr häufig nimmt über einige Strecken auch die Lehrerin an diesen Gruppeninteraktionen teil usw. (s. Krummheuer 1997a, S. 3f.). Ein Einstieg über sie bietet sich also an.
- *Erfahrungskontrastierung:* Trotz der gerade ausgeführten strukturellen Ähnlichkeiten zwischen Gruppeninteraktionen und Klassenunterricht gibt es natürlich auch Unterschiede, die sich insbesondere in dem Umfang der Lehrerbeiträge und in der unmittelbaren Verantwortlichkeit der Lehrperson für den Interaktionsverlauf widerspiegeln. Studentische Einblicke in Gruppenprozesse können in den Seminaren in Beziehung gesetzt werden zu ihren eigenen Schulbiographien, die zumeist geprägt sind von lehrerzentriertem Klassenunterricht.
- *Erfahrungskompensation:* Gruppenprozesse haben einen subkulturellen Anstrich in dem Sinne, daß sich in ihnen eine Peer-Kultur etabliert, die sich gerade dadurch definiert, daß die Lehrerin keinen direkten Erfahrungszugang durch Partizipation an derartigen Gruppenprozessen hat. Videodokumente von derartigen Interaktionen können dieses prinzipielle Erfahrungsdefizit zu kompensieren helfen.

1. Ein Analysebeispiel aus der Forschungspraxis

Die folgende Episode einschließlich ihrer Analyse ist mehrfach und unter differierenden Fragestellungen in Lehrveranstaltungen eingesetzt worden. Sie entstammt dem Forschungsprojekt „Argumentieren im Mathematikunterricht der Grundschule", das 1994 und 1995 mit Mitteln des Landes Baden-Württemberg an der PH Karlsruhe durchgeführt wurde (Abschlußbericht s. Krummheuer 1997a). Im Rahmen mehrerer Forschungsprojekte wird im Hinblick auf die Entwicklung einer Interaktionstheorie fachbezogenen Lernens und Lehrens der Zusammenhang zwischen Argumentieren und Lernen vor allem im Grundschulbereich genauer untersucht. Theoretisch basieren diese Arbeiten u.a. auf den Ansätzen des Interaktionismus, der Ethnomethodologie und radikal konstruktivistischen Ansätzen der Cognitive Science.

Die Betonung des konstitutiven Charakters der sozialen Dimension für individuelle Lernprozesse stößt mittlerweile auf einen breiten Konsens (vgl.

z.B. Edelstein & Keller 1982). Miller 1986 schreibt vor allem argumentativ geführten sozialen Prozessen eine theoretisch hervorgehobene Rolle zu:

> „Nur von solchen sozialen bzw. kommunikativen Handlungen, deren primäres Handlungsziel und deren Funktionsweise genau darin besteht, kollektive Lösungen für interindividuelle Koordinationsprobleme zu entwickeln, kann (wenn überhaupt) sinnvollerweise angenommen werden, daß durch sie grundlegende Lernprozesse ausgelöst werden. Nur ein sozialer bzw. kommunikativer Handlungstyp scheint diese Bedingung zu erfüllen, und dies ist der kollektive Diskurs oder, um einen etwas genaueren Terminus zu verwenden, die kollektive Argumentation" (S. 23).

Pädagogisch motivierte Ausarbeitungen im Hinblick auf eine vertiefende theoretische Durchdringung schulischer Lehr-Lern-Prozesse sind jedoch relativ wenig entwickelt. Die Ergebnisse aus der eigenen diesbezüglichen empirischen Forschung sind hinsichtlich der hier interessierenden argumentationstheoretischen und lerntheoretischen Aspekte zwiespältig: Zum einen wurden Interaktionsmuster rekonstruiert, in denen eine explizite argumentative Auseinandersetzung um eine Unterrichtsthematik zumeist zugunsten eines „glatt" ablaufenden Unterrichtsprozesses aufgegeben wurden (s. z.B. Bauersfeld 1978; Krummheuer 1992; Mehan 1979; Voigt 1984.) Zum anderen konnte aber auch herausgearbeitet werden, daß eine ernstliche inhaltliche, argumentative Auseinandersetzung zwischen den Beteiligten im Unterricht zu fragilen und eher dem Zusammenbruch ausgelieferten Strukturierungen der Interaktion führen (s. Erickson 1982; 1986; Krummheuer 1992). Unterricht erscheint unter dieser Perspektive als eine Art doppeltes Wagnis, das aus dem Sich-Einlassen auf eine explizite inhaltsbezogene, argumentative Auseinandersetzung und zugleich aus dem Ausgeliefert-Sein an eine musterartige, inhaltsneutralisierende Strukturierung der Interaktion besteht[3].

In meinen Forschungsprojekten konzentriere ich mich auf Formen der Argumentation in (möglichst) alltäglichen und inhaltsbezogenen Unterrichtssituationen. Die zugrunde liegende Unterrichtsbeobachtung ist dabei zumeist auf den Mathematikunterricht beschränkt worden. Denn qualitativ-empirische Untersuchungen im Unterricht zum Argumentieren und schulischem Lernen können nicht inhaltsneutral durchgeführt werden. Zum einen findet in der Regel ein fachlich orientierter Unterricht statt, der Grundlage der Beobachtung ist. Zum anderen stellt sich aber auch auf theoretischer Ebene die Ausblendung der inhaltlichen Dimension als problematisch heraus: Einerseits enthält der Argumentationsbegriff eine inhaltliche Konstituente, die bei Toulmin 1969 etwa als „field-dependency" im Sinne bereichsspezifischer Argumentationsformen beschrieben wird (S. 13f; s. auch Krummheuer 1995).

---

3 Gerade diese hier als „doppeltes Wagnis" charakterisierte Verschränkung von gezielter, inhaltsbezogener Auseinandersetzung mit der Riskanz der unterrichtlichen Desorganisation wird als weitreichende Einsicht dieser Forschung angesehen und weist auf die Gefahr von Beschränkungen hin, die sich bei einem Verzicht auf die Berücksichtigung der inhaltsbezogenen Dimension ergeben.

Andererseits kann aber auch ein hinreichend entwickelter Lernbegriff auf die Berücksichtigung der inhaltlichen Seite kaum verzichten. Im Anschluß an Lawler 1980 beispielsweise ist das Lernen eines Kindes in „micro-worlds" strukturiert, mit denen auf theoretischer Ebene die Inhaltsbezogenheit menschlicher Kognition thematisiert wird (s. auch Bauersfeld 1983; Edelstein & Keller 1982; Seiler 1973). Der Mathematikunterricht mit seinen prononcierten Ansprüchen auf Rationalität und Argumentation scheint sich als ein besonders geeignetes Untersuchungsfeld anzubieten.

In der folgenden Episode kommen zwei Mädchen während ihrer kollektiven Lösungsbemühungen um eine ihnen vorgelegte Mathematikaufgabe zu Worte. Der ausgewählte Gruppenarbeitsprozeß ist Videodokumenten von einer dritten Jahrgangsstufe einer Grundschule in einem innerstädtischen Einzugsgebiet entnommen. Die Schule ist eine Regelschule mit Montessori-Zug. Die Aufnahmen wurden in einer solchen Montessori-Klasse vorgenommen. Die pädagogische Gesamtkonzeption des Klassenlehrers ließ auf eine hohe Selbständigkeit und auf eine entwickelte sprachliche Ausdrucksfähigkeit und damit auch auf eine besondere Argumentationskultur hoffen. In der Untersuchung wurden den Kindern problemhaltige Aufgaben vorgelegt, die sie in Zweier- bzw. Dreiergruppen zu bearbeiten hatten. Das folgende Transkript gibt einen derartigen kollektiven Bearbeitungsprozeß wieder.

1.1. Das Transkript

Es arbeiten die zwei Schülerinnen Linda und Esther an der folgenden Aufgabe:

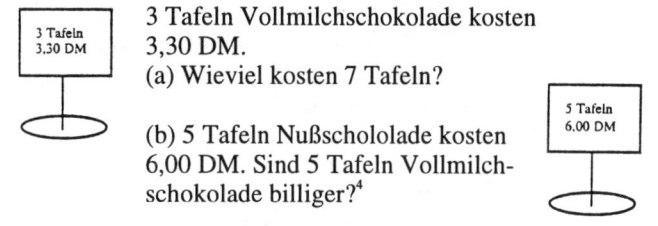

3 Tafeln Vollmilchschokolade kosten 3,30 DM.
(a) Wieviel kosten 7 Tafeln?

(b) 5 Tafeln Nußschololade kosten 6,00 DM. Sind 5 Tafeln Vollmilchschokolade billiger?[4]

1	Esther	(schreibt die Namen auf das Aufgabenblatt) (liest die Aufgabe) *Drei Ta-*
2		*feln Vollmilchschokolade kosten drei Mark dreißig.*
3		*wieviel kosten sieben Tafeln.*
4	Linda	(an L. gewandt[5]) *Können wir die Rechnung hier hin schreiben'*

---

4   Es handelt sich hierbei um ein Beispiel eines häufig auftretenden Sachaufgabentyps. Im vorliegenden Fall wird unkommentiert unterstellt, daß auch Teilmengen der Angebote gleichgünstig abgegeben werden. Dies ist zwar ein übliche Annahme bei Sachaufgaben zur Schlußrechnung, wie z.B. beim „Dreisatz". Sie entspricht aber wohl nicht uneingeschränkt der Einkaufswirklichkeit. Weitere Ausführungen zu dieser Episode und dazugehörigen theoretischen Reflexionen findet man in Krummheuer 1997a und b. Die Transkriptionsregeln befinden sich am Schluß des Textes.

Analyse von Unterrichtsepisoden im Rahmen von Grundschullehrerausbildung   105

5	Esther	Ha kuck mal, fünf Tafeln kosten sechs Mark' (zeigt dabei auf das Bild am
6		rechten Textrand, welches sich auf Aufgabenteil b bezieht; zeigt danach
7		wieder auf Teilaufgabe a)
8	Esther	Neun dreißig', sind dann si... neun dreißig
9	Linda	Drei ... (nicht rekonstruierbar) (beide murmeln unverständlich)
10<	Esther	... sind dann sechs' Tafeln Schokolade'
11<	Linda	Neun ... (wendet sich ab und murmelt vor sich in) (4 sec)
12		(beide denken nach) (8 sec)
13<	Esther	Halt drei Tafeln kosten (zeigt auf den linken Textrand)
14<	Linda	Zwölf sechzig.
15		(wendet sich Esther zu)
16	Esther	Halt nein wart mal nee das war falsch wie wir gerechnet haben. sechs Mark
17		und, sechs' ... sieben Tafeln (.) (liest nochmal) drei Tafeln Vollmilchschoko-
18		lade kosten drei Mark dreißig ...
19		(unverständlich) drei Tafeln
20	Linda	Jetzt müß mer des erst mal geteilt durch drei rechnen. sind ne Mark' zehn (.)
21		kostet eine Tafel.
22<	Linda	Drei Tafeln (.) eine Mark zehn'
23<	Esther	Eine Mark zehn', des sind sieben Mark siebzig.
24	Linda	Warte mal, äh wir müssen nachher noch' ...
25<	Esther	Ha ja, sieben Mark siebzig nein ... (unverständlich) weil,
26<	Linda	... noch zwei Tafeln- , sind acht Mark'
27<	Esther	... sieben Tafeln, wenn eine Tafel eine Mark zehn kostet
28<	Linda	Nee aber kuck
29		doch mal des sind nur fünf Tafeln. (zeigt wieder auf das Bild am rechten Text-
30		rand)
31	Esther	Dann (.) ja ... (unverständlich) dann kosten sieben Tafeln sieben Mark sieb-
32		zig.
33	Linda	Aber kuck doch mal (zeigt auf das Bild am rechten Textrand) sechs Mark,
34		und dann müssen noch zwei Mark (zeigt ‚zwei' mit zwei Fingern) weil jede
35		Tafel, sind dann schon mal acht ... (murmelt) acht Mark.
36	Esther	Soll ich dir mal was sagen, das gehört zu der b) und nicht zur a).
37	Linda	(an L. gewandt) Stimmt des, daß ... , (erhält Zustimmung)
38	Esther	Hi hi hi hi. (.) deswegen kosten die sieben Mark siebzig.
39<	Linda	Ok. (an L. gewandt) sollen wir das Ergebnis da hinschreiben'
40<	Esther	Schreibs hin, ja
41		(schauen beide zu L.) (Linda schreibt das Ergebnis auf)
42	Esther	(währenddessen) Siebzig' (nimmt das Blatt) die nächste darf ich dann
43		schreiben. (Linda gibt ihr den Stift)
44<	Linda	Mmh. (liest) fünf Tafeln Nußschokolade kosten sechs Dee-Mark.
45<	Esther	(liest) Fünf Tafeln Nußschokolade kosten sechs Dee-Mark.
46<	Linda	sind fünf Tafeln Vollmilchschokolade billiger'
47<	Esther	sind fünf Tafeln Vollmilchschokolade billiger' oh je. (2 sec)

---

5   Die Versuchsleiterin L hält sich während der gesamten Bearbeitungszeit in der Nähe
    der beiden Kinder auf, vornehmlich um über die Videoaufnahme hinausgehende
    Feldnotizen zu machen. Die beiden Schülerinnen beziehen sie freilich mehrfach –
    wie eine Lehrerin – in das Gespräh mit ein.

48	Linda	*Da müssen wir fünf' dr... (..) ne sind teurer.* (4 sec) *nee sind glaub ich billi-*
49		*ger.* (9 sec)
50<	Linda	*Des sind erst mal fünf Mark' und dann noch fünfzig sind fünf Mark fünf-*
51		*zig. sind billiger*
52<	Esther	(nicht rekonstruierbar)
53	Linda	(zeigt auf die Vollmilchschokolade) *Die da sind billiger.* (wendet sich L zu)
54		*stimmts'*
55	Esther	(Esther schreibt das Ergebnis auf) (zugewandt) *Sind fertig.*

1.2. Die Analyse

Die Episode läßt sich in die folgenden Unterabschnitte aufteilen:

Zeile 1-14   Herantasten an die Aufgabenstellung und Entwicklung eines ersten Lösungsansatzes
Zeile 13-35[6]   Korrektur des ersten Lösungsansatzes und Streit um ein alternatives Vorgehen
Zeile 36-43   Auflösung der Strittigkeiten
Zeile 44-55   Lösung des Aufgabenteils b

1.2.1. Herantasten an die Aufgabenstellung und Entwicklung eines ersten Lösungsansatzes (1-14)

Esther übernimmt die Initiative, schreibt die Namen auf das Aufgabenblatt und liest bis einschließlich Teil (a) den Aufgabentext vor <1-3>[7]. Linda erkundigt sich bei der Lehrerin, ob sie die Rechnung auf das Aufgabenblatt mitschreiben könne <4>. Diese Frage mag man als eine reine Informationsfrage verstehen; sie kann aber auch dadurch motiviert sein, daß für Linda die Aufgabe auf den ersten Blick schwer erscheint und sie nun nach Möglichkeiten sucht, Kontakt mit der Lehrerin aufzunehmen oder auch nur einfach Zeit gegenüber ihrer schnelleren Partnerin zu gewinnen.

Esther scheint in <6> mit der Verlesung des Aufgabentextes fortzufahren. Aufgrund der textlichen Differenz zwischen dem Aufgabenteil b und der dazugehörigen bildlichen Darstellungen kann man hier annehmen, daß sie sich dabei nur auf das Bild und nicht auf den Text bezieht. Der wohl freudige Überraschung ausdrückende Auftakt der Äußerung *Ha kuck mal* läßt vermuten, daß sie eine als weiterführend empfundene Einsicht gewonnen hat. Mit noch Zweifel bekundendem fragenden Tonfall und einer kurzen

---

6   Die Äußerungen in Zeile 13 und 14 finden nahezu zeitgleich statt (Partiturschreibweise). Deswegen die Überschneidung zwischen dem ersten und zweiten Unterabschnitt.
7   In spitze Klammern gesetzte Zahlen verweisen auf die entsprechenden Transkriptzeilen.

Verzögerung formuliert sie einen ersten Lösungsansatz: *neun dreißig sind dann sechs Tafeln Schokolade* <8, 10>. Zeitgleich formuliert Linda eine nicht vollständig rekonstruierbare Äußerung, in der zuerst die Zahl *Drei* <9> und sodann die Zahl *Neun* <11> vorkommt.

Bei Esther kann man vermuten, daß sie die 9,30 DM zusammensetzt aus 6 DM aus dem Aufgabenteil b und 3,30 DM aus dem Aufgabenteil a. Ihre Aussage, daß dies der Preis für 6 Tafeln Schokolade sei, kann man sich dabei so erklären, daß sie durch Blick auf die bildliche Darstellung zum Aufgabenteil b für 5 Tafeln den Preis von 6,00 DM zugrundelegt. Den Betrag von 3,30 DM aus dem Aufgabenteil a nimmt sie dann als Preis für *eine* Tafel Schokolade. Man könnte Esther einen impulsiven Bearbeitungsstil unterstellen, unter dem von ihr das stets gerade in ihrem Aufmerksamkeitsfokus Erscheinende zügig verknüpft wird: 6 DM und 3,30 DM stehen als Preise fest – rasch rechnet sie die Summe im Kopf aus. Die Vermischung der Preise von Vollmilchschokolade und Nußschokolade kann zusätzlich darauf zurückgeführt werden, daß in den bildlichen Darstellungen für beide Aufgabenteile nur von „Tafel" ohne den differenzierenden Zusatz „Vollmilch" bzw. „Nuß" die Rede ist. Zudem gilt es auch zu bedenken, daß der zweite Aufgabenteil zumindest noch nicht laut vorgelesen worden ist, so daß den beiden Schülerinnen die Unterscheidung zwischen zwei Sorten von Schokolade noch nicht aufgefallen sein könnte.

Lindas zeitgleiche Äußerungen werden hier so verstanden, als versuche sie, einen gedanklichen Rückstand zu Esther einzuholen. Hinter dem Wort „drei" <9> wird somit vermutet, daß Linda den Aufgabentext beginnt durchzulesen. Dies tat Esther bereits in <1>. Mit dem Wort „neun" könnte sie den Anschluß an Esthers in <8> begonnenen ersten Lösungsansatz gesucht haben. Man kann annehmen, daß sie sich hiermit auf Esthers zuvor gemachte Aussage über 9,30 DM beziehen möchte.

Anschließend verfallen beide Mädchen in ein längeres Schweigen. Esther scheint sodann in ihren folgenden Äußerungen ihren bisherigen Ansatz zu verwerfen. Hierauf wird im folgenden Unterabschnitt eingegangen. Lindas Aussage *zwölf sechzig* wird dagegen noch als eine Reaktion auf Esthers ersten Lösungsvorschlag angesehen. Über ihn wird deshalb noch an dieser Stelle gesprochen. Er wird hier so gedeutet, als vollende Linda den von Esther zuvor eingeschlagenen Lösungsansatz: Ausgehend von 6,00 DM für fünf Tafeln und den Preis von 3,30 DM für eine Tafel sowie dem bereits ermittelten Zwischenergebnis von 9,30 DM für sechs Tafeln Schokolade, ergibt sich als Preis für sieben Tafeln:

$$9,30 \text{ DM} + 3,30 \text{ DM} = 12,60 \text{ DM}.$$

Hiermit ist Linda sogar über den Ansatz ihrer Partnerin hinausgegangen.

Bedenkt man die Schwierigkeiten, die man als außenstehender Interpret mit dem Verstehen dieses Interaktionsprozesses hat, so fällt die offensichtliche Problemlosigkeit auf, mit der sich die beiden Mädchen über diesen Lösungsansatz verständigen. Es geschieht gleichsam unkommentiert, so als „sprächen die Handlungen für sich selbst". Die sicherlich auch für Drittklässler nicht mehr als schwierig einzustufende Addition von 6,00 DM + 3,30 DM transportiert offenbar den dahintersteckenden Ansatz implizit mit. Die Rationalität dieses Vorgehens ist für diese beiden Mädchen offenbar „selbstexplanativ" – eine explizite Begründung erscheint ihnen nicht notwendig.

Bei der Gesamtsicht auf diesen Unterabschnitt herrscht zunächst der Eindruck vor, als arbeiteten die beiden Kinder relativ unkoordiniert nebeneinander her: Linda kümmert sich um Formalia der Lösungsniederschrift, und Esther setzt sich sofort mit der Problemstellung auseinander. Aufgrund der vorgenommenen Analyse erkennt man jedoch, daß Esther in ihren Redebeiträgen ihre Partnerin anzusprechen versucht (z.B. <5>). Nur scheint es so, als könne Linda nicht sofort zu ihren Ideen aufschließen. Anfänglich hinkt sie gleichsam einen Gedankengang hinterher, bis sie schließlich sogar eigenständig Esthers Ansatz fortführt. Beide Mädchen nehmen somit einander wahr in ihren Handlungen, und man kann ihre Interaktion im pragmatischen Sinne als kooperativ beschreiben: Sie führen Rechnungen vor und bauen darauf, daß der Nachvollzug zur Akzeptanz bei der Partnerin führt; und in derselben Weise werden sie eigene andere Rechnungen dagegensetzen, wenn sie kritisieren oder korrigieren wollen.

1.2.2. *Korrektur des ersten Lösungsansatzes und Streit um ein alternatives Vorgehen (13-35)*

Esther erkennt, daß die 3,30 DM als Preis für drei Tafeln Schokolade stehen. Offenbar bezieht sie sich hierbei auf die linke bildliche Darstellung, die zum Aufgabenteil a gehört <13>. Auch hier ist nur von *Tafeln* und nicht differenzierend von Vollmilchschokolade die Rede. Anschließend scheint sie den Text des Aufgabenteils a vorzulesen – sie erwähnt nämlich die *Vollmilch*schokolade <17,18>. Nach einigen nicht rekonstruierbaren Worten führt sie noch einmal aus, daß es sich bei dem Preis um *drei Tafeln* handele <18,19>. Hier kann möglicherweise die aufscheinende differenzierende Sicht zwischen Vollmilchschokolade und Nußschokolade schon wieder an Schärfe verloren haben.

Zumindest kann man dies in Lindas Reaktion erkennen: *Jetzt müß mer des erst mal geteilt durch drei rechnen. sind ne Mark ' zehn, (.) kostet eine Tafel* <20,21>. In der Interaktion setzt sich möglicherweise die Deutung durch, daß die in der vorgelegten ersten Lösung verwendeten 3,30 DM als Preis für drei Tafeln stehen – welcher Art auch immer diese Tafeln Schokolade seien (s. auch <22>). Es könnte aber auch sein, daß Linda das Scheitern des bisherigen Ansatzes nun wahrgenommen hat und aus Esthers vorhergehender Darstellung <17-19> eine neue Operation herausliest: die Division der 3,30 DM durch drei.

Esther greift dieses neue Zwischenergebnis auf und kommt damit zu dem Schluß: *des sind sieben Mark siebzig* <23>. Es wird hier vermutet, daß sie mit dieser Preisangabe das Siebenfache des Einzelpreises ermittelt hat. Er könnte als Antwort zur Frage des Aufgabenteils a stehen.

Lindas folgender Einwurf bezieht sich auf die von Esther genannten 7,70 DM. Für sie müssen in irgendeiner Weise noch zwei Tafeln dazukommen, so daß dies einen Betrag von 8 DM beinhaltet <24,26>. Für den außenstehenden Interpreten erscheinen diese Äußerungen wenig verständlich. Man kann vermuten, daß sie noch dem alten Ansatz verhaftet ist, in dem von dem Festpreis für fünf Tafeln von 6,00 DM ausgegangen wurde und zur Ermittlung des Preises von sieben Tafeln noch zweimal der Preis einer Einzeltafel hinzugerechnet werden müßte. Da der Preis für eine Tafel z. Z. unstrittig mit 1,10 DM festgesetzt wird, ergibt sich überschlagsmäßig ein Preis von über 8 DM. Esthers vorgeschlagene 7,70 DM erscheinen dann als zu niedrig.

Zeitgleich scheint Esther Elemente ihres neuen Aufgabenverständnisses zu reformulieren <25,27>. Es bleibt anfänglich unentscheidbar, ob sie dies für ihre eigene Selbstvergewisserung vornimmt, oder ob sie sich hiermit an die Zweifel äußernde Partnerin wendet.

Im Übergang von den Zeilen 27/28 zu 29 und 30 wird dieses interaktive Moment dann deutlicher: Zwei unterschiedliche Positionen werden formuliert und offensichtlich von beiden in der Absicht, den Partner von der eigenen Sicht zu überzeugen:

– Esther formuliert: ... *wenn eine Tafel eine Mark zehn kostet* <27>. *Dann (.) ja ..* (unverständlich) *dann kosten sieben Tafeln sieben Mark siebzig* <31,32>.
– Linda formuliert: *Nee aber kuck doch mal des sind nur fünf Tafeln.* (zeigt auf das Bild am rechten Textrand) <28-30> *Aber kuck doch mal* (zeigt auf das Bild am rechten Textrand) *sechs Mark, und dann müssen noch zwei Mark* (zeigt ‚zwei' mit zwei Fingern) *weil jede Tafel, sind dann schon mal acht ...* (murmelt etwas) *acht Mark* <33-35>.

Es liegt hier gleichsam der „klassische" Fall für eine Argumentation vor: Zwei Interaktionspartner sind unterschiedlicher Meinung, scheinen dies auch zu erkennen und haben somit die Möglichkeit, diese Strittigkeiten argumentativ beizulegen.

1.2.3. Auflösung der Strittigkeiten

Esther versucht, den Konflikt aufzulösen, indem sie behauptet, daß irgend etwas zum Aufgabenteil b und nicht zum Aufgabenteil a gehöre <36>. Es wird ihr hier unterstellt, daß sie damit die rechte bildliche Darstellung meint. In diesem Fall kommt damit ihr verändertes Aufgabenverständnis zum Ausdruck: Die Aufgabenstellung besteht aus zwei klar unterschiedenen Teilaufgaben, zu denen jeweils auch eine bildliche Darstellung gehört. Beim ersten Aufgabenteil geht es um den Preis von sieben Tafeln Schokolade, wobei einerseits zwar bekannt ist, daß drei davon 3,30 DM kosten und durch Ermittlung des Preises von einer Tafel sodann auch der Schluß auf den Preis von sieben Tafeln möglich ist. Andererseits ist für den Interpreten jedoch weiterhin offen, ob die Unterscheidung zwischen Vollmilchschokolade und Nußschokolade von Linda erkannt worden ist. Kritisch wird diese Unterscheidung freilich erst bei Bearbeitung des Aufgabenteils b.

Das strittige Aufgabenverständnis wird hier also thematisiert. Esther verwendet dabei eine Formulierung, in der man eine gewisse „Überrumpelungstaktik" sehen kann. In ein wenig lehrmeisterhaft oder polemisch klingender Weise macht sie ihre Partnerin auf einen „Fehler" in deren Aufgabenverständnis aufmerksam. Dieser von einem Außenstehenden in der Sache durchaus als „vernünftig" erscheinende Hinweis wird von Esther nicht in einer „sachlichen" Weise vorgebracht, sondern in einer eher überheblichen Form.

Linda läßt sich auf keine weiteren Diskussionen ein: sie fragt die zuschauende Versuchsleiterin L, ob Esthers Aussage stimme und erhält die entsprechende Zusage <37>. Die Strittigkeit ist somit aufgelöst: Von angerufener höherer Instanz ist eine der strittigen Positionen ratifiziert worden.

Nun ist es allem Anschein nach auch für Linda nicht mehr schwer oder fragwürdig, den von Esther vorgerechneten Preis von 7,70 DM zu akzeptieren <39>. Sie verlangt keine weiteren Erklärungen. Sollte sie hier nicht einfach kapituliert haben, dann ist ihr Verhalten eher ein Indiz für die Intensität der vorhergegangenen Auseinandersetzung. In ihr ist von Esther ein formal-logisch formuliertes Argument angebracht worden: *Wenn eine Tafel eine Mark zehn kostet ...dann kosten sieben Tafeln sieben Mark siebzig* <27, 31>. Zweifel können geäußert werden, ob die beiden Mädchen dieses Argument auch als ein solches formal-logisches auffassen. Es könnte ebenso sein, daß es sich für sie um eine eingeschliffene Handlungsanweisung handelt: Wenn ein Stück x DM kostet, dann kosten n Stück davon n-mal soviel. Der vorgetragene Schluß wird von Linda offensichtlich nie bezweifelt. Der argumentative Streit geht wohl nur darum, ob die formulierte Wenn-Klausel der Aufgabenstellung angemessen ist. Dieser wird letztlich durch Beirufung einer höheren Instanz beigelegt.

1.2.4. Lösung des Aufgabenteils b (44 – 55)

Beide Mädchen lesen den Text zum Aufgabenteil b laut vor. Es kann sein, daß sie erst jetzt zum ersten Mal diese Passage in vollständiger Weise zur Kenntnis nehmen. Zumindest ein lautes Verlesen mit der Funktion einer öffentlichen Zurkenntnisnahme hat bis zum jetzigen Zeitpunkt nicht stattgefunden. Die Interpretation des vorangegangenen interaktiven Geschehens basierte auf der Annahme, daß die beiden Kinder sich zur Bearbeitung des Aufgabenteils a auf die bildlichen Darstellungen beider Aufgabenteile a und b beziehen. Nach dem Verlesen des Textes von Teil b scheint bei ihnen nun der Eindruck zu bestehen, daß dieser Aufgabenteil schwierig ist: Esther kommentiert mit *oh je,* und anschließend herrscht ein zwei Sekunden währendes Schweigen, das hier als Phase des Nachdenkens gedeutet wird <47>.

Von Linda kommt sodann die erste Ergebniseinschätzung, die freilich zu zwei sich widersprechenden Aussagen führt und dann offenbar in eine zweite Stillphase mündet <49>. Ihre Äußerung ist von außenstehender Seite in ihren Details bereits nicht widerspruchsfrei zu deuten. Sie sagt: *Da müssen wir fünf' dr... (..) ne sind teurer. (4 sec) nee sind glaub ich billiger.* <48,49>. Man könnte Lindas ersten Äußerungsteil in der Weise verstehen, daß sie die Mengenangaben drei Vollmilchschokoladen versus fünf Nußschokoladen vergleicht und auf dieser Basis eine Schätzung vornimmt. Man könnte ebenso annehmen, daß sie mit dem Wort „fünf" auf die im Aufgabenteil b gefragten fünf Nußschokoladen referiert. Somit bleibt auch für ihre Folgeaussage *ne sind teurer* unklar, ob sie damit die fünf Tafeln Vollmichschokolade oder die fünf Tafeln Nußschokolade meint. Da sie anschließend auch noch diese Aussage widerruft, bleibt für den Interpreten der Eindruck einer weitgehenden Konfusion bei Linda.

Nach einer Pause setzt sie zu einem neuen Versuch an: *Des sind erst mal fünf Mark' und dann noch fünfzig sind fünf Mark fünfzig* <50, 51>. Es kann ihr in dieser Äußerung unterstellt werden, daß sie das Fünffache des Einzelpreises einer Vollmilchschokolade berechnet. Das Produkt: 5 x 1,10 DM wird berechnet in zwei Schritten:

$$5 \times 1{,}00 \text{ DM} = 5 \text{ DM}$$
und
$$5 \times 10 \text{ Pfennig} = 50 \text{ Pfennig}$$

Hierbei wird im zweiten Rechenschritt die Größenangabe „Pfennig" nicht ausgesprochen.

Auf dieser Berechnung aufbauend zieht sie sodann den Schluß, daß fünf Vollmilchschokoladen billiger sind als die fünf Nußschokoladen <51>. In <53> wird diese Interpretation noch einmal bestätigt. Esther scheint offensichtlich dieser Lösung zuzustimmen <55>. Die Aufgabe ist gelöst.

Betrachtet man den Interaktionsabschnitt von Zeile 50-55 noch einmal unter einem argumentationstheoretischen Gesichtspunkt, so fällt auf, daß Lindas Äußerungen explizit keine Begründung darstellen, sondern in ihr lediglich Teilschritte eines Berechnungsvorganges angedeutet werden. Dennoch wirken ihre Äußerungen auf sie und Esther in der Situation überzeugend. Dies kann einmal daran liegen, daß Esther im Stillen für sich zu demselben Ergebnis gelangt ist und deswegen gar nicht an einer Erklärung interessiert ist. Es kann aber auch sein, daß für Esther simultan in der Darlegung von Teilberechnungen ein Begründungszusammenhang mit thematisiert wird. Lindas interaktive Züge wirken somit dann, wie im ersten Unterabschnitt schon einmal dargestellt, selbstexplanativ.

1.3. Verwendung der Episode in Seminaren zur Lehrerausbildung

Die Episode einschließlich ihrer vorgelegten Analyse ist in entsprechenden Seminaren eingesetzt worden. Bezogen auf den *Gesamt*inhalt der Analyse handelt es sich am ehesten um ein Beispiel zu dem Punkt „Illustration von Ergebnissen aus der interpretativen Unterrichtsforschung" (s. o.). Aber auch die anderen dort genannten Punkte können hierbei angesprochen werden.

1) Es lassen sich mit dieser Analyse verschiedene Aspekte des Argumentierens verdeutlichen und Elemente einer solchen Theorie aufzeigen.
   (a) Untersucht man z.B. die „Rationalisierungspraxis" (G. Krummheuer 1997a) in den verschiedenen Interaktionsabschnitten, so lassen sich Situationen mit explizit ausgetragener Strittigkeit – wie im mittleren Teil 1.2.2 – mit Szenen vergleichen, in denen die Rationalität des eigenen Handelns selbstexplanativ erscheint, d. h. im Handlungsvollzug mit angezeigt wird (z.B. am Anfang 1.2.1 und am Ende 1.2.4). In diesen letzten beiden Fällen führen die zwei Mädchen Teile eines Berechnungsvorganges durch und liefern dabei gleichzeitig ein bestimmtes Aufgabenverständnis mit, das seinerseits nun wieder *reflexiv* die Rationalität der Berechungsschritte begründet. Die „Rationalisierungspraxis" ist also gleichsam das „Vor-Rechnen" in dem Sinne, daß durch die sich bei den Berechnungen ergebenden Zwischenergebnisse die Plausibilität des gesamten Vorgehens legitimiert und zugleich den Mitagierenden die Möglichkeit gibt, sich im gedanklichen Nachvollzug in dieses Rationalitätsmodell einzufinden. Sehr deutlich wird dies bei der Phase der ersten Lösungsfindung, in der Linda zunächst den Lösungsschritten ihrer Partnerin gleichsam „hinterherhinkte", sie dann aber letztendlich nicht nur „einholte", sondern auch „überholte" und zur Protagonistin des mittlerweile von Esther wieder verworfenen Lösungsansatzes wurde.

Auf der Ebene der Theorieentwicklung hat dies dazu geführt, neben dem diskurstheoretischen Argumentationsbegriff der Habermasschen Kommunikationstheorie (J. Habermas 1985, S. 37f.) auch einen Begriff des „reflexiven Argumentierens" im Sinne der Garfinkelschen „accounting practice" (Garfinkel 1967, S. 1) zu entwickeln (s.a. Krummheuer 1997b).
   (b) Ferner kann man auf theoretischer Ebene mit dieser Begriffserweiterung den Zusammenhang zwischen dem kollektiven Prozeß des Argumentierens und dem individuumsbezogenen Begriff des Lernens in Unterrichtssituationen genauer fassen:
   Überzeugende Argumentation auch in diesem reflexiven Sinne erleichtert zum einen auf der sozialen Ebene die Re-Konstitution derartiger Arbeitskonsensus: Die Einsichtigkeit bei der Erzeugung eines Arbeitskonsenses erleichtert seine erneute Herstellung, und dies wiederum wird von den Beteiligten mit größerer Beachtung registriert. Zum anderen üben derartige Interaktionen eine orientierende und konvergierende Funktion auf die individuelle fachlich-inhaltliche Fortentwicklung aus:

- Die vom Individuum miterzeugte Argumentation hilft, den Prozeß der eigenen fachlichen Bedeutungskonstruktionen an derartigen interaktiven Konsensbildungen auszurichten (*Orientierungsfunktion*);
- sie ermöglicht zudem, die vorgenommenen eigenen fachlich-inhaltlichen Weiterentwicklungen an derartiger Argumentation in der Interaktion zu messen (*Konvergenzfunktion*).

Soviel zur Verwendung von Analysen von Unterrichtsepisoden für die Illustration von Bemühungen zur Theorieentwicklung im Rahmen qualitativer Unterrichtsforschung – das Transkript der Episode kann darüber hinaus auch für die anderen anfangs genannten Zwecke verwendet werden:

(2) Es lassen sich unterschiedliche Aspekte unterrichtlicher Interaktion in dieser Episode rekonstruieren, z. B:
(a) Die beiden Mädchen führen ihren Aushandlungsprozeß ausschließlich mit verbalen Mitteln. Sie verwenden keine Formen schriftlicher Fixierungen von Zwischenergebnissen und/oder gedanklichen Strukturierungen. Dies ist ein gängiges Phänomen bei mathematischer Gruppenrbeit in der Grundschule. Unter mathematikdidaktischer Perspektive erscheinen derartige kollektive Lösungsbemühungen als unnötig beschränkt, und man sieht vielfältige, fruchtbare Bearbeitungsalternativen, wenn die Schüler auf gängige schriftliche Darstellungsweisen und/oder Veranschaulichungen zurückgreifen würden. Hier bieten sich weiterführende Diskussionen in den Seminaren an, in denen diese Problematik des „Aufschreibens" auch unter genereller Perspektive, wie z.B. der des „externalization tenets" (Brunner 1996, s. a. Krummheuer 1997a) aufgegriffen werden kann.
(b) Die *innere Logik* des Lösungsansatzes wird durch die Ausführung einer Handlungssequenz präsentiert. Hier kann man auf die Ericksonsche Unterscheidung von academic task structure und social participation structure eingehen (1982).
(c) Der *reflexive Charakter* der Argumentationen kann besprochen werden.
(d) Umfassend kann die *narrative Strukturierung* des Bearbeitungsprozesses thematisiert werden (s. hierzu Krummheuer 1997a, S. 21f. und S. 58-65).

(3) Das Beispiel irritiert aus mehreren Gründen, z. B:
(a) Das Zustandekommen der ersten Lösung von 9,30 DM wird in der Regel von den Studierenden nicht spontan verstanden und häufig abwehrend als absurd abgetan.
(b) Der Klärungsprozeß zwischen den beiden Mädchen, der letztlich zur gewünschten, „richtigen" Lösung des ersten Aufgabenteils führt, wird für wenig explanativ gehalten, und es wird zumindest im Hinblick auf Linda bezweifelt, daß sie den Lösungsansatz verstanden hat. Die Irritation tritt vor allem bei der Analyse des Transkripts zum zweiten Aufgabenteil auf.

(c) Die Kürze und „Oberflächlichkeit" des gesamten Bearbeitungsprozesses irritiert die Studierenden, und es werden Zweifel geäußert, daß in Gruppeninteraktionen dieser Art überhaupt Bedingungen einsichtsvollen Lernens geschaffen werden.
(4) Eine generelle Sensibilisierung für die Komplexität und Eigendynamik von Unterrichtsprozessen kann erzeugt werden, indem man z.B.
(a) in der Seminararbeit mit den Studierenden extensiv Interpretationsalternativen zu generieren versucht,
(b) Vergleiche mit anderen Unterrichtsepisoden herstellt und
(c) Aktualisierungen und Distanzierungen von bzw. zu eigenen Erfahrungen aus der Schulzeit ermöglicht und thematisiert.

2. Zwei Analysebeispiele aus der Seminarpraxis

Sollen Video- und Transkriptanalysen von Studierenden selbst durchgeführt werden, dann sind entsprechende interpretative Kompetenzen bei den Studierenden gefordert. Eine systematische und methodologisch fundierte Einführung interpretativer Verfahren kann in vielen Lehrveranstaltungen aus zeitlichen und thematischen Gründen nicht gewährleistet werden. Ein völliger Verzicht auf eine methodisch kontrollierte Analyse führt erwartungs- und erfahrungsgemäß jedoch zu wenig befriedigenden Ergebnissen in der Seminararbeit. Notwendigerweise müssen somit ein bis zwei Sitzungen in jedem Seminar für eine elementare Einführung in das Interpretieren von Episoden verwendet werden. Anhand der folgenden beiden Beispiele soll auf besondere Probleme dabei aufmerksam gemacht werden.

Im Rahmen von mathematikdidaktischen Seminaren wurde u.a. das folgende Transkript zur Analyse durch Studierende vorgelegt. An mehreren anderen Beispielen ist zuvor das extensionale Interpretieren begründet und vorgenommen worden. Die nach dem Transkript folgenden zwei Analysen entstammen schriftlichen Seminararbeiten.

Die Aufgabe zum Transkript lautet: Wie groß ist die graue Fläche?[8]

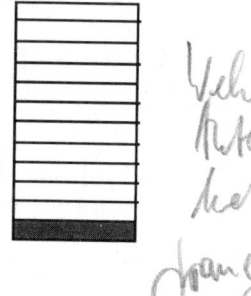

---

8 Das Unterrichtsbeispiel ist im Rahmen des Forschungsprojektes „Argumentieren im Mathematikunterricht der Grundschule" an der PH Karlsruhe gewonnen worden. (s. G. Krummheuer 1997a). Die erwartete Antwort lautet: 1/12.

Analyse von Unterrichtsepisoden im Rahmen von Grundschullehrerausbildung 115

521	Johannes	*Und was ist des* (zeigt auf die .. Aufgabe)
522	Daniel	*Uh- das isn halb. oh ...*
523<	Johannes	*Wart mal. eins zwei drei vier fünf sechs sieben acht neun...*
524<	Daniel	*Oh oh Gott*
525<		*...zehn <u>elf</u>*
526<	Daniel	*ne des kann ma an den Stücken nich-nich sehen*
527		*also jetzt teilen wirs erst man in Viertel.*
528<	Johannes	*Ja wollt ich auch grad machen. eins, zwei...*
529<	Daniel	(zeichnet etwas ein) *Des is n Viertel. dann is des'*

Die hier Gruppe I genannten drei Studierenden haben folgende schriftliche Analyse zu diesem Ausschnitt aus einer längeren zu interpretierenden Episode vorgelegt:

Zeile 521-522   Daniel bezieht sich beim Rechteck ...auf die Darstellung von Blatt D[9] und sieht die Figur deshalb als 1/2 an.
Zeile 523-525   Johannes zählt die Striche ab.
Zeile 526-529   Daniel unterbricht ihn und will die Figur (1/2) in Viertel aufteilen, also halbieren.

In der Gruppe II wird zu diesem Transkriptausschnitt die folgende schriftliche Analyse vorgelegt:

> Während Daniel noch schreibt, betrachtet Johannes die nächste Aufgabe (2) mit Zweifel. Daniel setzt sofort in Zeile 522 zu einem Lösungsversuch an. Er halbiert die zwölf Teile und ist sich dabei unsicher, oder er stockt, da er noch in Gedanken am Rechnen ist. Johannes nutzt Daniels Gedankenpause aus und zählt laut die Kästchen nach. Er könnte dies als Erklärung für Daniels Aussage zuvor machen, da er dieser nicht folgen konnte oder er versucht, selbst einen Lösungsweg zu finden. Daniel unterbricht ihn mit einem Stöhnen, wobei Johannes sich davon nicht beirren läßt und weiter zählt. Daniel zweifelt sofort das Vorgehen von Johannes an und stellt die Behauptung auf, daß man das an der Anzahl der Kästchen nicht sehen könnte. Man könnte daraus erkennen, daß Daniel die Grundidee des Bruchrechnens nicht verstanden hat. Denn er teilt die zwölf Kästchen erst einmal in Viertel. Diese Vorgehensweise ist im Ansatz der Aufgabe eins wiederzuerkennen. Er würde somit den Rechenweg in gleicher Weise anwenden. Er könnte aber auch die zwölf Kästchen unterteilen. Einmal in dreier Blöcke mit vier Kästchen oder in vierer Blöcke mit drei Kästchen. Er könnte mit den dreier Blöcken die Bedeutung von ein Viertel auf die vier Kästchen innerhalb eines Blockes beziehen. Dies könnte aber auch bedeuten, daß er die zwölf Kästchen in

---

9   Auf Blatt D steht u.a. folgende Erklärung: „Die Zahlen $1/2$, $1/4$, $1/8$, $1/16$ nennt man *Brüche*, weil sie angeben, welcher Bruchteil die Fläche vom Ganzen ist". Im Duktus der Gesamtaufgabe wird immer ein Einheitsquadrat als Bezugsgröße unterstellt, das in diesem Aufgabenteil aber nicht explizit erwähnt wird.

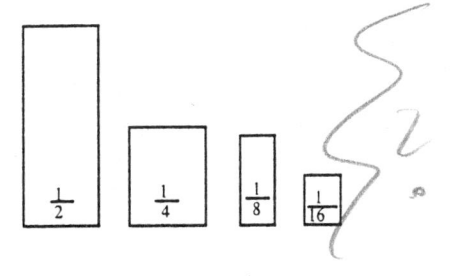

vier Blöcke aufteilt, wobei ein Block dann drei Kästchen aufweist. Der Tauschaufgabeneffekt kommt hier zum Ausdruck (Zeile 527).
Auch Johannes stimmt dieser Aufteilung von Daniel zu. Dies kann er einerseits aus Überzeugung an dem Lösungsvorgehen von Daniel meinen, oder er sagt dieses aus Verlegenheit, da er vielleicht selbst keine Lösungsidee hat. Doch Daniel ist von seinem Gedanken mit dem ein Viertel überzeugt und greift diese erneut auf (Zeile 529).

Die dargestellten Interpretationen sind zwei schriftlichen Seminararbeiten entnommen, die sich auf dieselbe Videoepisode beziehen, die aber aus Veranstaltungen mit unterschiedlichen Thematiken entstammen. In beiden Fällen handelt es sich um Ausschnitte einer umfangreicheren Analyse. Die Gruppe I hat mehrere Aufgabenbearbeitungsprozesse dieses Schülerpaares zum Bruchzahlbegriff analysiert und hat auf Grundlage der Interpretationsergebnisse eine Aufgabenserie zu entwickeln versucht, die gleichsam „maßgeschneidert" auf diese beiden Schüler passen sollte. Das Seminar, aus der die studentische Gruppe II hervorgegangen ist, handelte vom Argumentationsverhalten von Grundschülern in mathematischen Problemlösesituationen. Ihr sind zu denselben Aufgaben Dokumente von Bearbeitungsprozessen aus mehreren Schülergruppen vorgelegt worden. Der Analyseschwerpunkt lag hier auf der Rekonstruktion von der den Schülern während der Aufgabenbearbeitung entwickelten Rationalität. Beide schriftlichen Ausarbeitungen erfolgten erst nach einer seminarspezifischen Diskussion der Episoden.

Im Vergleich der beiden Analysen fällt auf, daß die Gruppe I so etwas wie ihre abgeschlossene Deutung der Episode darstellt, ohne hierbei auf alternative Interpretationen einzugehen, während die Gruppe II im stärkeren Maße ein unterschiedliches Verstehen der Einzelschritte in dem Transkript thematisiert. So deutet Gruppe I Daniels Äußerungen ausschließlich unter der Hypothese, daß von dem Schüler ein Bezug zur vorhergehenden Aufgabe hergestellt wird, in der ein etwa gleichgestaltiges Rechteck als „1/2" bezeichnet wurde, und davon ausgehend die Größe der schraffierten Fläche durch zweifaches Teilen dieser 1/2 großen Fläche ermittelt[10]. Die schriftlichen Ausführungen sind hierzu äußerst knapp.

Gruppe II bietet hier mehrere Deutungen an: Die von Gruppe I dargestellte Deutung wird hier hinter der Formulierung „Diese Vorgehensweise ist im Ansatz der Aufgabe eins wiederzuerkennen" der Gruppe II vermutet. Darüber hinaus hält diese Gruppe es aber auch für möglich, daß die beiden Schüler die Streifen des Rechtecks in irgend einer Weise in Viertel oder Drittel aufteilen und hierbei eventuell sogar kommutative Erwägungen zur Multiplikation anstellen. Die schriftliche Ausführung hierzu fällt nicht sehr klar aus.

In der schriftlichen Analyse der Gruppe II werden hypothetisch Gründe genannt, die die Plausibilität einer Interpretation verdeutlichen kann. So wird

---

10 Dies ist eine Interpretation, die im weiteren Verlauf der Aufgabenbearbeitung durch die beiden Schüler weitere Evidenz erfährt und in den Seminardikussionen bei der abschließenden Bewertung der *Gesamt*episode auf breiten Konsens stieß.

am Anfang z.B. vermutet, daß Johannes Zählversuch der „Kästchen" als Begründung für Daniels Vorgehen oder als Alternativvorschlag dazu verstanden werden könnte. An späterer Stelle wird aus einer Reaktion von Daniel die Vermutung gezogen, daß dieser Schüler die „Grundidee des Bruchrechnens nicht verstanden" haben könne.

Diesen Bemühungen wird hier unterstellt, daß die Studierenden der Gruppe II den Ansatz aufgreifen, durch Aufzeigen von alternativen Deutungen und der dabei implizit anzunehmenden Handlungsplausibilität das Spektrum ihrer spontan zuhandenen Deutungsmöglichkeiten dieses Wirklichkeitsausschnittes aus einer Unterrichtsstunde zu erweitern. Ein ähnlich deutliches Anliegen kann man in der Gruppe I nicht erkennen. In den Seminardiskussionen, die hier aus der Erinnerung referiert werden, wurde von den Mitgliedern der Gruppe I die Entwicklung einer breiteren Interpretationsbasis für weitgehend unnötig gehalten, da man sich sicher sei, das „Denken" der Schüler erkannt zu haben. Die Konstruktion paßgerechter Folgeaufgaben ließen sich relativ zügig verwirklichen. In gewisser Weise wurde hier der „Habitus" bzw. „kognitive Stil" des unter Handlungsdruck stehenden Praktikers (Soeffner 1989) bereits in der in einem auf Reflexion angelegten Hochschulseminar favorisiert. Die Studierenden der Gruppe II haben sich offenbar auf die methodologischen Maxime der Erzeugung alternativer Interpretationen stärker eingelassen. Ihre „Diagnosen" zum Denken der Schüler fallen entsprechend reichhaltiger aus.

Die beiden Interpretationen dieses Transkriptausschnitts weisen auf eine typische Problematik von derartigen Seminaren hin. Der methodologisch begründete Anspruch auf eine extensionale Auslegung der dokumentierten Unterrichtsausschnitte wird von den Studierenden nicht umstandslos als notwendige Arbeitsweise übernommen oder angewendet. Vielmehr muß er sich in der Seminararbeit gegen den bereits entsprechend habitualisierten Blick des den Unterrichtsalltag antizipierenden zukünftigen Praktikers bewähren. Somit stellt sich in derartigen Veranstaltungen das Problem, neben einer forschungslogischen Begründung für das extensionale Interpretieren auch noch eine praxisrelevante zu generieren. Das theoriegeleitete Interpretieren von Dokumenten schulischen Alltags kann nicht den Handlungsdruck und den damit verbundenen Habitus des Praktikers ersetzen, weder was seine Entscheidungskriterien, seine ad-hoc-Interpretationen, seine Plausibilitätskriterien noch was seine Funktion für die interaktive Konstruktion von Unterrichtswirklichkeit betrifft. Es bleibt eine notwendige und in derartigen Seminaren immer wieder zu thematisierende Kluft.

> „Was .. die aktuellen Handlungen und Entscheidungen angeht, so behält der kognitive Stil der Praxis das letzte Wort (s. Soeffner 1989, S. 43; s. a. Krummheuer 1997a, S. 95ff.)

Die den Studierenden gegenüber zu leistende Überzeugungsarbeit liegt im wesentlichen darin, daß unter dieser theoretischen Perspektive das Verändern- und Beeinflussenwollen von Unterricht nicht so sehr in der Konstruktion eines anderen Unterrichts durch Entwicklung neuer Unterrichtsentwürfe, Materialien und Unterrichtsinhalte liegt, die gleichsam von außen in den Unterricht hineingetragen werden. Vielmehr werden die Veränderungsmöglichkeiten im Aufdecken des latenten Deutungspotential alltäglichen Unterrichts gesehen. In der extensionalen Interpretation wird das Terrain unterrichtlicher Handlungs*möglichkeiten* hypothetisch erkundet, expliziert und gedeutet. Dies schafft eine Perspektive, in der sinnvolle und vernünftig begründbare Entscheidungen für ein alternatives Vorgehen von innen heraus möglich werden.

Studierende stehen diesem Ansatz nicht notwendig aufgeschlossen gegenüber. Die Einsicht in die Latenz und Mehrdeutigkeit unterrichtlichen Handelns erzeugt Ablehnung und Abwehr. Die erkennbar werdende Komplexität und Vielschichtigkeit von Unterricht hinterläßt häufig (zunächst) den Eindruck der praktischen Unveränderbarkeit bestehender Unterrichtsstrukturen. Diese Ängste und Einschätzungen sollten in den Seminaren konstruktiv gewendet werden, indem man z.B. von den konkreten Episoden ausgehend alternative Deutungen zum Unterrichtsalltag erschließt und Ideen und Vorstellungen ausarbeitet, wie die Konstituenten dieser Praxis stabilisiert und weiterentwickelt werden könnten.

Literatur

Bauersfeld; H. (1978): Kommunikationsmuster im Mathematikunterricht. Eine Analyse am Beispiel der Handlungsverengung durch Antworterwartung. In: Bauersfeld, H.: Fallstudien und Analysen zum Mathematikunterricht. Hannover.

Bauersfeld, H. (1982): Analysen zur Kommunikation im Mathematikunterricht. In: Bauersfeld, H.; Heymann, H. W.; Krummheuer, G.; Lorenz, J. H. & Reiss, V.: Analysen zum Unterrichtshandeln. Köln.

Bauersfeld, H. (1983): Subjektive Erfahrungsbereiche als Grundlage einer Interaktionstheorie des Mathematiklernens und -lehrens. In: Bauersfeld, H. & u.a.: Lernen und Lehren von Mathematik. Köln.

Bauersfeld, H. (1995): „Language games" in the mathematics classroom: Their function and their effects. In: Cobb, P. & Bauersfeld, H.: The emergence of mathematical meaning. Interaction in classroom cultures. Hillsdale, NJ.

Bruner, J. (1996): The culture of education. Cambridge, Mass..

Edelstein, W. & Keller, M. (1982): Perspektivität und Interpretation. Zur Entwicklung des sozialen Verstehens. In: Edelstein, W. & Keller, M.: Perspektivität und Interpretation. Beiträge zur Entwicklung des sozialen Verstehens. Frankfurt a.M.

Erickson,f. (1982): Classroom discourse as improvisation. In: Wilkinson, L. C.: Communicating in the classroom. New York usw..

Erickson,f. (1986): Qualitative methods in research on teaching. In: Wittroch, M. C.: Handbook of research on teaching. New York.

Garfinkel, H. (1967): Studies in ethnomethodology. New Jersey.

Habermas, J. (1985): Theorie des kommunikativen Handelns. Frankfurt a.M.

Jungwirth, H. (1989): Endbericht des Projektes: „Die geschlechtliche Dimension der Interaktionsstrukturen im Mathematikunterricht und ihre Folgen. Linz (Österreich): unveröffentlichtes Papier am Institut für Mathematik der Universität Linz.

Krummheuer, G. (1983): Algebraische Termumformungen in der Sekundarstufe I. Abschlußbericht eines Forschungsprojektes. Bielefeld: IDM der Universität Bielefeld.
Krummheuer, G. (1989): Die menschliche Seite am Computer. Weinheim.
Krummheuer, G. (1992): Lernen mit „Format". Elemente einer interaktionistischen Lerntheorie. Diskutiert an Beispielen mathematischen Unterrichts. Weinheim.
Krummheuer, G. (1995): The ethnography of argumentation. In: Cobb, P. & Bauersfeld, H.: The emergence of mathematical meaning: interaction in classroom cultures. Hillsdale, N. J.
Krummheuer, G. (1997a): Narrativität und Lernen. Mikrosoziologische Studien zur sozialen Konstitution schulischen Lernens. Weinheim.
Krummheuer, G. (1997b): Zum Begriff der „Argumentation" im Rahmen einer Interaktionstheorie des Lernens und Lehrens von Mathematik. In: Zentralblatt für Didaktik der Mathematik (1): 1-10.
Maier, H. & Voigt, J. (Hrsg.) (1991): Interpretative Unterrichtsforschung. Köln.
Maier, H. & Voigt, J. (Hrsg.) (1994): Verstehen und Verständigen im Mathematikunterricht. Köln.
Mehan, H. (1979): Learning lessons. Cambridge, Mass..
Miller, M. (1986): Kollektive Lernprozesse. Frankfurt a.M.
Seiler, T. B. (1973): Die Bereichsspezifität formaler Denkstrukturen – Konsequenzen für den pädagogischen Prozeß. In: Frey, K. & Lang, M.: Kognitionspsychologie und naturwissenschaftlicher Unterricht. Bern.
Soeffner, H.-G. (1989): Auslegung des Alltags – Der Alltag der Auslegung. Frankfurt a.M.
Toulmin, S. E. (1969): The uses of argument. Cambridge.
Voigt, J. (1984): Interaktionsmuster und Routinen im Mathematikunterricht. Weinheim.
Voigt, J. (1992). Negotiation of mathematical meaning in classroom proccesses. ICCME VII, Quebec, Canada.

4. Transkriptionsregeln

Das Transkript enthält, soweit rekonstruierbar
- die verbalen Äußerungen der Beteiligten und
- die nonverbalen Aktivitäten, wie z.b. auffällige Körperhaltungen, auffallende Blickrichtungen, Zeichnungen auf der Tafel usw.

I. Linguistische Zeichen
(a) Identifizierung des Sprechers
L   Lehrer
S   Schüler
S1   Kennzeichnung der Schüler, wenn eine Unterscheidung zwischen verschiedenen nicht genauer identifizierbaren Schülern nötig wird
      Max Kennzeichnung eines mit Namen identifizierten Schülers
(b) Charakterisierung der Äußerungsfolge:
    Wegen der häufig im Unterricht auftretenden gleichzeitigen bzw. zeitlich nur leicht verschobenen Äußerungen wird im Bedarfsfall eine Partiturschreibweise verwendet. Die zueinander verschobenen Äußerungen geben ihre „Einsätze" in Relation zu den anderen Äußerungen an. Das Zeichen „<„ nach der Zeilennummerierung weist auf diese Partiturleseweise hin, z.B.:
    4 < L: die Fläche eines Rechteckes
    5 < S1: Uaach
    6 < S2:   Länge mal Breite

```
 7 < S3:                    Fläche oder oder Inhalt
 8 < S4:                                           Flasche
 9 < S5:  Länge mal Breite
10 < S6:  Ja mein ich doch
```

II. paralinguistische Zeichen
,   kurzes Absetzen innerhalb einer Äußerung
(.)   kurze Pause (max. 1 sec.)
(..)   kurze Pause (max. 2 sec.)
(...)   längere Pause (max. 3 sec)
(4 sec)   Pause mit Angabe der Länge
.   Senken der Stimme am Ende einer Äußerung
-         Stimme bleibt in der Schwebe am Ende einer Äußerung
'   Heben der Stimme am Ende einer Äußerung
<u>diesmal</u>   Unterstreichung für auffällige Betonung
die̲s̲m̲a̲l̲   gebrochene Unterstreichung für Dehnung des Wortes

<u>III. Charakterisierung der non-verbalen Aktivitäten</u>
Non-verbale Aktivitäten werden in die transkribierten Äußerungen eingeklammert eingefügt und durch einen anderen Schrifttyp zusätzlich gekennzeichnet.

Werner Helsper

Eine halbierte Professionalisierung von Lehrern und Lehrerinnen? – Reflexionen zum Ansatz Götz Krummheuers*

Im folgenden werde ich vor dem Hintergrund professionstheoretischer Überlegungen (vgl. Koring 1989, Dewe u.a 1992, Combe/Helsper 1996, Wagner 1998) knapp die Relevanz der Fallrekonstruktion für die Lehrerausbildung skizzieren, um vor dieser Folie den Ansatz von Götz Krummheuer zu kommentieren. Erstens werde ich danach fragen, inwiefern die Analyse von Unterrichtsszenen (vgl. Krummheuer in diesem Band, Ders. 1992, 1997, Krummheuer/Voigt 1991, Bauersfeld u.a. 1985) einem fallrekonstruktiven Zugang entspricht, wo die Stärken und Grenzen dieses Ansatzes und der konzipierten interaktionisischen bzw. sozialkognitiven Lerntheorie liegen. Zweitens werde ich die vier Vorschläge zur Verwendung der „Analyse von Unterrichtsepisoden" in der Lehrerausbildung von Götz Krummheuer diskutieren und bilanzierend danach fragen, welche Möglichkeiten für die Professionalisierung des Lehrberufs durch dieses Vorgehen eröffnet wird und welche Dimensionen der Professionalisierung eher ausgeblendet bleiben.

1. Die strukturtheoretische Bedeutung der Fallrekonstruktion für die Lehrerausbildung

Die berufliche Einsozialisation von Professionellen ist eine doppelte: Zum einen die Einsozialisation in die von Praxiszwängen entlastete, praxisdistanzierte, methodisch kontrollierte wissenschaftliche Erkenntnisgenerierung und zum anderen die Einsozialisation in die konkrete Praxis der komplexen Interaktionen mit „Klienten" im Rahmen des professionellen Arbeitsbündnisses, die von Entscheidungs- und Praxiszwängen gerahmt wird (vgl. Oevermann 1996). In der gegenwärtigen universitären Lehrerausbildung kann es – auf-

---

* Anmerkung der Herausgeber: Werner Helsper mußte seine Teilnahme an dem Symposium kurzfristig absagen. Bei den Texten von Götz Krummheuer und Werner Helsper bestand somit nicht die Gelegenheit einer Vermittlung durch die Diskussion im Symposium.

grund der dominierenden zweiphasigen Struktur – nur um die wissenschaftliche Einsozialisation gehen. Diese ist nun aber keineswegs „praxisirrelevant", sondern gerade durch die handlungsentlastete, distanzierte Auseinandersetzung mit Theorien und vor allem mit Protokollen aus Praxiszusammenhängen, wird es möglich, einen kritisch-reflexiven Blick auf jene Praxiszusammenhänge zu werfen, in denen später das professionelle Handeln zu erfolgen hat. Dadurch werden – gerade durch die Distanz und „Abstinenz" gegenüber dem praktischen Handeln – Erkenntnismöglichkeiten über die Grundlagen, Strukturen, Rahmenbedingungen, Strukturprobleme, konstitutiven Antinomien und spezifisch ausgeformten interaktiven Verstrickungen und Paradoxien der Praxiszusammenhänge ermöglicht (vgl. Koring 1989, Combe/Helsper 1994, Helsper 1995 u. 1996, Schütze u.a. 1997) die eine umfassende Kompetenz zur Reflexion der faktischen professionellen Praxis und ihrer Rahmenbedingungen grundlegen kann. Diese wiederum vermag, wenn sie als Kompetenz in der universitären Bildung grundgelegt und habitualisiert wurde und so in die Praxiszusammenhänge Eingang finden kann, eine reflexive Erkenntnis- und interpretative Deutungskompetenz grundzulegen, die zwar noch keine Handlungskompetenz konstituiert, ohne die aber professionelle Handlungskompetenz nicht denkbar ist. Damit ist allerdings nicht schon vorentschieden, ob diese Kompetenz auch unter den praktisch-performativen Bedingungen jeweiliger professioneller Handlungsfelder realisiert werden kann.

In diesem Zusamenhang wird der fallrekonstruktiven Arbeit bereits im Rahmen der universitären Lehrerausbildung und nicht erst in der Phase der praktischen, habituellen Einsozialisation (vgl. Wagner 1998, S.183f.) ein zentraler Stellenwert eingeräumt. Die universitäre Einführung in rekonstruktive Fallstudien im Unterschied etwa zur praktischen „Fallarbeit" (vgl. Fatke 1997), die abkürzungshaft und unter Handlungszwängen erfolgt, kann unter verschiedenen Gesichtspunkten konstitutiv zur Professionalisierung beitragen:

– wenn Professionen die – theoretisch nicht herstellbare – Vermittlung von Theorie und Praxis praktisch zu leisten haben, so ermöglicht die Fallrekonstruktion im Rahmen der theoretischen Einsozialisation die Vermittlung des Praktischen im Primat des Theoretischen. D.h. detaillierte Protokolle praktischer pädagogischer Handlungsabläufe und sonstiger Ausdrucksgestalten pädagogischer Institutionen können immer und immer wieder zum Gegenstand der Sinnrekonstruktion und Analyse gemacht werden und dabei an jeder „Anschlußstelle" der sequentiellen Analyse alternative Möglichkeiten gedankenexperimentell entworfen werden. Diese Abarbeitung am Praktischen im Rahmen handlungsentlasteter Sinnrekonstruktionen ermöglicht gerade in der ständigen „Konfrontation" mit der pädagogischen Praxis eine reflexive Distanz zur Praxis, die als (selbst-)kritisches Potential dazu beitragen kann, daß die künftigen Pädagogen sich nicht blind Praxiszwängen unterwerfen und es zu einem bloßen Mitagieren in formalen Organisationsrahmungen kommt. Die handlungsentlastete Auseinandersetzung mit konkreten praktischen Ausdrucksgestalten im Rahmen des Theoretischen ist somit als theoretisch gerahmte „Vorstufe" der professionellen praktischen Vermittlung von Theorie und Praxis zu begreifen.

– Mit dieser handlungsentlasteten Rekonstruktion von Einzelfallstrukturen und dem gedankenexperimentellen Entwurf von alternativen Optionen und deren Bedingungen wird in der universitären Ausbildung von Professionellen zugleich im Rahmen des Theoretischen in die konstitutive Spannung von Subsumtion und Rekonstruktion eingeführt. Wenn die Spannung zwischen theoretischen Verallgemeinerungen, subsumtiven professionellen Deutungsmustern und der Rekonstruktionslogik des Einzelfalles (Oevermann 1996) bzw. zwischen „Schema-F-Mustern" und der Fallorientierung (Schütze 1996) konstitutiv für professionelles Handeln ist, dann muß diese Fähigkeit, zwischen subsumtiver Strukturierung und rekonstruktiver Erschließung reflektiert die Balance halten zu können, bereits in den handlungsentlasteten Rahmungen der universitären Einsozialisation in der wissenschaftlichen Erkenntnisgenerierung grundgelegt werden. Die Gefahren einer subsumtiven Vereinnahmung des Einzelfalles – die in Praxiszusammenhängen die Gestalt gewaltförmiger Klischeebildungen und Stigmatisierungen annehmen kann (vgl. Schütze 1996) – und einer sich im immer tieferen Verstehen des Einzelfalles verlierenden Involviertheit – die in Praxiszusammenhängen in eine zeitliche und kognitive Destrukturierung münden kann – können im Rahmen universitärer Lehrerbildung dadurch vermindert werden, daß im Rahmen fallrekonstruktiver Interpretationen – wiederum handlungsentlastet – für die Spannung von Rekonstruktion und Subsumtion sensibilisiert wird. Denn die sequenzielle Erschließung der Fallspezifik bringt die Rekonstruktionslogik umfassend zur Geltung und vermag die Problematik subsumtiver Kategorisierungen zu verdeutlichen. Und gegenüber der „abstrakten" Vermittlung sozialwissenschaftlicher Theorien, die konkreten mikrosozialen Prozessen häufig „übergestülpt" werden – sofern sie überhaupt material „begriffen" werden – kann in der Formulierung der Fallstruktur, schließlich der Strukturgeneralisierung und deren Theoretisierung die Vermittlung von Konkretem und Allgemeinem exemplarisch erfolgen.

– Schließlich: In der Rekonstruktion von Szenen und Interaktionen der pädagogischen Praxis, etwa des schulischen Alltags, werden unweigerlich die Strukturen professionellen Handelns, etwa die Ausformung des Arbeitsbündnisses, seine konstitutiven Antinomien, z.B. die Spannungsverhältnisse von Nähe und Distanz, von Organisation und Interaktion, von Autonomie und Heteronomie, von Inhalt und Person etc. (vgl. Helsper 1996, Schütze u.a. 1997) zum Gegenstand der Analyse. Dadurch wird eine Auseinandersetzung mit den organisatorischen Bedingungen, den unhintergehbaren Strukturerfordernissen, den Belastungen, Brechungen, den systematischen Fehlerquellen und deprofessionalisierenden Rahmenbedingungen pädagogischen Handelns sowie der daraus resultierenden Konsequenzen für die Klienten bzw. die Schüler und Schülerinnen ermöglicht. Diese Aufmerksamkeit für Kernprobleme des pädagogischen Handelns, die zentrale Bedeutung des pädagogischen Handelns für die Ermöglichung lebenspraktischer Autonomie und psychosozialer Integrität sowie für die tiefreichenden biographischen Konsequenzen, die aus den Brechungen, paradoxen Verstrickungen und Verzerrungen pädagogisch-professionellen Handelns für Kinder und Jugendliche resultieren können, kann sowohl gegenüber deprofessionalisierenden Entlastungsdeutungen aber auch gegen idealisierenden Machbarkeitsvorstellungen des pädagogischen Handelns sensibilisieren. Diese Vorgehensweise kann vor allem auf die Anteile des professionellen Handelns bei der Generierung von Konflikten, Belastungen und lebensgeschichtlichen Folgekosten für Heranwachsende aufmerksam machen.

Mit dieser Skizze ist m.e .die strukturelle Bedeutung der Fallrekonstruktion für die Professionalisierung im Rahmen der handlungs- und praxisentlasteten wissenschaftlichen Einsozialisation im universitären Rahmen zumindest angedeutet.

2. Fallrekonstruktion und interaktionistische Lerntheorie bei Götz Krummheuer

In einem ersten Schritt soll der Ansatz Götz Krummheuers nun daraufhin befragt werden, inwieweit er den Kriterien der Fallrekonstruktion und daraus resultierender Theoretisierungen entspricht, also strukturell in der Lage ist, den systematischen Platz der Fallrekonstruktion in der universitären Lehrerausbildung einzunehmen.

Vom methodischen Vorgehen her, das als „Mikroethnographie" bezeichnet wird (vgl. Krummheuer 1992, S.49ff.), ist sein bzw. der im Umkreis von Bauersfeld entwickelte Ansatz (vgl. Bauersfeld u.a. 1985, Maier/Voigt 1991, 1994) sequentiell vorgehenden interpretativen Rekonstruktionsverfahren zuzuordnen, insbesondere die „extensive Interpretation" und die „turn-by-turn Analyse" (Krummheuer 1992, S. 56ff.). In der extensiven Interpretation der Einzeläußerung werden möglichst viele alternative Lesarten, auch relativ unwahrscheinliche, generiert und eine Vorhersage über den weiteren Interaktionsverlauf aufgestellt. In der „turn-by-turn Analyse" wird die Prognose über den weiteren Interaktionsverlauf überprüft. Dabei kristallisiert sich über die wechselseitige Handlungsverkettung heraus, welche Bedeutung interaktiv geteilt wird, „wie sich im Unterricht Zug um Zug („turn-by-turn") eine als gmeinsam geteilt geltende Deutung entwickelt" (ebd. S.58). Auf dieser Grundlage werden dann „Deutungshypothesen" für die jeweils rekonstruierte Unterrichtsinteraktion erstellt, die den erschlossenen Gesamtzusammenhang der Unterrichtsinteraktion zusammenfassen und mit den theoretischen Rahmungen vermitteln. Diese Zusammenführung der rekonstruierten Unterrichtsinteraktionen mit Theoretisierungen zu einer Deutungshypothese mündet dann in den systematischen Vergleich analoger Unterrichtsinterpretationen ein, in denen die Deutungshypothese entweder bestätigt oder revidiert wird bzw. modifiziert oder ausdifferenziert werden kann. Damit wird dann eine empirisch gesättigte, durch exemplarische Rekonstruktionen abgesicherte Theorie generiert bzw. bereits bestehende Theorien können weiterentwickelt und ausdifferenziert werden.

Diese methodische Vorgehensweise beinhaltet die oben skizzierten Potentiale der Fallrekonstruktion und erscheint somit geeignet, im Rahmen der universitären Lehrerbildung den skizzieren konstitutiven Beitrag zur Professionalisierung der pädagogischen Tätigkeit des Lehrers im Rahmen universitärer Bildung zu ermöglichen (vgl. insbes. die Rekonstruktionen in Krummheuer 1992 u. 1997) – allerdings mit gewissen Einschränkungen (vgl. im folgenden).

Die Stärke der hermeneutischen Rekonstruktionen und der theoretischen Rahmungen im Ansatz von Krummheuer besteht vor allem darin, die inhaltlichen, hier insbesondere die mathematischen Lernprozesse als in sozialen Interaktionen konstituiert zu begreifen. Hier gewinnt der Begriff der „Bedeutungsaushandlung" einen zentralen Stellenwert, denn diese Aushandlungsprozesse zwischen Schülern und Lehrern stellen „die interaktive Bedingung der Möglichkeit zur individuellen Konstruktion neuer Bedeutungen dar" (Krummheuer 1992, S. 30). Die Bedeutungsaushandlung stellt sich dabei als schwierig heraus, weil die situativen Rahmungen und Situationsdefinitionen insbesondere von Lehrern und Schülern unterschiedlich sind. Unterricht erscheint damit als das Zusammentreffen unterschiedlicher Rahmungen: Der Lehrer, als Vertreter seines Unterrichtsfaches und der dahinter stehenden wissenschaftlichen Disziplin, zieht Rahmungen aus „seiner fachwissenschaftlich-didaktischen Interaktionspraxis" heran, während die Schüler sich notwendigerweise auf Rahmungen aus ihrer „außerschulischen Interaktionspraxis", im gewissen Sinne jenem Reservoir lebensweltlicher, „inoffizieller Weltversionen" (Rumpf 1979) und zunehmend auch der „vergangenen schulischen Interaktionspraxis" beziehen (Krummheuer 1992, S.64).

Entscheidend für die schulischen Lernprozesse ist nun erstens, daß diese Rahmungsdifferenz die Bedingung für die Initiierung von Lernprozessen bietet, indem der Lehrer – im Sinne der stellvertretenden Deutung – über Argumentations-"Formate" (vgl. Krummheuer 1992, S. 110ff.) und mathematische Operationen verfügt, die den Schülern und Schülerinnen in der Regel noch nicht zugänglich sind, die sie aber „übernehmen" können. Zweitens aber ist das Zustandekommen eines Arbeitskonsenses aufgrund dieser Differenz sehr störanfällig und „fragil", wobei Krummheuer bei diesen vorübergehenden und immer wieder neu herzustellenden fragilen Einigungen von einem „Arbeitsinterim" spricht, das die Möglichkeiten dafür bereitstellt, daß sich die Rahmungen der Schüler auf die fachwissenschaftlichen Rahmungen des Lehrers zu bewegen und schließlich mit diesen konvergieren können, obwohl die Schüler sie anfänglich material ja nicht nachzuvollziehen in der Lage sind und daher auch material nicht beurteilen können, ob diese „sinnvoll" und „richtig" sind. So wird bei einem „Arbeitsinterim" etwa „eine vorläufige Übereinkunft zwischen den Beteiligten konstatiert. Sie besteht darin, daß bestimmte Bedenken, Vorbehalte und Präzisierungen zu gunsten des Fortganges der Interaktion vernachlässigbar erscheinen" (ebd. S.38). Im gewissen Sinne gewähren die Schüler und Schülerinnen dem Lehrer also einen Vertrauensvorschuß, der auch dann Unterrichtsinteraktionen zu tragen vermag, wenn die Schüler das Vorgehen, die Absicht und das inhaltliche Ziel des Lehrers noch nicht nachvollziehen können bzw. versuchen Lehrer auch an Rahmungen der Schüler anzuknüpfen, etwa indem narrative Elemente in den Mathematikunterricht mit aufgenommen werden (vgl. Krummheuer 1997). Dabei bleibt ein derartiges „Arbeitsinterim" vorläufig, störanfällig und bietet keineswegs eine Sicherheit, daß die Rahmungsdifferenz in einem Lernschritt positiv aufgehoben wird, wie Krummheuer an vielen Unterrichtsrekonstruktionen verdeutlichen kann (vgl. ebd. S. 71ff, 74ff., 83ff.). Gegenüber der Unsicherheit und Ungewißheit der offen zu Tage tretenden Rahmungsdifferenz, die durch das Aushandeln eines Arbeitsinterims „bewältigt" werden kann, scheinen Lehrer sich häufiger auf routinisierte, erstarrte Formen der Unterrichtsinteraktion im Sinne von „Interaktionsmustern" zurückzuziehen. Diese erscheinen zwar einerseits „sicherer", weniger störanfällig und erlauben routinisierte Unterrichtsabläufe, aber um den Preis des Überspielens oder des routinisierten Übergehens von Rahmungsdifferenzen mit der Gefahr, daß tatsächliche materiale Lernschritte in Form reichhaltiger und anregender „kollektiver Argumentationen" (ebd. S. 116ff.) unterbleiben und statt dessen etwa ein „Trichtermuster" dominiert, also eine strategische Anpassung von Schülerantworten an Lehrererwartungen (vgl. Krummheuer 1992, S. 40ff., Voigt 1984, Bauerfeld 1978).

Trotz dieses rekonstruktiven Zugangs, der „sozialen Lerntheorie" und den tiefreichenden Einblicken in die Komplexität, die Zerbrechlichkeit und Ungewißheit schulischer Lernprozesse sehe ich allerdings problematische Ausblendungen und Grenzen des Ansatzes von Götz Krummheuer, von denen ich drei hervorheben möchte:

1. Ohne die Bereichsspezifik von Lernprozessen und die Bedeutung der Inhaltsstruktur ignorieren zu wollen, liegt in der starken fachlichen und fachdidaktischen Fokussierung auch eine Begrenzung des Ansatzes. So bleibt in dieser Perspektive – in der die Antinomie von Person und Sache durch die Rahmungsdifferenz zum Ausdruck gebracht wird – die personale Dimension doch eher unterbelichtet. Was Oevermann als die „prophylaktisch-therapeutische" Dimension versteht, die vor allem bei Kindern noch erforderliche diffuse Beziehung zwischen Schüler und Lehrer und die damit einhergehende große Bedeutsamkeit – vor allem von Grundschullehrer/innen – für die psychosoziale Entwicklung, den Aufbau von Selbst und Identität und den weiteren biographischen Verlauf (vgl. Wellendorf 1973, Nittel 1991), bleibt hier eher im Hintergrund.

2. Ohne die fundamentale Bedeutung der von Krummheuer in den Mittelpunkt gerückten Rahmendifferenz zwischen disziplinären-fachwissenschaftlichen und eher lebensweltlichen Perspektiven für Lernprozesse in Frage stellen zu wollen, scheint m.E. die Schwierigkeit der Ermöglichung eines Arbeitsinterims noch durch andere „Rahmendifferenzen" zumindest mitkonstituiert zu werden. So z.b. Rahmendifferenzen, die durch unterschiedliche lebensweltliche, milieuspezifische und habituelle Divergenzen zwischen Lehrern und Schülern entstehen. Oder widersprüchliche Situationsdeutungen zwischen Lehrern und Schülern, die sich nicht auf kognitive Differenzen hinsichtlich des Inhalts beziehen, sondern auf die soziale und institutionelle Rahmung: etwa von Macht und Hierarchie, von Selbständigkeit und Zwang (Autonomie/Heteronomie), von Unterstützungs- bzw Anerkennungserwartungen und Entwertungszwängen etc. Diese institutionellen Rahmungen, die damit gesetzten Strukturmomente und Strukturkonflikte werden in der Rekonstruktion der Lehrer-Schüler-Interaktionen nur marginal behandelt (vgl. Krummheuer in diesem Band und 1992, S.30ff., 180ff.).
3. Durch dieses „strukturtheoretische Defizit" ist die soziale Konstitution der Lernprozesse nicht umfassend genug konzipiert und dadurch sind – so meine These – die Möglichkeiten des Ansatzes „halbiert". Obwohl gerade die Überlegungen zur Fragilität und Riskanz der „Einigungen" zwischen Lehrern und Schülern im „Arbeitsinterim" Reflexionen zur institutionellen Konstituierung der Grundlagen eines Arbeitsbündnisses zwischen Lehrern und Schülern nahelegen (vgl. Oevermann 1996), unterbleiben diese und werden die Unsicherheiten und die Anfälligkeit für routinehaft, erstarrte Interaktionsmuster oder die Schwierigkeiten für die Etablierung einer „kollektiven schulischen Argumentationskultur" in der Rahmungsdifferenz selbst als der fundamentalen sozialen Bedingung der Ermöglichung von Lernprozessen verankert. Diese Ergebnisse müssen aber nicht zwingend in den konstitutiven sozialen Bedingungen des Lernens verankert werden, sondern können als Ausdruck der spezifischen widerspruchsvollen institutionellen Rahmung schulischer Lernprozesse und der darin gesetzten zwanghaften Rahmungen für die Ausgestaltung des Arbeitsbündnisses verstanden werden (vgl. Oevermann 1996). Damit aber besteht die Gefahr, die rekonstruierten Lernprobleme kurzschlüssig als Ausdruck der grundlegenden sozialen Konstitution inhaltlicher Lernprozesse zu verorten und damit nicht mehr danach fragen zu können, was davon den institutionellen Rahmenbedingungen und den daraus resultierenden Strukturproblemen sowie den damit einhergehenden Brechungen, Verzerrungen und paradoxen Verknotungen der Grundlagen des professionellen Handelns und Arbeitsbündnisses zuzuweisen ist. Damit wird den Unterrichtsrekonstruktionen tendenziell die kritische, praxis- und institutionsreflexive professionalisierende Kraft genommen, da nicht mehr trennscharf zwischen der Grundstruktur pädagogisch-professioneller Interaktion und ihren Antinomien, den spezifisch histo-

mit dieser, durch exemplarische Konkretisierungen hindurch erfolgenden Theorieentwicklung, noch am ehesten – so meine Erfahrungen – eine Annäherung an theoretische Erklärungsmodelle und Reflexion ermöglicht werden.

Die Herausarbeitung spezifischer Aspekte der unterrichtlichen Interaktion – Krummheuer zählt etwa das Argumentieren und das Veranschaulichen im Mathematikunterricht, die Mittel der Aushandlungsprozesse etc. auf – setzt allerdings die Vorauswahl von Unterrichtssequenzen voraus, die für diesen Aspekt oder diese Dimension besonders „ergiebig" oder aussagekräftig sind. Diese Vorauswahl wird von einer zweiten Selektion begleitet: Zugleich findet nämlich eine Entscheidung darüber statt, was wesentliche Aspekte des Unterrichts- bzw. des schulischen Geschehens sind. Diese Entscheidung ist wiederum von den theoretischen Rahmungen bestimmt. Entscheidend bei dieser theoriegeleiteten Auswahl von Textpassagen ist nun, daß damit das Augenmerk der Studierenden selektiv auf spezifische Aspekte gelenkt wird. So verwundert es nicht, daß Krummheuer entsprechend seinem Ansatz etwa Argumentationsfiguren als wichtigen Unterrichtsapekt (vgl. das Beispiel) vorschlägt. Damit können sich aber die Ausblendungen und Grenzen des jeweiligen Ansatzes reproduzieren. Bei der Auswahl von Aspekten und Dimensionen wäre somit darauf zu achten, daß die Studierenden mit vielfältigen Aspekten des schulischen Geschehens konfrontiert werden. Dabei könnten besondere „Erkenntnisgewinne" aus Vernetzungen resultieren: Etwa wenn die Verdeutlichung kollektiver Argumentationen im Unterricht mit der Analyse von Schüleräußerungen der beteiligten Schüler gekoppelt wird, die nachträglich ihre Gedanken – die den Unterichtstranskripten ja häufig nicht zu entnehmen sind – ausformulieren. Oder die Möglichkeit, Rekonstruktionen von Klassenkonferenzen, in denen über Sanktionierungen entschieden wird, mit Szenen von Unterrichtsstörungen zu verbinden bzw. auch biographische Erzählungen von Schülern mit ihrem Handeln in schulischen Szenen in Zusammenhang zu bringen (vgl. Helsper 1995). Dabei ergibt sich bei dieser Verwendung von schulischen Szenen das Problem, daß die ausgewählten Textpassagen spezifischen Aspekten oder Dimensionen subsumiert werden und damit die Offenheit der Interpretation und Sinnerschließung bereits eingeführt sein kann.

Vor allem die Verwendungsweisen von Unterrichts- oder schulischen Texten zur Irritation eingespielter Sichtweisen auf Unterricht und zur Sensibilisierung für die Vielschichtigkeit des Unterrichtsgeschehens müssen als wesentlicher Beitrag zur Professionalisierung im Rahmen der Lehrerbildung verstanden werden. Denn dadurch werden unreflektierte Bilder des Unterrichts, vereinfachte Erklärungsmuster für Unterrichtsprozesse, häufig mechanische oder technologische Modelle, in Frage gestellt. Damit einhergehende Verunsicherungen und entstehende krisenhafte Desorientierungen auf seiten der Studierenden sind dann notwendige, ja gerade anstrebenswerte Phasen für die Professionalisierung. Denn nur wenn in relativ handlungsentlasteten und praxisenthobenen Zusammenhängen eine Relativierung und krisenhafte Brechung etwa technologischer Unterrichtsmodelle und -bilder stattfindet, wird die Voraussetzung für die Entstehung angemessenerer Sichtweisen auf Unterricht überhaupt grundgelegt.

Allerdings verorte ich diese Möglichkeiten vor allem in der eigenständigen interpretativen Erschließung von ausgewählten Szenen durch die Studierenden selbst, die Götz Krummheuer am Ende seines Beitrages thematisiert und als besonders voraussetzungsreich bezeichnet. Aber nur in diesen offenen interpretativen Prozessen der Generierung vielfältiger Lesarten, des gedankenexperimentellen Entwurfs möglicher Anschlüsse und Handlungsoptionen bzw. -alternativen, der Rekonstruktion von Sinnstrukturen wird die eigentliche Potentialität des fallrekonstruktiven Zuganges, wie ich sie in Abschnitt 1 skizziert habe, voll entfaltet. Die Widerstände, Abwehrhaltungen und Distanzierungen, die Krummheuer auf seiten eines Teiles der Studierenden gerade diesem Zugang gegenüber feststellt, kann ich aus eigenen Erfahrungen bestätigen. Aber diese Skepsis darf nicht dazu führen, gerade jene Studierenden, die deutliche Zweifel und Abwehrhaltungen zeigen (vgl. etwa Gruppe I bei Krummheuer), davon zu entlasten. Vielmehr bedürfen gerade jene Studierenden, die hier Abwehr zeigen und – wie Krummheuer zu recht vermutet – bereits mit dem „habitualisierten Blick des den Unterrichtsalltag antizipierenden Praktikers" die intensive Auseinandersetzung mit der Auslegung und Rekonstruktion fallspezifischer Bedeutungen verweigern, der besonderen Unterstützung. So wäre etwa in der intensiven Besprechung der Interpretation zwischen Gruppe I und dem Seminarleiter die Problematik dieser subsumtiven, schließenden Interpretation herauszuarbeiten und auf die „praktischen Folgen" zu verweisen, also die Konsequenz mangelnder Deutungs- und Sinerschließungskompetenzen für die Lehrer-Schüler-Interaktion herauszuarbeiten. Die Skepsis Krummheuers gegenüber dieser erschließenden Interpretation durch Studierende selbst ist zwar nachvollziehbar, aber nur durch dieses Vorgehen ist die professionalisierende Potenz des fallrekonstruktiven Zuganges in der universitären Lehrerausbildung zu realisieren. Der Widerstand und die Distanz von Studierenden gegenüber diesen ungewissen Interpretationen mit offenem Ausgang, wäre dann als „Bildungsproblem" zu verstehen, daß von seiten der Hochschullehrer produktiv aufzunehmen und als problematische Vorwegnahme eines deprofessionalisierenden Handlungsmusters zu entziffern wäre – als die abschlußhafte Dominanz subsumtiven Typisierens, das die Dignität des Einzelfalles verletzt und zum Ausgangspunkt für die Erzeugung von Problemen und Belastungen auf seiten der Schüler werden kann.

Insgesamt schätze ich den Ansatz und die Vorschläge von Götz Krummheuer als einen wichtigen Schritt in Richtung einer Stärkung der Professionalität von Lehrern im Rahmen universitärer Lehrerbildung ein. Eine Stärkung allerdings mit Grenzen: Grenzen aufgrund der problematischen Ausblendung institutioneller Rahmungen und damit strukturtheoretischer Überlegungen zum schulischen Arbeitsbündnis; aufgrund der starken Sach- und Inhaltszentrierung wodurch die Dimension der Normenvermittlung, vor allem aber der „prophylaktisch-therapeutischen" und damit identitätsgenerierenden Komponente als konstitutiver Dimension professionellen Lehrerhandelns unterbelichtet bleibt; und schließlich – was hier nur noch angedeutet werden kann – ersetzt die Arbeit am „fremden Fall" und dessen interpretativer Erschließung nicht die Thematisierung des Eigenen. Es bleibt darüber nachzudenken, ob analog zur Supervision im professionellen Handeln, für Studierende des Lehramtes nicht Reflexionsgruppen initiiert werden könnten, in denen die subjektiven Legitimationen und Begründungen für die Berufswahl Lehrer vor dem Hintergrund eigener Schulerfahrungen thematisch werden. Dies wäre dann der Übergang zur Arbeit am „eigenen Fall" – eine nicht als Selbsterfahrung oder Quasi-Therapie mißzuverstehende Auseinandersetzung mit den eigenen Beufswahlmotiven und Bildern des Lehrberufs – eine Perspektive, die Götz Krummheuer nur kurz andeutet, wenn er das Ziel der Sensibilisierung für die Komplexität des Unterrichts auch dadurch erreichbar sieht, daß „Aktualisierungen und Distanzierungen von bzw. zu eigenen Erfahrungen aus der Schulzeit ermöglicht und thematisiert" werden (Krummheuer in diesem Band).

Literatur

Bauersfeld, H.(1978): Kommunikationsmuster im Mathematikunterricht. Eine Analyse am Beispiel der Handlungsverengung durch Antworterwartung. In: H. Bauersfeld (Hrsg.): Fallstudien und Analysen zum Mathematikunterricht. Hannover, S. 158-170.
Bauersfeld, H. u.a. (1985): Analysen zum Unterrichtshandeln. Köln.
Combe, A.; Helsper, W. (1994): Was geschieht im Klassenzimmer. Weinheim.
Combe, A.; Helsper, W. (Hrsg.) (1996): Pädagogische Professionalität. Untersuchungen zum Typus pädagogischen Handelns. Frankfurt/M.
Dewe, B.; Ferchhoff, W.; Radtke, O. (Hrsg.) (1992): Erziehen als Profession. Opladen.
Fatke, R. (1997): Fallstudien in der Erziehungswissenschaft. In: B. Friebertshäuser; A. Prengel (Hrsg.): Handbuch qualitative Forschungsmethoden in der Erziehungswissenschaft, Weinheim, S. 56-71.
Helsper, W. (1995): Die verordnete Autonomie. Zum Verhältnis von Schulmythos und Schülerbiographie im institutionellen Individualisierungsparadoxon der modernisierten Schulkultur. In: H.H. Krüger; W. Marotzki (Hrsg.): Erziehungswissenschaftliche Biographieforschung. Opladen, S. 251-276.
Helsper W. (1996): Antinomien des Lehrerhandelns in modernisierten pädagogischen Kulturen: Paradoxe Verwendungsweisen von Autonomie und Selbstverantwortlichkeit. In: A. Combe; W. Helsper (Hrsg.): Pädagogische Professionalität. Frankfurt/M., S. 521-570.
Helsper, W; Böhme, J.; Kramer, R.T.; Lingkost, A. (1998): Entwürfe zu einer Theorie der Schulkultur und des Schulmythos – strukturtheoretische, mikropolitische und rekonstruktive Perspektiven. In: J. Keuffer u.a. (Hsrg.): Entwicklung von Schulkultur. Weinheim (im Erscheinen).
Koring, B. (1989): Eine Theorie pädagogischer Professionalität. Weinheim.
Krummheuer, G. (1992): Lernen mit >Format<. Elemente einer interaktionistischen Lerntheorie. Diskutiert am Beispiel des mathematischen Unterrichts. Weinheim.
Krummheuer, G. (1997): Narrativität und Lernen. Mikrosoziologische Studien zur sozialen Konstitution schulischen Lernens. Weinheim.

Krummheuer, G./Voigt, J. (1991): Interaktionsanalysen von Mahematikunterricht. Ein Überblick über Bielefelder Arbeiten. In: H. Maier; J. Voigt (Hrsg.): Interpretative Unterrichtsforschung. Köln, S. 13-33.
Maier, H./Voigt, J. (Hrsg.) (1991): Interpretative Unterrichtsforschung. Köln.
Maier, H./Voigt, J. (Hrsg.) (1994): Verstehen und Verständigung. Köln.
Nittel, D. (1991): Gymnasiale Schullaufbahn und Identitätsentwicklung. Weinheim.
Oevermann, U. (1996): Theoretische Skizze einer revidierten Theorie professionalisierten Handelns. In: A. Combe; W. Helsper (Hrsg.): Pädagogische Professionalität. Untersuchungen zum Typus pädagogischen Handelns. Frankfurt/M., S. 70-183.
Rumpf, H. (1979): Inoffizielle Weltversionen. Über die subjektive Bedeutung von Lehrinhalten. In: Zeitschrift für Pädagogik, H. 2, S. 209-230.
Schütze,f. (1996): Organisationszwänge und hoheitsstaatliche Rahmenbedingungen im Sozialwesen: Ihre Auswirkungen auf die Paradoxien des professionellen Handelns. In: A. Combe; W. Helsper (Hrsg.): Pädagogische Professionalität. Untersuchungen zum Typus pädagogischen Handelns. Frankfurt, S. 183-276.
Schütze,f. u.a. (1997): Überlegungen zu Paradoxien des professionellen Lehrerhandelns in den Dimensionen der Schulorganisation. In: W. Helsper; H.H. Krüger; H. Wenzel (Hrsg.): Schule und Gesellschaft im Umbruch. Band 1. Weinheim, S. 333-377.
Voigt, J. (1984): Interaktionsmuster und Routinen im Mathematikunterricht. Weinheim.
Wagner, H.-J. (1998): Eine Theorie pädagogischer Professionalität. Weinheim.
Wellendorf,f. (1973): Schulische Sozialisation und Identität. Weinheim.

Jürgen Diederich

Reflexionen zu Implikationen – Was lehrt Sabines Stundenplan?

Glücklicherweise besteht das Leben vorwiegend aus Gewohnheiten und Selbstverständlichkeiten; es hat eine „latente Sinnstruktur".[1] Daran zu rütteln oder sie zu „hinterfragen" ist nicht ganz ungefährlich, weil „das Leben hinterher" dauernd durch Denken gestört werden könnte. Andererseits sehen Gesellschaften, die sich vor lauter „beschleunigtem Wandel" kaum noch selbst wiedererkennen, im Denken „notwendigen Luxus für jedermann", selbst künftige Lehrer.

Auch sie sollen sich fragen, wie sie mit der Diskrepanz „vernünftig umgehen" können: Darf man erwarten, daß sich „intuitives Verhalten" vollständig durch „verantwortliches Handeln" ersetzen lasse? Wer nicht bereit ist, das zu glauben, wird sich nach Alternativen umsehen, die Gewohnheiten und Selbstverständlichkeiten verläßlich ersetzen können, nach künstlichen „funktionalen Äquivalenten" für das, was vor der Erfindung des Denkens, also in ziemlich grauer Vorzeit, „rein natürlich" funktioniert haben soll.[2]

Eines dieser Äquivalente besteht darin, einen Teil des Lebens künstlich zu rahmen: Ein Käfig namens Organisation schließt Teile des Lebens aus und erleichtert es, das eingesperrte Leben zu planen – soweit es sich das gefallen läßt. Rahmung und Planung erschaffen Situationen, an die sich Erwartungen knüpfen lassen; man denke an Schulklasse und Schulstunde als Rahmung und an Schulunterricht als einen Prozeß, der Pläne berücksichtigt: Lehrpläne,

---

1   Der Singular soll hier nicht mein Problem sein. Wichtiger ist mir die Einschränkung „für Menschen"; denn objektiv genommen ist das Leben sinnlos. Mir ist nicht bekannt, daß die Erde von anderen Gestirnen um ihren Sonderstatus, belebt zu sein, je beneidet wurde; selbst die Venus klagt nicht über den schizophrenen Zustand, zugleich Abend- und Morgenstern zu sein.
    Vgl. Quine 1972, S. 34-52. Die Erinnerung ist nötig wegen der „Zwei Dogmen des Empirismus". Quine 1972, S. 167-194. Denn: „Nicht alle Systeme verarbeiten Komplexität und Selbstreferenz in der Form von Sinn; aber für die, die dies tun, gibt es nur diese Möglichkeit." (Luhmann 1987, S. 95).
2   Demnach wurde und wird Denken mit der Vertreibung aus dem Paradies bestraft: Alle Wissenschaften enttäuschen permanent die Sehnsucht nach paradiesischen Zuständen.

Wochenpläne, Pläne der Schüler, die mit diesen Planungen rechnen.³ Pläne können Pläne durchkreuzen und Erwartungen einander erwarten, aber beides setzt Rahmungen voraus.⁴

Dies etwa steht heute auf meinem Spickzettel, wenn ich „Sabines Stundenplan" als ein Stück nehme, an dem ich zeigen kann, wie „kunstvoll" die Vertreibung aus dem Paradies inszeniert wird. Für die Tagung war jedoch „Dokumentation" erwünscht, also habe ich meinem Gegenredner nur eine Kopie der Zeitungsanzeige und den Text zukommen lassen, den ich austeilte, nachdem die Studierenden gesagt hatten, was ihnen das Stück sagt (vgl. die beiden im Anschluß an den Text abgedruckten damaligen Gedächtnisprotokolle).

Hier stelle ich (wie auf der Tagung) dem Stück (Bild) und meiner Interpretation (Text) einige Erläuterungen zu dem Kontext voran, in den beide eingebettet sind. Den sehe ich heute (Berlin 1997) noch etwas skeptischer als damals (Frankfurt am Main 1990), weil die Berliner Prüfungsordnung für das Orientierungspraktikum weniger Zeit zur Verfügung stellt als das in Frankfurt der Fall war.⁵ Diese Rahmenbedingungen waren Herrn Koring aus Frankfurt bekannt, die Berliner Bedingungen und meinen Kommentar zu ihnen kannte er nicht vorab.⁶

1. Vorrede: „Sprüche zum Lobe von Ochsen"

Daß ich hier sprechen darf, beruht auf der irrtümlichen Annahme, jemand, der in der Lehrerausbildung oft „Fälle" benutzt, wisse wohl, warum er das tut. Dem möchte ich gleich einen meiner Sprüche entgegensetzen: „Ein Ochse geht zwanzig Jahre lang auf die Weide und wird doch kein Botaniker." Oder mit Herbart: „Ein neunzigjähriger Dorfschulmeister hat die Erfahrung seines neunzigjährigen Schlendrians".⁷

In diesem Sinne blicke ich auf nunmehr 25 Jahre Lehrtätigkeit an der Universität zurück und darf hier offen aussprechen, was alle wissen: Leute wie ich sind dort die Lückenbüßer und, wenn die Lehrerausbildung ein

---

3   Eine Klassenarbeit ist angekündigt, einige Schüler werden Spickzettel mitgebracht haben. Zu Beginn der Stunde wird gefragt, wer seinen Spickzettel abgeben möchte, wenn das die Note in der Klassenarbeit um eine Stufe verbessert.
4   Im Beispiel wird der Rahmen geändert. Die Schule reagiert auf eine Reaktion auf die Schule und zeigt, daß sie respektiert, was „im Leben" vernünftig ist. Diederich/Tenorth 1997, S. 187-192.
5   Berlin: Zwei Semesterwochenstunden Vorbereitung und ein Blockpraktikum mit 50 Stunden Anwesenheit in vier Wochen; Frankfurt: 100 Stunden in fünf Wochen mit je zwei SWS Vorbereitung und Auswertung.
6   Schließlich war Herrn Koring bekannt, daß ich gegen „konstruktive Kritik" allergisch bin, also eine scharf gewürzte Gegenrede ohne Höflichkeitsfloskeln erwarten würde.
7   J.F Herbart[1806] (zit. n. Nohl 71965, S. 8). [Bei Schlendrian ist die „neunzig" ein Rechenfehler – der einem Rationalisten im Eifer unterlaufen darf.]

Blinddarm ist, der Wurmfortsatz. Das ergibt sich schon aus der Verteilung der Semesterwochenstunden[8] auf die Studienanteile (und nicht erst aus der Qualität unserer Lehrveranstaltungen).

Die Studierenden tun gut daran, zuerst die Pflichtveranstaltungen in ihren beiden Fächern (bzw. dem einen Fach und der Grundschul- bzw. Sonderpädagogik) in ihren Semester-Stundenplan zu schreiben. Dann sind (manchmal) noch Lücken; in die schreiben sie zweckmäßigerweise etwas aus der Erziehungswissenschaft und der anderen Sozialwissenschaft (12 SWS + 8 SWS = 20 SWS), das zeitlich zufällig in die Lücke paßt.

Das Studium hinterläßt also normalerweise einen „Flickerlteppich", verstreute Inseln in dem Ozean Erziehungwissenschaft, der mit einer Bucht an den Kontinent Schulfach stößt und von den Kontinenten Philosophie, Psychologie und Soziologie umrahmt ist (den vergleichsweise soliden „anderen Sozialwissenschaften"). Auf einer dieser Inseln müssen die Studierenden (im Hauptseminar) eine Hütte bauen; den Rest dieser Insel und die (maximal fünf) anderen kennen sie nur besuchsweise, als mehr oder minder gelangweilte Touristen.

Die Antwort auf diese Lage ist, von den Studierenden zu fordern, daß sie in ihrer Hütte ein tiefes Loch bohren, möglichst bis zum Erdmittelpunkt. Sie sollen wenigstens einmal (und warum nicht hier) sehen, „was die Welt im Innersten zusammenhält". Denn da sie in ihren Fächern so gut wie nie etwas von deren Geschichte oder gar von Methodologie und Wissenschaftstheorie erfahren, sondern streng positivistisch ausgebildet werden, könnten sie sonst die Universität verlassen, ohne je deren Geist[9] begegnet zu sein. Wir verfahren also strikt „exemplarisch" und hoffen, daß ein einziger „prägnanter Fall" (Klafki) ein ganzes Universum erschließt – bestenfalls gleich mehrere.[10]

Dafür ist in der Pädagogik das Paradebeispiel die Sklavenszene aus Platons Dialog „Menon", in dem es um die hübsche Frage geht, ob die „Tugend" (Schleiermacher)[11] lehrbar sei, und nebenbei die nicht minder „gute

---

8 Vgl. die Übersicht im Anhang.
9 Auf die Begegnung mit Gespenstern reagieren Menschen erschreckt oder neugierig. Beiden raten wir mit Verweis auf Platons Höhlengleichnis: „Wenn schon das Feuer in der Höhle eure Augen entzündet, schneidet den Wurmfortsatz einfach ab. Ihr habt aber nun wenigstens eine Ahnung davon, wie es euch ergehen könnte, wenn ihr je aus einer eurer Höhlen ans Licht trätet. – Bleibt lieber Ochsen!"
10 Den Anwesenden brauche ich nicht zu sagen, welche Selbsttäuschungen diese waghalsige Transfererwartung vorprogrammiert. Aber die Erinnerung daran, daß die Frage, der sich die Tagung angenommen hat, in der Pädagogik eine gut 2500 Jahre lange Tradition hat und mit Formeln wie „Exemplarisches Lehren und Lernen" vielmals beantwortet wurde, gehört denn doch in diesen Kontext. Ich schildere deshalb das Paradebeispiel, wenn auch kurz.
11 Bei Klaus Prange kann man nachlesen, daß „Tugend" eine ziemlich freie, wenn nicht irreführende Übersetzung ist; für mich ein Indiz dafür, daß der Mißstand namens „pädagogisches Sehen und Denken" schon sehr früh und am „grünen Holz" beginnt. Vgl. Prange 1983, S. 26. Prange schlägt vor, „arete" lieber mit „das rechte Verhalten"

Frage" aufgeworfen wird, ob man nach etwas suchen kann, von dem man nichts weiß.[12]

In der Szene läßt Platon Sokrates gegenüber Menon die These vertreten, daß alles Wissen nur Wiedererinnern sei, und ihn dies an einem „Lehrstück" demonstrieren. Ein junger Begleiter des Menon soll die Frage beantworten, wie groß die Seitenlänge eines Quadrates ist, dessen Flächeninhalt doppelt so groß ist wie der eines vorgegebenen Quadrates von zwei Fuß Seitenlänge.

Der junge Mann rät zuerst vier Fuß (aber 4 mal 4 ist 16, nicht 8), schätzt dann drei Fuß (aber 3 mal 3 ist 9, nicht 8) und gesteht daraufhin ein: „Beim Zeus, Sokrates, ich weiß es nicht". Daraus soll der Leser lernen, wie Motivation entsteht, Platon läßt Sokrates zu Menon sagen: „Wie die Sehnsucht nach wahrem Wissen erwacht".

Sokrates mogelt nun gegenüber Menon und zeigt dem jungen Mann, was ich die „Serviettenlösung" nenne: Klappt man in dem 4 mal 4 also 16-füßigen Quadrat die Ecken über die Diagonalen der vier Quadrate, aus denen es zusammengesetzt ist, so nach innen, daß sie sich im Mittelpunkt des Quadrats berühren, so entsteht ein halb so großes Quadrat, das auf der Spitze steht. Man lernt daraus, warum man in der Schule Mathematik und überhaupt „nachentdeckendes Lernen" und „Problemlösen" hassen gelernt hat.

Gelöst wird nämlich die Aufgabe: „Halbiere ein Quadrat so, daß wieder eines entsteht" (das kann jede Kaffeetante). Gestellt wurde aber die Aufgabe „Was ergibt, mit sich selbst malgenommen, 8?" Die Aufgabe ist bekanntlich im Raum der rationalen Zahlen nicht lösbar. So sind Mathematiklehrer: Sie machen aus Kindergarten-Aufgaben unlösbare; ist das nicht purer Sadismus!

Nun pressen sie uns allerdings, wie Herbart sagte, die Tränen nur ab, weil wir es ihnen später danken werden. Wenn wir später lernen sollen, was in der Linguistik der Unterschied zwischen Semantik und Syntax ist, in der Kommunikationstheorie der zwischen analog und digital, in der sozialwissenschaftlichen Statistik zwischen Ratio- oder Intervallskalen einerseits und Rang- oder Nominalskalen andererseits, also der zwischen Messen und Zählen, sagen wir locker: „Ham wir alles gehabt". Das ist doch, warum über Platons Akademie stand, hier solle keiner eintreten, der die Geometrie nicht kennt – nichts anderes als „die Sache mit der Diagonalen".

Und hätte Sokrates nicht die heimtückische Version der Aufgabe gewählt, so hätten die (wie wir heute sagen) „Lernvoraussetzungen" des jungen Mannes ausgereicht, alles selbst zu entdecken. Nachdem er sich vergewissert hatte, daß der junge Mann helenisch spricht, mußte Sokrates „nur" noch zur bewußten Kollision führen, was in dessen Kopf ohnehin drin war: Zeichnen und Rechnen, Geometrie und Arithmetik, zwei bis dahin unverbundene Wissensbestände.[13]

---

zu übersetzen. Die Frage im Dialog sei dann, ob es „Natur" sei oder Übung/Training (askesis) oder aber auf Einsicht beruhe.
12 Ich erwähne das, weil sich mein Plädoyer dafür, Ochse zu bleiben, müßte ich es ernstlich halten, auf Polanyi stützen würde, den am Menon-Dialog besonders diese Passage interessiert hat. Vgl. Polanyi 1985.
13 Das ist meine kognitionstheoretisch „ausgekühlte" Version von Platons Ideenlehre.

Das lehrt uns, daß man als Ochse aus Erfahrung allein nur das lernt, was man auf der Weide braucht. Erst wer sich fragt, wie er „das alles in seinem Kopf zusammenbringen soll", ist auf dem Weg, Botaniker zu werden.

Über das alles muß ich als Ochse nichts wissen. Zum Überleben brauche ich nur eine einzige Maxime: „Ein Lehrer ist so gut wie sein Archiv". Was im Archiv aufbewahrt wird, nenne ich übrigens nicht „Fall", sondern „Stück". Die Bezeichnung[14] erlaubt Assoziationen von „Theaterstück" (wird zwar ab und zu wieder neu inszeniert, dann aber möglichst oft aufgeführt) bis zu „Curriculum-Teilstück", das vollständig instrumentiert ist (alles, was man für die Aufführung braucht, paßt in ein Köfferchen).[15] Manche Stücke sollten eigentlich „für sich selbst sprechen", z.B. Karikaturen oder Sabines Stundenplan. An ihnen erkennt man besonders gut den „blinden Fleck" des Ochsen: Er weiß nicht, daß er einen blinden Fleck hat (Luhmann sagt: „durch den er sieht") – und „wer nichts weiß, sieht auch nichts" (frei nach Kant). Das Theorem, dem der Ochse folgt, soll bei Bourdieu stehen: „Onkel lernt man, indem man Neffe ist". Also, denkt der Ochse, lernt man Lehrer, wenn man Schüler ist. Man muß in der Lehrerausbildung nur an das erinnern (Platon), was alle jahrelang täglich vor Augen hatten. Für die Weide reicht das ja auch aus. Da der Gesetzgeber aber leider vor dem fetten A-13-Gras die Ausbildung zum Botaniker als Hürde aufgestellt hat, müssen die Studierenden nun lernen, was (um bei Platon zu bleiben) „das Wesen der Weide" ist bzw. „die Funktion der Schule" oder auch „das Gefüge des Lehrplans".[16]

---

14 Ich verdanke sie Hans Freudenthal (und die Bekanntschaft mit ihm Heinrich Bauersfeld) über beide – mit Verlaub – „Ochsen" wäre in einer größeren Fußnote mehr zu sagen. Freudenthal 1978, S. 116f. und 195-207.
15 So gibt es z.B. „Klausuren" zu Texten von Klafki und Robinsohn, die „nur" verlangen, im Text markierte Passagen zu erläutern, darunter vorzugsweise Passagen, in denen die Autoren sich selbst widersprechen.
Die Grundaufgabe zur „Vorbereitung eines Textes für ein Proseminar" ist aber noch einfacher: „Unterstreichen sie den Text verschiedenfarbig!" Sie läßt offen, wie viele Farben man nehmen darf/soll, und verrät noch nicht, daß im Anschluß daran gefragt wird, was die Farben bedeuten. Dazu gibt es außer der Standardlösung Bearbeitungsvarianten, die ahnen lassen, was beim Unterstreichen gedacht wurde. Prunkstück ist z.Zt. eine Aufgabe zu Kerschensteiners Starenhaus, die zeigt, daß er es nie selbst gebaut haben kann.
16 Da „mache ich" Wenigers Lehrplantheorie mit „Kampf der Bildungsmächte", „Doppelrolle des Staates" und „Schichten des Lehrplans"; und, da das Individuum „höckericht" ist (Herbart), stelle ich die Frage, ob man es „schön rund" (allseits gebildet) machen oder „die Starken stärken" soll („Additum", Leistungskurse). Da meinen manche wie ich, Hauptaufgabe der Schule sei „Initiation", sie müsse „den Zwecken, die künftig der Erwachsene sich setzen wird, im Voraus die innere Leichtigkeit bereiten" (Herbart); also habe man als Lehrer das Hauptaugenmerk auf „den Sockel" zu legen (kompensatorisch, „Fundamentum", Grundkurse) und damit auf das Instrumentelle; Bildung, Emanzipation etc. wäre demnach weiterhin „Privatsache".

2. Der unmittelbare Kontext des Stücks

Die Praktikumsordnungen der Bundesländer für Lehramtstudierende verlangen, daß Praktikanten (mehr oder minder umfangreiche) Informationen über die „Rahmenbedingungen" des Unterrichts sammeln: Aufbau des Schulsystems; Schulreformen; „Schulerkundung" (ggf. auch Einzugsbereich/Wohngebiet); Ausstattung der Schule (Fachräume, Schulhof etc.); „Profil" der Schule, ggf. mit Schulportrait; Zusammensetzung der Schulklasse, Ausstattung des Klassenraums (Lehrmittel); Sitzplan u.a.m.

„Sabines Stundenplan" ist ein Stimulus, mit dem ich in Praktikumsvorbereitungsveranstaltungen auf einige dieser Rahmenbedingungen aufmerksam mache, insbesondere auf die Linie: „Stundenplan" der Klasse, Gesamtstundenplan der Schule, Unterrichtsverteilung (Zusammensetzung des Kollegiums), „Stundentafeln" in den Lehrplänen, Vorstellungen von Schullaufbahn und Curriculum („Was soll die Schule leisten?" – ggf.: „Was soll die Universität leisten?" – Evaluation).

Die vorhergehende Sitzung (manchmal auch zwei oder drei) steht im wesentlichen unter der Frage: „Was soll diese Veranstaltung leisten?" – Das wichtigste Lehrziel ist, daß Studierende eine spezielle Aufgabe/Fragestellung für die Materialsammlung im Praktikum finden, aus der dann der Hauptteil des Praktikumsberichts entsteht. Zuvor werden aber alle etwas über die Schule schreiben müssen, an der sie ihr Praktikum absolviert haben. Da die Proseminare bezüglich Lehramt und Fächerkombination heterogen zusammengesetzt sind, kommt das Schulsystem dabei immer „irgendwie" zur Sprache. Aber das war's dann meistens auch, weil sich jede(r) in Gedanken schon an irgendeiner Stelle „eingenistet" und wenig Interesse daran hat, einen Blick auf andere Fächer oder gar Schulstufen zu werfen.

Der Stimulus enthält mehrere zu dieser Situation passende Reize. Sabine ist im 5. Schuljahr, hat also in Hessen gerade den „Kulturschock" beim Übergang von der Grundschule zum Gymnasium erlebt. In Berlin gibt es in der Grundschule einen ähnlichen, wenn auch nicht so deutlichen Bruch mit dem Übergang vom „vorfachlichen" Sachunterricht zum Fachunterricht – und Streit darüber, wie lange der „verlängerte Kindergarten" dauern soll. Im Stundenplan konkurrieren die Fächer um die besten Plätze (was immer die Kriterien für „gute Plätze" aus Lehrer- oder Schülersicht sind); die Ganztagsschule gilt vielen Studierenden als ein Reformmodell (hier sieht man, daß das auch „den ganzen Tag Schule" heißen kann); aber auch an einer Halbtagsschule hätte Sabine eine 30-Stunden-Woche (zwar mit Pausen, aber zuzüglich Hausaufgaben), also mehr Arbeit als mancher Arbeitnehmer. Diese Schule bemüht sich darum „kindgerecht" zu sein (wenigstens auf dem Papier).

Im übrigen ist das ein „Stück", bei dem jede/r mitreden können sollte, hatte sie/er doch gut zwanzig Stundenpläne im Laufe seiner Schulzeit. Aber: Gerade weil Stundenpläne so „gottgegeben" selbstverständlich waren, hat man sich über sie wenig (erinnerbare) Gedanken gemacht. Das gibt Gelegenheit, das allgemeine Lehrziel des Studiums zu formulieren: „Selbstverständliches als Unwahrscheinliches erkennen und benennen".

Lehrziele der Veranstaltung sind (je nach Verlauf kommen sie mehr oder minder zu ihrem Recht):

A) Streit entfachen, bei dem kontroverse Vorstellungen über Schulfächer zum Vorschein kommen.
B) Sehen, daß man als Kind in der Schule „nur eine Nummer" ist (Kriterien für den Stundenplanbau) – mit Verweis auf andere „Fälle": Warum werden Patienten in der Klinik um 6 Uhr geweckt – etwa zugunsten ihrer Genesung?
C) Curriculum: Wie „die Aufgabe der Schule" kleingearbeitet wird, durch den Stundenplan bis hinunter zur einzelnen Hausaufgabe.
D) Eine Hausaufgabe gibt es dann auch hier: Entwerfen Sie einen Fragebogen bzw. Interviewleitfaden, um bei Schülern oder Lehrern Auskünfte darüber einzuholen, was sie von dem Stundenplan halten, der derzeit ihre Schulwoche „regiert".[17]

Die Anweisungen nach dem Austeilen des Stimulus sind (leider) nicht wörtlich dokumentiert. Es gibt aber immer eine Stillarbeitsphase, in der die Teilnehmer Notizen machen sollen. Dann gilt die Regel: Jede(r) darf nur einen Punkt ansprechen (bis alle einmal dran waren), ggf. gibt es „Kaffeemühle" wie in der Grundschule (vgl. das nachfolgende Protokoll vom 25.4.1990, Zeile 4-5 in C). Denn ein Proseminar ist auch eine Art Unterricht – was denn sonst?! Und auf dieser Ebene bin ich genauso dogmatisch wie alle anderen Praktiker. Irgendwann sagt dann irgendwer: „Wir wollen hier nicht wie Kinder behandelt werden!" – Na gut, dann spielen wir ab sofort Wissenschaft, wurde ja auch Zeit!

---

17 Eine Sammlung solcher Fragebogenentwürfe kann Interessenten zugesandt werden.

3. Die Zeitungsanzeige vom 31.1.1988

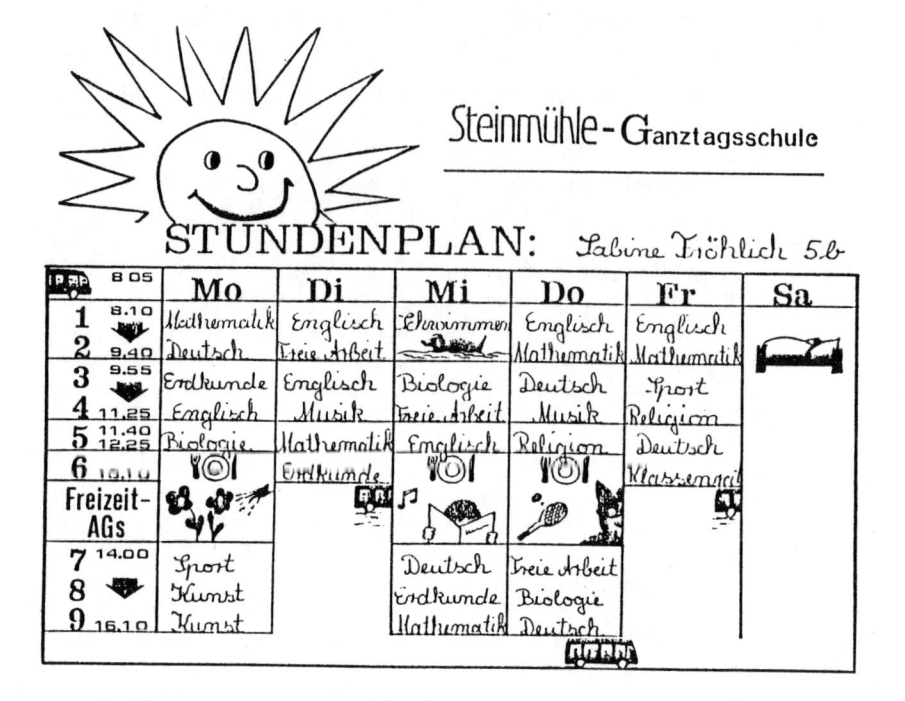

Steinmühle - Ganztagsschule

STUNDENPLAN: Sabine Fröhlich 5.b

	Mo	Di	Mi	Do	Fr	Sa
1 8.05–8.10	Mathematik	Englisch	Schwimmen	Englisch	Englisch	
2 9.40	Deutsch	Freie Arbeit		Mathematik	Mathematik	
3 9.55	Erdkunde	Englisch	Biologie	Deutsch	Sport	
4 11.25	Englisch	Musik	Freie Arbeit	Musik	Religion	
5 11.40	Biologie	Mathematik	Englisch	Religion	Deutsch	
6 12.25 / 13.10	🍴	Erdkunde	🍴	🍴	Klassenrat	
Freizeit-AGs						
7 14.00	Sport		Deutsch	Freie Arbeit		
8	Kunst		Erdkunde	Biologie		
9 16.10	Kunst		Mathematik	Deutsch		

4. Mein Kommentar (seit Sommersemester 1989)

Sabine Fröhlich hat im 5. Schuljahr an drei Tagen acht Stunden und an zwei Tagen sechs Stunden, Schulstunden zu je 45 Minuten, denn auch an dieser Schule ist der Tag in Schulstunden eingeteilt. Ein klein wenig hat man dabei gemogelt. Am Nachmittag dauert eine der drei Stunden nur 40 Minuten. Das kommt unserer weiteren Betrachtung insofern zugute, als wir elegant auf Zeitstunden übergehen können. Sabine hat wie jeder Arbeitnehmer einen Achtstundentag, jedenfalls am Montag, am Mittwoch und am Donnerstag und außerdem zwei Fünf-Stunden-Tage mit sechs Schulstunden.

Solche Tage hat sie vielleicht auch schon in der Grundschule gehabt, da waren sie allerdings das Belastungsmaximum, während sie hier das Belastungsminimum sind. An den drei Arbeitnehmertagen hat Sabine eine Mittagspause von je 95 Minuten, von 12.25 bis 14 Uhr. Wieviel Zeit davon für das Essen abgeht, ist von Kind zu Kind verschieden. An einer anderen Ganztagsschule, über die wir in einem Buch berichtet haben[18], konnten wir

---

18 Diederich/Wulf 1979.

beobachten, daß der Umsatz der Cafeteria mit allerhand Knabberzeug doppelt so hoch war wie der Umsatz der Mensa mit warmem Essen. Hier ist der erste Platz für mehr oder weniger pädagogische Lenkung. Ob die Kinder von den Freizeit-AGs Gebrauch machen oder nicht, kann man ebenfalls mehr oder minder kontrollieren und steuern.

An der anderen Schule war das ein freiwilliges Angebot von Sozialpädagogen, das funktionierte, weil die Mehrzahl der Kinder sich selbst zu beschäftigen wußte. Außer den drei Mahlzeiten und den drei Freizeit-AGs, die man selbstverständlich auch als eine AG anbieten kann, die dreimal wöchentlich stattfindet, gibt es im Stundenplan noch zwei Besonderheiten, die Freie Arbeit in der 2. Stunde am Dienstag, der 4. am Mittwoch und der 7. am Donnerstag und den Klassenrat am Freitag in der 6. Stunde. Da kann der Klassenlehrer sich anhören, welche Sorgen und Beschwernisse sich die Woche über ergeben haben, und wie die Kinder sie verarbeiten.

Ansonsten ist diese Schule wie alle anderen, sie macht aus Kindern Schüler, und vielleicht ist das ja ihr Bildungsauftrag. Was die Freie Arbeit angeht, wage ich die Prognose, daß die Schule diese Stunden bald anders verteilen wird. In der anderen Schule jedenfalls ging man bald dazu über, die Übungsstunden, so hieß das dort, den Hauptfächern zuzuschlagen und den Lehrern aufzutragen, in jeder Stunde auch etwas zu üben. Nach den Erfahrungen im Marburger Grundschulprojekt habe ich dafür Verständnis. Die Freie Arbeit für jedes Kind über einen Wochenplan individuell zu steuern, überfordert die meisten Lehrer ebenso wie eine individuelle Betreuung, die über das bloße Aufsichtführen hinausgeht. Immerhin könnte man aber, wenn man pro Klasse drei bis vier Helfer einsetzt, auch aus dieser Vorgabe etwas pädagogisch Anspruchsvolles machen. An Stellen wie diesen ist Elternmitarbeit gefragt.

Betrachten wir nun die Verteilung der 32 Unterrichtsstunden unter dem Gesichtspunkt, wie pädagogisch sie angeordnet sind. Die Woche kann am Montag in der ersten Stunde mit einer Andacht oder mit einer Klassenlehrerstunde beginnen, hier geht es mit Mathematik gleich richtig los. Wenn das ein Signal für Eltern sein soll, die eine Alternative zum Leerlauf an anderen Schulen suchen, ist es sehr geschickt gesetzt. Auch diese Eltern werden sich aber mit allen anderen darin einig sein, daß die Mathematikstunde am Mittwoch in der 9. Stunde nicht gerade für eine überzeugende pädagogische Konzeption spricht.

Wie die Kunst am Montag, könnte ja z.B. das Schwimmen am Mittwoch in den letzten beiden Stunden liegen. Steckt eine pädagogische Absicht dahinter, die Kinder am Beginn eines langen Arbeitstages ins Schwimmbad zu schicken – und das möglicherweise im Winter, wenn es noch dunkel ist? In einer anderen Schule verbrachte die Mathematiklehrerin einen Teil der anschließenden Stunde immer damit, den Mädchen die Haare zu fönen, den Fön brachte sie deshalb von Hause mit. Hier ist es eine Doppelstunde, da bleibt vielleicht Zeit für die Kinder, sich wieder ordentlich anzuziehen, denn zumindest müssen sie ja aus dem warmen Schwimmbad über den kalten Hof, um wieder in die warme Klasse zu kommen.

Das sind die üblichen Grobheiten, die entstehen, wenn die Schule den Stundenplan von oben nach unten baut, so, wie es für die Schulleitung bequem ist. Zuerst die Leisten in der Oberstufe, dann die Fachräume mit der Mittelstufe auslasten, die Kleinen in der Unterstufe kriegen, was vom Tische der Herren übrigbleibt. Außerdem stehen auch nicht alle Lehrer jederzeit zur Verfügung. Frau Schmidt hat mittwochs gern die ersten beiden Stunden frei, weil auch ihr Mann an diesem Tage später mit der Arbeit anfängt, der Schwimmlehrer ist vielleicht am Mittwochnachmittag als Trainer im Schwimmverein tätig usf. Am Stundenplan einer Schule, dort spätestens, kann man sehen, ob die Schule für die Schüler oder für die Lehrer da ist, und da Lehrer lebenslänglich Schule haben, ist die Regel, daß der Stundenplan nach ihren Wünschen und nicht nach pädagogischen Prinzipien gebaut wird. So auch dieser.

Wir hatten in unserem Schulversuch z.B. Deutsch und Erdkunde umgekehrt angeordnet und nicht durch eine 15 Minuten-Pause getrennt. Wenn man es geschickt einrichtet, kann dann der Deutschlehrer in einer Freistunde am Erdkundeunterricht teilnehmen und anschließend das dort Gebotene mit den Schülern zu einem Merktext verarbeiten. Nach einiger Einübungszeit gelingt das dann auch auf der Basis außerunterrichtlicher Absprachen, ohne daß man am Unterricht des Kollegen teilgenommen hat. Selbstverständlich kann man darüber streiten, ob und wie oft eine derartige Verbindung zwischen den Sachfächern und dem Deutschunterricht sinnvoll ist. Kollegen an Gymnasien haben da erhebliche Skrupel, ein wenig fachfremd zu unterrichten. Aber es geht mir auch nicht um dieses spezielle Beispiel, sondern um die allgemeinere Frage, ob irgend jemand diesem Stundenplan noch irgendeine pädagogische Idee ansieht, außer der, den Stundenplan mit einer Sonne und einer Ente, zwei Blümchen und anderem Schnickschnack zu verbrämen.

Das kennzeichnet zugleich den Unterschied zwischen zwei Begriffen von Pädagogik. Die Pädagogik der Verwaltung, wie ich das abkürzend nenne, geht von gegebenen Bedingungen aus und entscheidet in Kenntnis der Aktenlage, was sich organisatorisch bewerkstelligen läßt. Das ist an mancher staatlichen Schule mehr als hier. Die wissenschaftliche Pädagogik geht mehrheitlich von dem aus, was man alles wünschen kann, und flüchtet sich, wenn die Wünsche unerfüllbar sind, in Kritik oder darein, die harten Tatsachen hübsch zu verpacken.

Wie ehrlich wäre es z.B., stünde in dem Stundenplan auch, wie viele verschiedene Lehrer Sabine hat. Und hätte sie z.B. in Englisch und Deutsch die gleiche Lehrerin, würde mich interessieren, ob sie in beiden Fächern die gleichen Ausdrücke für grammatische Begriffe verwendet, oder sogar weiß, daß ein Adjektiv für die Kinder vor ihr bisher ein Eigenschaftswort war. Die Englischlehrerin scheint ja, wenn man den Dienstagvormittag wohlwollend interpretiert, die Klassenlehrerin zu sein und auch die Freie Arbeit zu betreuen. Da könnte es schon vorkommen, daß sie bemerkt, was die neue Schule den Kindern alles auf einmal zumutet.

Gemeinsam verantwortlich sind wir alle dafür, daß der Stundenplan überhaupt so voll ist und ein solches Sammelsurium von Fächern bietet. Niemand protestiert in diesem Land gegen die wissenschaftliche Lehrerausbildung, die nur um den Preis zu haben war, daß Lehrer nur zwei Fächer studieren. Niemand hat vorgeschlagen, die Anzahl der Fächer zu reduzieren, z.B. Kunst, Musik und Sport nur alternativ anzubieten, die drei Naturwissenschaften in der Mittelstufe zu einem Lernbereich zusammenzufassen. Niemand würde wagen, die Hauptfächer Deutsch, Mathematik und erste Fremdsprache auf drei Wochenstunden zu reduzieren. Das zusammengenommen erbrächte andererseits eine Ersparnis von rund 10 Stunden, und man könnte überlegen, ob man Sabine die einfach als Freizeit läßt, für Projekte in der Schule oder freie Arbeitsgemeinschaften außerhalb reserviert oder für die Hausaufgaben ansetzt, die jetzt ja zu Sabines 34-Stunden-Woche noch hinzukommen. Wo ist denn die Schülergewerkschaft, die dagegen protestiert und verlangt, daß auch Sabine wenigstens in den Genuß der 38,5-Stunden-Woche kommt? Sabine ist, man halte das schon fest, 10 oder 11 Jahre alt.

Aber das ist natürlich utopisch. Sabines Eltern wollen sie den ganzen Tag in der Schule beaufsichtigt wissen, die Sport-Lobby kämpft um die Volksgesundheit, die mit der 3. Sportstunde steht und fällt, Deutschlands internationale Wettbewerbsfähigkeit wäre gefährdet, wenn Sabine nur drei statt sechs Stunden Englisch hätte oder gar – horribile dictu – Englisch in den Ferien in England lernen würde. In der Mathematik müßte man vielleicht die Bruchrechnung zu Beginn der Klasse 11 einführen, kurz bevor man sie wirklich braucht, und in Deutsch müßte man die Anzahl der Kurzgeschichten drastisch von 90 auf 45 reduzieren, was nur ein Banause gutheißen kann, der diese Art Literatur überhaupt für eher entbehrlich hält.

Literatur

Diederich, J./Tenorth, H.-E. (1997): (Eine) Theorie der Schule. Berlin.
Diederich, J./ Wulf, C. (1979): Gesamtschulalltag. Die Fallstudie Kierspe, Paderborn.
Freudenthal, H.: (1978): Vorrede zu einer Wissenschaft vom Mathematikunterricht. München.
Herbart, J.F. (1965/1806): Allgemeine Pädagogik aus dem Zweck der Erziehung abgeleitet. In: Nohl, H.(Hrsg.): Die Pädagogik Herbarts. Weinheim.
Luhmann, N. (1987): Soziale Systeme. Frankfurt a.M.
Polanyi, M. (1985): Implizites Wissen. Frankfurt a.M.
Prange, K. (1983): Bauformen des Unterrichts. Bad Heilbrunn.
Quine, W. (1972): Bemerkungen über Existenz und Notwendigkeit. In: Sinnreich, J. (Hg.): Zur Philosophie der idealen Sprache. München.

Anhang 1

Praktikumsvorbereitung zum September 1990,[19] Gedächtnisprotokoll der Sitzung am 25.4.90

A) Knappe persönliche Vorstellung mit Vergleich einiger Unterschiede zwischen der Lehrerausbildung damals und heute: Nur ein Wahlfach in L2, kein Referendariat (sofort voller Schuldienst), 2. Examen nach bis zu fünf Jahren.

B) Wichtige Punkte in der Praktikumsordnung:
1. Praktikum: eher grundwissenschaftlich
2. eher fachdidaktisch;
Anwesenheit 5 Tage x 4 Stunden;
zwei Schwerpunkte im Praktikumsbericht: Beobachtungen und eigene Unterrichtsversuche; Differenz: schulpraktische Studien / schulpraktische Ausbildung)

C) Stillsarbeitsphase zur Zeitungsanzeiqe „Stundenplan der Steinmühle": 17.00-17.45 Auswertungsgespräch dazu (wird in der nächsten Sitzung fortgesetzt), Ziel: Bedingungen für Unterricht benennen und pädagogisch bewerten; Vorbemerkung zu „Arrangement" und zu „Spielregeln": Warum soll erst jeder etwas aufschreiben? Warum darf zunächst jeder nur einen Punkt vortragen? (Die Punkte sind hier chronologisch numeriert, aber sachlich sortiert.)

C1) Die Lage einer Stunde im Stundenplan setzt (un-)günstige Bedingungen:
1) Man findet kaum Doppelstunden – warum/wozu sollte es welche geben?
2) Hauptfächer liegen oft spät – warum ist früh besser? Haben „Nebenfächer" obendrein die weniger günstigen Plätze verdient (können ruhig ausfallen?) oder sind für verschiedene Fächer verschiedene Tageszeiten (un-)günstig?
6) Schwimmen am Mittwoch in den ersten beiden Stunden (Folgeprobleme!)
5) Nach den AGs folgen noch „geistige" Fächer (erst Pflicht, dann Kür?)

C2) Was „gibt es" überhaupt (laut Stundenplan) und in welcher Menge?
7) Sehr viel Englisch (Dienstag: E X E – warum evtl. sinnvoll?)
10) 6 Stunden Englisch ist gut, Kinder dieses Alters sind noch aufnahmefähig!
14) Kein muttersprachlicher Unterricht (Deutsch für ausländische Kinder)
8) wenig Wiederholung, Übung, Aufarbeitung (Zeit zum NACHdenken), nur Unterricht! – Aber ist NACHdenken nicht eigentlich der Sinn des Unterrichts?

---

19 Die beiden Gedächtnisprotokolle sind hier nur im Satzspiegel verändert (ursprünglich je eine Seite DIN-A4)

12) Gibt es zusätzlich Hausaufgaben? In Kierspe ja! Begründung: Eltern üben sowieso mit den Kindern, dann doch am besten das, was der Lehrer empfiehlt. (Übungsstunden beim Klassenlehrer wurden in Kierspe abgeschafft, weil die Hausaufgabenbetreuung als Kontrolle der anderen Lehrer empfunden wurde.)

C3) Ausgeklammert wurde zunächst die Frage, ob die Anzeige „gut gemacht" sei

4) „Sonnige" Aufmachung der Anzeige steht in Spannung zur Anzahl der Stunden

18) Anzeige ist ungeschickt: links wendet sie sich an Kinder, rechts an Eltern, dadurch entsteht ein Widerspruch!

13) Anzeige ist wenig informativ, nur „lockend"!

19) Anzeige ist ganz gut gemacht: Bilder reizen zum Nachfragen!

17) „Meine Schule" erweckt den Eindruck, die Schule sei kindgerecht.

C4) Ist der Stundenplan unter pädagogischen Gesichtspunkten „gebaut"? Gibt es Belege dafür, daß man sich etwas Vernünftiges dabei gedacht haben könnte?

9) Klassenrat erinnert an SV-Stunden: Was passiert da? Warum am Wochenende?

16) 8.10-9.40 ohne Pause! – Sind dafür aber andere Pausen größer?

7) Dienstag: E X E – Unter welchen Bedingungen wäre das evtl. sinnvoll?

C5) Andiskutiert wurden folgende Gesichtspunkte:

F) Bedeutet Ganztagsschule = „den ganzen Tag Schule"? Kann man sich dort wohlfühlen? was geschähe sonst nachmittags? Wer ist darauf angewiesen?

3) AGs sehen gut aus, dauern aber nur 80 Minuten

20) Sind die AGs eine Zusatzbelastung?

11) Kommen die Busse nur Mo und Fr? – Internat?

15) Die „etwas andere Schule" für Kinder mit Frust?

Praktikumsvorbereitung zum September 1990 Gedächtnisprotokoll der Folgesitzung (2.5.90) Andiskutiert wurde (jeweils mit einer Folgerung für die weitere Arbeit):

Cl) Die Lage einer Stunde im Stundenplan setzt (un-)günstige Bedingungen: Gibt es so etwas wie einen Bio-Rhythmus oder eine Anspannungskurve, so daß man generell etwas über die Belastbarkeit der Kinder im Tagesverlauf aussagen kann? wenn ja, sollte das bei der Verteilung der Fächer auf den Vormittag berücksichtigt werden oder sollte eher in den Fächern Rücksicht darauf genommen werden, zu welcher Tageszeit die Stunde liegt? Gelten ähnliche Überlegungen auch für den Ablauf der Woche?

C1: Benutzen Lehrerinnen und Lehrer Argumente mit diesem Hintergrund? wann tun sie das (nur „entschuldigend" oder auch als Erklärung für übererwartet „gute" Stunden)? – Beobachtungsauftrag zur „Ursachenzuschreibung"

C2) Was „gibt es" überhaupt (laut Stundenplan) und in welcher Menge?
Die Unterscheidung von „Haupt"-fächern und „Neben"-fächern ist offenbar uns allen vertraut. Was meint diese Unterscheidung (z.B. Versetzungsrelevanz)? Woran ist sie ablesbar? Vor allem an der Anzahl der Stunden in den „Stundentafeln", aber auch an Kontinuität oder Diskontinuität (sog. Epochalunterricht). Daran anschließend Exkurs über die „Stundentafeln" als Steuerungsinstrument des Schulsystems.
Meint die Unterscheidung von „harten" und „weichen" Fächern dasselbe? Zur Probe kombinieren wir beide Unterscheidungen in einer sog. Vierfeldertafel und fragen, ob es „Kreuzfälle" gibt.

	„hart"	„weich"	Fach
		Deutsch	Haupt-
	Physik		Neben-

Die gleiche Kombination für Haupt-/Neben- und kreativ/reproduktiv führt auf „Literatur" und Chemie (im Gegensatz zu „Neben-" gleich „kreativ"). Im übrigen „kann man das so nicht sagen", weil es je nach Schule anders sein kann oder je nach Lehrer, weil sich die Wahrnehmung der Kinder unterscheidet, weil sich Fächer über die Zeit wandeln („Karriere" vormaliger Nebenfächer zu Leistungskursen in der gymnasialen Oberstufe), weil sich die Unterscheidung innerhalb der Fächer wiederholen kann (freies Gestalten / Kunstgeschichte, Notenlesen lernen / Singen).

C2: a) Kombination von Differenzen als Mittel zur Schärfung von Begriffen;
    b) Unterscheidung verschiedener Beobachterperspektiven
       (innen: Lehrer/Schüler, von außen: Schulforscher, Praktikanten)
    c) Mit welchen Unterscheidungen „arbeiten" „Insider", wenn sie einem Besucher das Geschehen oder/und ihre Probleme erklären? (Was sind Unterrichts- oder Schultheorien, Menschen- oder Gesellschaftsbilder der Gesprächspartner, die man im Praktikum antrifft?)

D) Besonders angeregt wurde die Diskussion zu der Frage, was „Kunst" in der Gesellschaft, der Schule, dem Unterricht für eine Bedeutung habe oder/und haben solle (einschließlich des Problems, was jeweils als Kunst bezeichnet wird und was noch nicht oder nicht mehr).

E) Die Frage aus C2, womit die unterschiedliche Gewichtung von Fächern legitimiert werde (z.B. in Rahmenrichtlinien?) traf sich hier mit der Frage, ob Kunst nur geduldet wird, wenn man ihr irgendeinen gesellschaftlichen Nutzen zuschreiben kann (und sei es, als Alibi oder nötige Entspannung).
Was wird über jemanden gedacht oder gesagt, der Kunst im wörtlichen Sinne als „brotlose Kunst" betreibt – aus purer Freude an der Sache?

Anhang 2

Aufbau und Anforderungen der Lehrerausbildung in Berlin
Für alle Lehrämter besteht die Ausbildung aus drei Blöcken

Amt des Lehrers 7 Semester 120 SWS	L1 Ein Schulfach mit Fachdidaktik 54+10 SWS	+ Grundschulpädagogik mit 2 Lernbereichen 6+14+14+2 SWS	+	20 SWS
... mit fachwissenschaftlicher Ausbildung in zwei Fächern 9 Semester 160 SWS	L2 Erstes Schulfach mit Fachdidaktik 54+10 SWS	+ Zweites Fach mit Fachdid.+Grundschulpädagogik 54+10+12 SWS	+	20 SWS
an Sonderschulen 9 Semester 160 SWS	L3 Ein Schulfach mit Fachdidaktik 54+10 SWS	+ Sonderpädagogik mit 2 Fachrichtungen 30+30+16 SWS	+	20 SWS
Amt des Studienrats 9 Semester 160 SWS	L4 Erstes Schulfach mit Fachdidaktik 72+ 8 SWS	+ Zweites Schulfach mit Fachdidaktik 54+ 6 SWS	+	20 SWS
mit einer beruflichen Fachrichtung Musik/bildende Kunst 180 SWS Großfach Bildende Kunst	L5 72+ 8 SWS L6 90+ 10 SWS L7 128+ 12 SWS	+ 54+ 6 SWS 54+ 6 SWS --- ---	+	20 SWS

Bernhard Koring

Was ist der „Fall" in der Pädagogik?
Probleme einer fallorientierten Lehrerbildung am Beispiel von Jürgen Diederichs Beitrag

1. Was ist der „Fall" in der pädagogischen Praxis?

Ärzte und Juristen können ohne weiteres davon reden, daß sie in ihrer täglichen Praxis Fälle behandeln. Wenn aber Pädagogen von einem Fall reden, dann ist damit im schulischen Kontext nicht die Regel sondern die Ausnahme gemeint – wir denken an Disziplinprobleme, Lernstörungen, abweichendes Verhalten. Der Fall ist dann ein besonderes Ereignis, ein Konflikt oder ein Problem, das den üblichen Lauf der Dinge gestört hat.

In den klassischen Professionen scheint der Fallbegriff eher die Regel zu treffen, in der schulischen Pädagogik aber nur die Ausnahme zu bezeichnen. Das stimmt nachdenklich. Hat die Pädagogik demnach keinen „Normal-Fall"? Im Rahmen unseres Themas stellt sich die Frage: Müssen praktische und wissenschaftliche „Fall"-Studien in der Erziehungswissenschaft auf die Ausnahmen im pädagogischen Alltag beschränkt bleiben?

Aber auch andere Aspekte der pädagogischen Tätigkeit lassen Zweifel an der Existenz einer prägnanten pädagogischen Fallstruktur aufkommen: Die Diffusität und Komplexität der pädagogischen Aufgabe, das Technologiedefizit und die tendenzielle Intransparenz der Situation und der Adressaten sind anzuführen. Auch der Umstand, daß beispielsweise Ärzte die Rationalität ihrer Fallbehandlung im Zweifel (also bei Mißerfolg) an der Leiche überprüfen können. Mit der Obduktion sind sie wenigsten im Nachhinein im Stande, über die angemessene Behandlung des Falles rational Auskunft zu geben. Die Medizin hat zwar diffuse und hermeneutische Anteile, kann aber auf relativ harte naturwissenschaftlich fundierte Prozeduren zurückgreifen. In ähnlicher Weise können Juristen auf harte soziale Konventionen Bezug nehmen, die in Form von Gesetzen vorliegen.

Dies fehlt der Pädagogik schmerzlich und sie versucht, sich durch Spekulationen und Extrapolationen in eine ungewisse Zukunft und durch vielfältige Versprechungen an die Klienten zu behelfen. Sie will zeigen, daß die Zukunft ohne Bildung schwierig wird; sie kann aber tatsächlich nur dafür sorgen, daß den Schüler Wissen vermittelt und das Wissen geprüft wird. Über den Wert dieses Wissens in der Zukunft gibt es keine harten Fakten, auf die sich die pädagogischen Professionen beziehen könnten. Fazit: Es gibt keine klare professionelle Fallstruktur in der Pädagogik und selbst wenn man gedankenexperimentell eine solche Fallstruktur darlegen wollte, so fehlen harte Fakten als Fundament.

2. Was ist der „Fall" in der wissenschaftlichen Praxis?

Aber wir bewegen uns, wenn wir Texte wie diesen verfassen, nicht im pädagogischen Feld, sondern in der Erziehungswissenschaft. Deshalb ist der wissenschaftliche Blick nicht darauf beschränkt, den professionellen nur nachzukonstruieren. Er kann sich eine eigene Perspektive wählen – wenngleich sich die Wissenschaft damit dann das Problem einhandelt, ihre Perspektive zu derjenigen der Praktiker in Beziehung setzen zu müssen.

Besonders dringlich wird die Übersetzung der Perspektiven dann, wenn Ausbildungsaufgaben durch wissenschaftliches Personal gelöst werden müssen. Diese etwas merkwürdige Situation finden wir in Deutschland vor, weil hier die Lehrerbildung in erster Linie wissenschaftlich und nicht professionsbezogen gestaltet ist.

Also sind die wissenschaftlich dekorierten Hochschullehrer, zu denen Jürgen Diederich gehört, in der Wahl ihres Fallmaterials recht frei – sie müssen sich nur ein wenig mit der Perspektivenvermittlung abplagen (und das auch primär wegen der lästigen Lehraufgaben). Hier liegt nun ein erster Dissens zu Diederich, der sich auf seinen Gemeinspruch bezieht: „Ein Ochse geht zwanzig Jahre lang auf die Weide und wird doch kein Botaniker." Betreibt man die Lehrerbildung als Wissenschaftler („Botaniker") oder als pädagogischer Praktiker („Ochse"). Offensichtlich werden die Hochschullehrer nicht als Ochsen (A 10-13), sondern als Botaniker (C 2-4) bezahlt.

Augenscheinlich gibt es im deutschen System keine erkennbaren Vorkehrungen, daß die Hochschullehrer eine Qualifikation für die pädagogischen Anteile ihrer Tätigkeit nachweisen müssen. Also will die Hochschulpolitik Botaniker und keine Ochsen. Diederich unterstellt, daß man den Ochsen nicht fragen dürfte, warum er bei seinem pädagogischen Job in der Lehrerbildung Fallstudien benutzt, weil man nicht wissen muß, was man tut, wenn man pädagogisch handelt. Die Wahrheit ist: Man darf Botaniker (Wissenschaftler) nicht fragen, was sie tun, wenn sie (als virtuelle Ochsen) ihrer belanglosen, wiederkäuenden Aufgabe der Lehre nachgehen; dort denken sie nicht, haben keine Ausbildung und besitzen außer ihrem natürlichen Instinkt keine fundierte pädagogische Orientierung. Sehr verschärft müßte man allerdings ausgebildete Pädagogen (Ochsen) befragen, die eine Karriere als Wissenschaftler (Botaniker) gemacht haben...

Wie dem auch sei: Diederich hat mit Sabines Stundenplan ein vertracktes Material gewählt, das auf den ersten Blick pädagogisch soviel hergibt, wie der Dienstplan einer Arztpraxis, der Terminplan eines Richters oder der Belegungsplan einer Klinik. Es scheint so, daß es also gar nicht um etwas essentiell pädagogisches gehen kann, sondern bestenfalls um organisatorische Rahmenbedingungen der Erziehung, die ganz zufällig so wie bei Sabine, schließlich aber auch ganz anders sein könnten. Mindestens dies könnte man skeptisch gegen die Auswahl des Materials einwenden.

Wir stellen uns also die Frage, ob und wenn ja: wie es Diederich gelingt, ein offenbar beliebig ausgewähltes wissenschaftliches Fallmaterial, den Stundenplan, in einen professionellen (und ausbildungsrelevanten) Handlungsrahmen zu setzen und dabei vielleicht Hinweise zur besonderen und eigentümlichen Fallstruktur der Pädagogik zu geben. Denn ohne eine spezifische Deutung, die aus einer besonderen Perspektive heraus lebt (und so überhaupt das Licht der Welt erblickt) bleibt jedes Fallmaterial langweilig und tot. Wir können seinen Informationsgehalt nicht erschließen.

3. Mühsame Interpretationen am Fall: Wie „sieht" Diederich „Sabines Stundenplan"?

Vor diesem Hintergrund betrachten wir nun die kommentierend Rahmung, mit der Diederich das Blatt „Sabine Fröhlich 5b" in die Lehrerausbildung zu integrieren sucht." „Der Fall" ist hier also zum einen der Stundenplan und zum anderen Diederichs Äußerungen. Die Anfangspassagen werden durchgehend interpretiert. Im Schlußteil der Interpretation greifen wir gezielt Textstellen heraus, um Hypothesen zu prüfen.

Wir beginnen mit der Interpretation der Überschrift, die von Diederich in der Endfassung seines Beitrags leider weggelassen wurde. Dabei erlauben wir uns, die strenge wissenschaftliche Diktion etwas zu unterwandern und statt dessen, als Abkürzungsstrategie, den etwas direkteren Stil von Diederich anzuwenden.

„Sabine Fröhlichs Stundenplan „Sabine"
(Zeitungsanzeige der Schule Mitte 1988)

1. Nanu, eine Zeitungsanzeige, die offenbar zu Werbezwecken dient. Das Fallmaterial ist also nicht einmal echt, es ist möglicherweise aus strategischen Gründen (Werbung, Vermarktung) getürkt – oh je. Ob Sabine dabei wirklich fröhlich wird? (Ist der Name des Kindes auch getürkt?)

2. „Zeitungsanzeige der Schule" – der Autor muß recht vertraut mit der Schule sein – vielleicht ist es die vor seiner Haustür. Muß diese, schon in der Überschrift hervortretende Vertrautheit nicht den sachlichen Blick trüben? Die Sache wird also von nun an für uns ein Beobachtungsfall.

3. Rechts ist „Sabine" als Stichwort vermerkt. Das deutet darauf hin, daß der Stundenplan zu einem größeren Archiv gehört, in dem der Benutzer bereits mit Kürzeln navigieren muß.

4. Darauf, daß das Archiv nicht klein ist, deutet auch die Jahreszahl „1988". Vermutlich hat der Autor vor und nach diesen Jahr schon vielfältiges Material gesammelt.

Und weiter im Text:
„Sabine Fröhlich hat im 5. Schuljahr an drei Tagen acht Stunden und an zwei Tagen sechs Stunden, Schulstunden zu je 45 Minuten, denn auch an dieser Schule ist der Tag in Schulstunden eingeteilt."

1. Es muß eine besondere Schule sein, wenn der Autor explizit vermerken muß, daß der Unterricht im Schulstundentakt gegeben wird: „denn auch an dieser Schule...". Die Besonderheiten der Schule müssen demzufolge auf anderen Gebieten liegen – nicht in der Tatsache des Stundentaktes selbst. Hier liegt eine weitere Beobachtungsaufgabe vor.

2. Hinweise auf die Besonderheiten der Schule könnten sich daraus ergeben, daß „an drei Tagen acht Stunden" gegeben werden. Vielleicht handelt es sich um eine Ganztagsschule mit einem besonderen pädagogischen Konzept, das durch Zeitungsanzeigen verkauft werden soll – und zwar an Eltern in deren Lebensplan eine besondere pädagogische Betreuung für ihre Kinder und zugleich eine möglichst ausgedehnte häusliche Abwesenheit der Kinder gehört.

Eine durch die Werbung und den Marktaspekt gegebene Implikation ist wie folgt zusammenzufassen: Die Schule ist zwar eine Pflichtveranstaltung, aber offenbar kann man zwischen unterschiedlichen Anbietern wählen. Das allerdings kann teuer werden... Hypothesen über eine ökonomisch möglicherweise gutgestellte Klientel der Schule kommen in den Horizont der Aufmerksamkeit.

3. Die Äußerung von Diederich „denn auch an dieser Schule" deutet auf eine gewisse sarkastische Distanz zu Schulen hin, an denen etwas anders gestaltet werden soll. Es scheint so, als ob Diederich einem imaginären Widersacher deutlich machen wolle, daß trotz aller Innovation einige institutionelle Strukturen unverrückbar zum Wesen der Schule gehören. Die Botschaft lautet mutmaßlich: „Schau, auch der Reformflügel kommt nicht am Stundentakt vorbei!"

4. Nun wäre – wenn die eben skizzierte Hypothese zutrifft – nach den Bedingungen für sarkastische Distanz zu fragen. Sarkastisch wird man in Anbetracht einer Situation, bei der man keine Chance hat, zu gewinnen und eigentlich Panik die typische, erwartbare Reaktion wäre. Panik lähmt jedoch jede Handlung und jedes Argument, was wir aber bei Diederich nicht feststellen können. Vielleicht gründet sein Sarkasmus eher darin, daß man den Kreuzzug gegen die Reformistenfraktion in der Pädagogik einfach nicht gewinnen kann, weil sie immer die liebenswerteren Argumente hat. Also wären demzufolge (so vermuten wir) Stückwerktechnologie und gelegentlicher Sarkasmus angesagt. Diese Hypothese ist allerdings spekulativ und sehr voraussetzungsreich. Daher ist Vorsicht bei der weiteren Interpretation geboten.

Weiter:
„Ein klein wenig hat man dabei gemogelt. Am Nachmittag dauert eine der drei Stunden nur 40 Minuten. Das kommt unserer weiteren Betrachtung insofern zugute, als wir elegant auf Zeitstunden übergehen können."
1. Das Motiv für das ironisch unterstellte „Mogeln" kann möglicherweise darin liegen, daß der Autor unterstellt, die Stundenplaner und Werbestrategen seien bestrebt, die wahre Dauer des Arbeitstages länger erscheinen zu lassen, als sie tatsächlich ist. Darin liegt der Vorwurf der Unlauterkeit.
2. Der Autor folgt also dem Motiv, die Beschulungsleistung der Reformschule kleiner erscheinen zu lassen, als es das eingangs genannte Stundenvolumen eigentlich suggeriert. Allerdings wird die Einschätzung dieser Suggestion relativiert – es handelt sich nur um eine Differenz von 5 Minuten. Warum wird dann aber überhaupt der Begriff „Mogeln" verwendet? Diesbezüglich muß der folgende Text befragt werden.

Weiter:
„Sabine hat wie jeder Arbeitnehmer einen Achtstundentag, jedenfalls am Montag, am Mittwoch und am Donnerstag und außerdem zwei Fünf-Stunden-Tage mit sechs Schulstunden."
1. Es wird eine Parallele zum Arbeitsleben der erwachsenen Arbeitnehmer gezogen und an drei Tagen „jedenfalls am Montag, am Mittwoch und am Donnerstag" eine Entsprechung festgestellt – die aber wie oben gezeigt – trügerisch ist, aber dennoch vom Autor aufgenommen wird.
2. Warum nimmt der Autor diese trügerische Entsprechung auf? Soll die Erwachsenheitssuggestion der 8 Stunden implizit kritisiert werden, die doch nur gut 7 „Zeit"-Stunden lang sind? Das Motiv ist nicht genau zu erkennen. Hypothese: Die thematische Annäherung von Schule und Arbeitsleben könnte einen Hinweis auf die sachliche Nüchternheit des pädagogischen „Geschäfts" enthalten, der der reformistischen Romantik der Gegner eine Absage erteilt. Weiter: „Solche Tage hat sie vielleicht auch schon in der Grundschule gehabt, da waren sie allerdings das Belastungsmaximum, während sie hier das Belastungsminimum sind."
1. Recht plötzlich wird die Perspektive der Schülerin eingenommen und der Aspekt der Steigerung der Zeitquanten unter dem Gesichtspunkt der Belastung durch Unterricht thematisiert.
2. Von der (hypothetisch vom Interpreten angenommenen) ironischen Distanzierung gegen reformistische Schulkonzepte wird die Aufmerksamkeit unmittelbar auf eine anwaltliche pädagogische Haltung gelenkt – das pädagogische Kriterium kommt in die Diskussion, es wird also ernst. Es geht nun um die Sache der Pädagogik und nicht mehr nur um eine Abrechnung mit der gegnerischen Fraktion. Zeit wird als gewöhnungsbedürftige Arbeitsbelastung definiert, die reflektiert und dosiert werden muß. Weiter: „An den drei Arbeitnehmertagen hat Sabine eine Mittagspause von je 95 Minuten, von 12.25 bis 14 Uhr. Wieviel Zeit davon für das Essen abgeht, ist von Kind zu Kind verschieden. An einer anderen Ganztagsschule, über die wir in einem Buch

berichtet haben, konnten wir beobachten, daß der Umsatz der Cafeteria mit allerhand Knabberzeug doppelt so hoch war, wie der Umsatz der Mensa mit warmem Essen. Hier ist der erste Platz für mehr oder weniger pädagogische Lenkung."

1. Der Autor unterstellt, daß die Ernährung wichtig für das Lernen sei und zwar insofern, daß warmes Mensaessen Knabbereien vorzuziehen sei.

2. Die Äußerung „Hier ist der erste Platz für mehr oder weniger pädagogische Lenkung." eröffnet einen Entscheidungsraum hinsichtlich pädagogischer Einflußnahme. An einem auf den ersten Blick trivialen Ort (der Nahrungsaufnahme) kommt die Pädagogik explizit ins Spiel. Wenn man akzeptiert, daß Pädagogik allgemein damit zu tun hat, andere etwas lernen zu lassen, ergibt sich folgendes Bild: Man kann vermuten, daß den Kindern beigebracht werden soll, mittags warm zu essen. Genauer: Man will ihnen dabei helfen, etwas zu lernen, das sie dazu bringt, Mittags warm zu essen – ansonsten würde eine Art Konditionierung vorliegen, die man nur schwer als „pädagogisch" qualifizieren könnte. Es mutet nun merkwürdig an, daß ausgerechnet an dieser Stelle dieser Schule der „erste Platz für mehr oder weniger pädagogische Lenkung" sein soll. Essen ist eine Voraussetzung des Lebens. Aber man kann nicht sagen, daß gutes Essen auch zum guten Leben führt. Ebensowenig führt gutes Essen zum erfolgreichen Lernen. Allerdings kann schlechte Ernährung gutes Leben und erfolgreiches Lernen unmöglich machen. Diederichs Pädagogik folgt demnach implizit der Prämisse, Hindernisse für das Lernen durch präventive Maßnahmen zu umgehen.

Weiter:

„Ob die Kinder von den Freizeit-AGs Gebrauch machen oder nicht, kann man ebenfalls mehr oder minder kontrollieren und steuern."

1. Hier zeigt sich, daß Diederich unter „Pädagogik" wiederum nicht gezielte Lernhilfe, die zu Wissen, Können und Einsicht führt versteht, sondern bereits Kontrolle und Verhaltenssteuerung dem pädagogischen Bereich hinzurechnet.

2. Allerdings könnte man die Auffassung vertreten, daß es zur Pädagogik gehört, die Schüler zu animieren, Lernmöglichkeiten auch zu nutzen und durch gesunde Ernährung die körperlichen Voraussetzungen für das Lernen zu sichern. Darauf wurde bereits hingewiesen. Es baut sich die Vermutung auf, daß Diederich an dieser Stelle exemplarisch zeigen will, daß die pädagogische Situation und der mitmenschliche Umgang, der von den Reformisten ins Zentrum gestellt wird, nicht die einzigen und vielleicht nicht die wichtigsten Felder der pädagogischen Tätigkeit sind. Offenbar liegen hier kleine Lehrstücke für eine „Pädagogik der Verwaltung" vor, wie es Diederich (im Anschluß an systemtheoretische Debatten) gelegentlich nennt.

Weiter:

„An der anderen Schule war das ein freiwilliges Angebot von Sozialpädagogen, das funktionierte, weil die Mehrzahl der Kinder sich selbst zu beschäftigen wußte."

1. Die sarkastische Spitze gegen die Reformfraktion wiederholt sich hier im Gewand einer Tatsachenfeststellung: Die Arbeit der Sozialpädagogen ist dann erfolgreich, wenn die Kinder sich selbst sinnvoll beschäftigen können – das wäre eigentlich ein Ziel der sozialpädagogischen Arbeit.
2. Allerdings trifft die Tatsachenfeststellung in der Pädagogik in einem gewissen Umfang immer zu: Man muß als Pädagoge immer bestimmte Kompetenzen schon als gegeben ansehen, um sinnvoll daran anschließen und damit arbeiten zu können („Bildsamkeit").

Weiter im Text:

„Außer den drei Mahlzeiten und den drei Freizeit-AGs, die man selbstverständlich auch als eine Arbeitsgemeinschaft anbieten kann, die dreimal wöchentlich stattfindet, gibt es im Stundenplan noch zwei Besonderheiten, die Freie Arbeit in der 2. Stunde am Dienstag, der 4. am Mittwoch und der 7. am Donnerstag und den Klassenrat am Freitag in der 6. Stunde. Da kann der Klassenlehrer sich anhören, welche Sorgen und Beschwernisse sich die Woche über ergeben haben, und wie die Kinder sie verarbeiten. Ansonsten ist diese Schule wie alle anderen, sie macht aus Kindern Schüler, und vielleicht ist das ja ihr Bildungsauftrag."

1. Es bleibt unklar, was es bedeutet, daß der Statuswechsel vom Kind zum Schüler den Bildungsauftrag der Schule ausmache. Fraglich ist auch, weshalb die nicht ausgeführte Stellungnahme mit einem „vielleicht" wieder relativiert wird. Wir erinnern uns an den klassischen Ausspruch der Reformistenfraktion: „Wir unterrichten nicht Fächer, sondern Kinder!" Mit Diederich dürfen wir abwandeln: „Wir unterrichten nicht Kinder, sondern Schüler!" Wenn diese Spekulation zutrifft, dann geht Diederichs Aussage in folgende Richtung: In der Pädagogik sind nicht die Menschen an und für sich interessant. Wir kümmern uns primär unter einer systemspezifischen professionellen Perspektive um sie: Nämlich derjenigen, wie wir die Voraussetzungen, die Prozesse und die Inhalte ihres Lernens kontrollieren und Steuern können. Unter dieser spezifischen Perspektive nennt man das Kind „Schüler" und es lernt, wie es ist, aus einer spezifischen Perspektive betrachtet und behandelt zu werden.
2. Nun finden wir des weiteren die oben gesuchten speziellen Kennzeichen der Schule etwas näher beschrieben: „zwei Besonderheiten, die Freie Arbeit in der 2. Stunde am Dienstag, der 4. am Mittwoch und der 7. am Donnerstag und den Klassenrat am Freitag in der 6. Stunde". Die Begriffe „Freie Arbeit" und „Klassenrat" sind typische reformpädagogische Signalbegriffe und Konzepte, die Freiheit und Demokratie in den pädagogischen Zusammenhang der Schule einzufügen versuchen. Daß aber Schule selbst nicht frei sondern eine Pflichtveranstaltung und nicht demokratisch, sondern nur demokratisch legitimiert ist, liegt auf der Hand.

Wir fahren im Text fort, jedoch mit Auslassungen:

„Betrachten wir nun die Verteilung der 32 Unterrichtsstunden unter dem Gesichtspunkt, wie pädagogisch sie angeordnet sind. Die Woche kann am

Montag in der ersten Stunde mit einer Andacht oder mit einer Klassenlehrerstunde beginnen; hier geht es mit Mathematik gleich richtig los. Wenn das ein Signal für Eltern sein soll, die eine Alternative zum Leerlauf an anderen Schulen suchen, ist es sehr geschickt gesetzt. Auch diese Eltern werden sich aber mit allen anderen darin einig sein, daß die Mathematikstunde am Mittwoch in der 9. Stunde nicht gerade für eine überzeugende pädagogische Konzeption spricht. „

Diederich demonstriert hier den Marktaspekt und den Marktwert einer Pädagogik der Verwaltung: Eine ihrer Regeln lautet: Schweres zuerst tun lassen und dies in guter Verfassung. Andacht und Schwimmen können etwas Schweres vorbereiten – man kann es aber auch gleich tun. Umkehrschluß: Man soll Schüler schwere und wichtige Sachen nie im Zustand der Erschöpfung angehen lassen (Mathe in der 9. Stunde).

Nach dieser beispielhaften Vorbereitung wird von Diederich explizit versucht, die vorliegende Fallstruktur (Stundenplan Sabine) mit Bezug auf Profession und Disziplin allgemein klarzulegen:

„Aber es geht mir auch nicht um dieses spezielle Beispiel, sondern um die allgemeine Frage, ob irgend jemand von Ihnen diesem Stundenplan noch irgendeine pädagogische Idee ansieht, außer der, den Stundenplan mit einer Sonne und einer Ente, zwei Blümchen und anderem Schnickschnack zu verbrämen."

Blümchen und Sonne machen das unangenehme erträglich. Wieder ein neuer Begriff von Pädagogik – aber wohl eher kontrastiv ironisch eingeführt. Die Studierenden werden aufgefordert, in Sabines Stundenplan nach pädagogischen Ideen Ausschau zu halten.

„Das kennzeichnet zugleich den Unterschied zwischen zwei Begriffen von Pädagogik. Die Pädagogik der Verwaltung, wie ich das abkürzend nenne, geht von gegebenen Bedingungen aus und entscheidet in Kenntnis der Aktenlage, was sich organisatorisch bewerkstelligen läßt. Das ist an mancher staatlichen Schule mehr als hier. Die wissenschaftliche Pädagogik geht mehrheitlich von dem aus, was man alles wünschen kann, und flüchtet sich, wenn die Wünsche unerfüllbar sind, in Kritik oder darein, die harten Tatsachen hübsch zu verpacken."

1. Die sarkastische Haltung hinsichtlich der Reformistenfraktion wird nun spezifiziert und auf den Punkt gebracht: Einer realistischen Pädagogik der Verwaltung wird eine illusionistische, wissenschaftlich verbrämte Pädagogik gegenübergestellt – die der Reformistenfraktion. Die Polemik wird gegenüber der wissenschaftlichen Pädagogik auch dadurch zur Geltung gebracht, daß ihr illusionärer, tröstender Charakter behauptet wird. Hier finden sich also klare Bestätigungen für unsere gewagten Anfangshypothesen.

2. Die Pädagogik der Verwaltung wird offenbar vom Autor bevorzugt: von „gegebenen Bedingungen aus (...) entscheidet (sie B.K.) in Kenntnis der Aktenlage, was sich organisatorisch bewerkstelligen" läßt. Man kann die Vermutung haben, daß organisatorische Randprobleme der Pädagogik von Diederich ins Zentrum gerückt werden sollen – ohne daß die Motive näher

erläutert werden würden. Wir vermuten, daß die Tatsache überkompensiert werden soll, daß die Reformistenfraktion ein notorisch gestörtes Verhältnis zur Organisations- und Verwaltungsdimension der Pädagogischen Tätigkeit hat.

3. Es handelt sich bei „der Schule" um keine öffentliche, sondern um eine private Schule, die Werbung für ihr Angebot macht. Die Pädagogik der Verwaltung in dieser Schule nutze aber – so Diederich – die Möglichkeiten so wenig aus, daß Sie von manchen öffentlichen Schulen überflügelt wird. Damit wird implizit kritisiert, daß der Pädagogik der Verwaltung zuwenig Aufmerksamkeit bei der Gestaltung von Sabines Stundenplan zuteil geworden sei. Die Differenz zwischen öffentlichen Schulen untereinander kann also durchaus geringer sein, als diejenige zwischen privaten Reformschulen und öffentlichen Schulen.

„Gemeinsam verantwortlich sind wir alle dafür, daß der Stundenplan überhaupt so voll ist und ein solches Sammelsurium von Fächern bietet. Niemand protestiert in diesem Land gegen die wissenschaftliche Lehrerausbildung, die nur um den Preis zu haben war, daß Lehrer nur zwei Fächer studieren. Niemand hat vorgeschlagen, die Anzahl der Fächer zu reduzieren, z.B. Kunst, Musik und Sport nur alternativ anzubieten, die drei Naturwissenschaften in der Mittelstufe zu einem Lernbereich zusammenzufassen. Niemand würde wagen, die Hauptfächer Deutsch , Mathematik und erste Fremdsprache auf drei Wochenstunden zu reduzieren. Das zusammengenommen erbrächte andererseits eine Ersparnis von rund 10 Stunden, und man könnte überlegen, ob man Sabine die einfach als Freizeit läßt, für Projekte in der Schule oder freie Arbeitsgemeinschaften außerhalb reserviert oder für die Hausaufgaben ansetzt, die jetzt ja zu Sabines 34-Stunden-Woche noch hinzukommen."

Hier kommt der Stundenplan bei Diederich als politisch erzeugte Fallstruktur in den Blick, für die wir alle die politische Verantwortung tragen. Auf diese Fallstruktur würde seitens der Fachleute (Pädagogen, Erziehungswissenschaftler) deshalb nicht angemessen Einfluß genommen, weil sie letztlich ihren eigenen Standesinteressen (wissenschaftliche Ausbildung und entsprechende Bezahlung) nicht gefährden wollen. Demnach kritisiert Diederich implizit, daß das Partikularinteresse der Profession vor der anwaltlichen Aufgabe gegenüber den Klienten (Schüler und Eltern) rangiere. Diederichs eigene Vorschläge kommen nun zum tragen: Eine stärkere pädagogische und didaktische Ausrichtung des Studium, mehr Fächer für die Lehrer, mehr Zeit für eine Pädagogik außerhalb des Unterrichts. Da der Verfasser in den ausgehenden 70er Jahren selbst bei Diederich studiert hat, ist ihm dessen Schlagwort zu diesem Thema noch geläufig: „Halbiert die Schule jetzt!" Leider wollen sich aber die meisten engagierten Pädagogen zumeist um die andere Hälfte kümmern...

4. Reflexionen zum Fall

Legen wir uns die Anfangsfrage nun als Schlußfrage vor: Ist das dargestellte Fallmaterial (Stundenplan Sabine; Perspektive Diederich) für eine fallorientierte Verbesserung der Professionalität der pädagogischen Ausbildung geeignet?

- Teilweise ja, weil durch Sabines Stundenplan und die Interpretation von Diederich den Studierenden gezeigt wird, daß es ein pädagogisches Handeln jenseits der „Von-Mensch-zu-Mensch-Pädagogik" gibt – diese Vorstellung von Pädagogik bringen aber fast alle Studierenden mit. Also können wir Diederichs Vorgehen als heilsamen sozialisatorischen Theorieschock interpretieren. Leider wird aber von Diederich keine durchgängige professionelle Perspektive auf den Stundenplan entwickelt (z.B. die des Schulleiters, der diese Aufgabe lösen und sich mit guten Gründen rechtfertigen muß).

- Teilweise nein, weil man an dem Material erkennen kann, wieweit die Pädagogik selbst schon zum „Fall" geworden ist: in der Struktur des Stundenplans, in der Art wie ein fingierter Stundenplan zu Werbezwecken genutzt wird, aber auch in der sarkastischen Schärfe der Kommentare und Positionen von Diederich, die oft auf jene Art pädagogisch sind, die der Autor bei jenen aufs Korn nimmt, die meinen, durch Pädagogik die Welt ganz wesentlich verbessern zu können.

Die tatsächliche Fallstruktur der Pädagogik sind menschliche Lernprobleme, die sich nicht – wie bei Ärzten oder Juristen – in Notlagen unmittelbar zeigen, sondern von Pädagogen spekulativ in die Welt gesetzt werden, mit dem Argument, daß die Lernenden später gegen die wirklichen Probleme des Lebens besser gewappnet seien. Und weil aber die Notlage fiktiv und nicht so hart wie Unrecht oder Krankheit ist, kann die Fallstruktur nicht scharf abgegrenzt werden. Daß nun aber der Terminplan des Gerichts, der Tagesablauf in Krankenhaus oder der Stundenplan die wesentliche Dimension der Problemlösung sein sollen – dies vermag nicht recht einzuleuchten.

Andreas Gruschka

Die Entzauberung des Klausurrituals: Aus Widersprüchen lernen

1. Fallstudien als Medium von Lehrerbildung/Lehrerfortbildung

Bereits die Tatsache, daß mit diesem Band „Fallanalysen in der Lehrerausbildung" als ein besonderes, vielfach innovatives Thema behandelt werden kann, scheint mir ein Index für ein Problem zu sein. Es besteht darin, daß wir augenscheinlich weithin daran gewöhnt sind, pädagogische Professionen jenseits der Vermittlung des bewußten und unbewußten Professionswissens und -handelns auszubilden. Lehrer soll man werden, indem man fachwissenschaftliche Wissensbestände ansammelt, ein wenig pädagogische Theorie auf sich wirken läßt, gegebenenfalls indem man didaktisches Planungsknow-how kennenlernt und einübt, wie dies im Referendariat im Zusammenhang mit schriftlichen Ausarbeitungen zu Unterrichtsstunden üblich ist. Aber weder wird das, was im alltäglichen Unterricht für den angehenden Lehrer problematisch wird, in der Lehrerausbildung analysiert, noch wird anschaulich gezeigt, wie Professionen real die Problemstellungen ihrer Praxis bewältigen, noch wird schließlich ein Analysemodell systematisch angeeignet, mit dem der praktizierende Lehrer in der Lage wäre, methodisch geregelt aus seiner Praxis heraus Erfahrungen abzuleiten, nach denen er nicht zur bloßen Anpassung an den Betrieb oder zur Produktion pädagogischer Intuitionen verurteilt bleibt.

Zwei Momente sind dafür verantwortlich, daß der Autor in seiner eigenen Lehrpraxis an der Hochschule so häufig wie möglich mit Fallrekonstruktionen arbeitet:

Das eine Moment bezieht sich auf das zunehmende Unbehagen gegenüber dem didaktischen Modellplatonismus der gängigen Lehrerausbildungsliteratur. Trotz der vielfach postulierten Alltagswende in der Didaktik bleibt die Literatur zur Einführung in die Didaktik, wie sie etwa durch H. Meyers Leitfadentexte repräsentiert wird (zuletzt Meyer 1997; kritisch dazu Gruschka 1998) weit entfernt, eine Theorie der Praxis von Lehrern zu sein. Selbst dort, wo sie handfest praktisch werden will, bleibt sie eine Versammlung von Postulaten für eine entsprechend modellartig konzipierte Praxis.

Zum anderen nötigte den Autor das Scheitern eigener modellartig konzipierter Unterrichtspraxis im Zusammenhang des Kollegschulversuchs dazu, für das Regelwerk realen didaktischen Handelns sensibel zu werden, das selbst diejenigen Lehrer daran hinderte, ihre curricularen Kursentwürfe umzusetzen, die diese mit dem Autor zusammen entwickelt hatten.

Mit der wissenschaftlichen Begleittätigkeit entstand aus solchen Erfahrungen heraus ein Archiv diverser Dokumente der direkten Unterrichtsarbeit von Lehrern bzw. ihrem unmittelbaren Kontext, die in der Lehrerausbildung als Fälle genutzt werden:

Unterrichtsprotokolle
Lehrbuchausrisse
Arbeitsbögen der Lehrer
Gruppenarbeitsblätter für Schüler
Tafelanschriebe
Hausaufgaben
Klausuren und ihre Rückmeldungen
Zeugnisse
Lehrerbriefe
Projektberichte
Kurspläne
Werbeblätter für Fächer
Konferenzprotokolle
Ausrisse von Lehrplänen
Informationsblätter zu neuen Erlassen usf.

So wahllos wie die Auflistung, so unsystematisch wurde zunächst gesammelt. Das Interesse galt weder dem Aufbau einer Klassifikation von Unterrichtsdokumenten noch wertend der Suche nach exemplarischem methodischen Unsinn, spektakulär scheiternden Unterrichtsversuchen, oder auch dem Gegenstück: Paradebeispielen für gelingenden Unterricht. Vielmehr ging es um die möglichst breite Illustration des ganz und gar alltäglichen Lehrbetriebs, den Spuren, die das didaktische Handeln von Lehrern hinterläßt.

Mit diesem kontinuierlich anschwellenden Archiv bestreitet der Autor Vorlesungen, Seminare, die Aus- und Weiterbildung von Lehrern und Erziehern. Dabei variiert der Verwendungssinn mit dem Ziel der jeweiligen Fallanalyse. Drei Typen möchte ich unterscheiden:

1. *Fallstudien zur Konstitution von Unterrichtsgegenständen.* Darunter sind Analysen zu verstehen, mit denen gefragt werden soll, wie aus einem Gegenstand der objektiven Kultur ein zu lehrender und zu lernender Unterrichtsgegenstand wird. Wie also vollzieht sich die Transformation der ‚Sache' durch deren Didaktisierung zum möglichen Gegenstand der Bildung? Und wie verändert diese Transformation die Erwartung von Lehrern und Schülern an Unterricht? Dankbar sind hier insbesondere die von Lehrern produzierten Unterrichtsmaterialien: Ausrisse aus Lehrbüchern, selbstverfaßte Arbeitsbögen, Tafelanschriebe usf. Nicht selten besteht die Pointe der Analyse zum einen in dem Staunen darüber, wie stark sich die

Sache nach ihrer Vermittlung verändert hat, aber zum anderen auch wie entgegen der Didaktisierung Schüler lernen konnten, was eigentlich das Thema des Unterrichts gewesen ist (vgl. Gruschka/Franke 1996).
2. *Eine zweite Ausrichtung der Fallanalysen bezieht sich auf die Analyse von pädagogisch motivierten Lehrformen von Lehrern und Erziehern.* Ausgangspunkt ist hier wiederum in der Regel eine kurze Episode in der Form eines Unterrichtsprotokolls oder ein Erinnerungsprotokoll eines Erziehers oder Lehrers zu einer Interaktionssequenz. Ziel der Analyse ist es herauszufinden, welches pädagogische Konzept deutlich wird in der Art und Weise, wie der Erzieher/der Lehrer in der protokollierten Sequenz agiert. Im Kindergarten bedeutet dies etwa, daß herauszuarbeiten ist, welche Strategie des Streitschlichtens verfolgt wird, im Unterricht etwa kann dies bedeuten herauszuarbeiten, welche Pädagogik des Zeigens ein Lehrer verfolgt. Die vergleichende Analyse solcher didaktisch-pädagogischer Handlungsweisen erlaubt dann eine ausdifferenzierte Kennzeichnung der didaktisch-pädagogischen Register von Erziehern bzw. Lehrern (vgl. Gruschka et al. 1996).
3. *Eine dritte Form der Fallanalyse bezieht sich auf die Widersprüche des pädagogischen Alltags.* An unterschiedlichen Dokumenten aus pädagogischen Handlungszusammenhängen ist zu studieren, wie pädagogische Normierungen dieser Praxis sich brechen mit den soziologisch zu interpretierenden Funktionen/Funktionsbestimmungen der Institution. Wie also etwa fordert und operationalisiert die Schule pädagogisch die allgemeine Bildung als eine solche für alle Schüler und mit welchen Riten und Regeln des Unterrichts, die der Funktion der Qualifikation und Selektion folgen, unterbietet und verhindert die Institution die soziale Allgemeinheit der Bildung? Diese ideologiekritischen Studien zielen in der Regel darauf ab, die „Kältemechanismen" zu dechiffrieren, mit denen es Pädagogen möglich wird, normative Überzeugungen zugleich mit einer Praxis aufrechtzuerhalten, die diesen Überzeugungen widerspricht (vgl. Gruschka 1994).

Mein im folgenden dokumentiertes Beispiel stammt aus dieser letzten Gruppe. Alle drei Typen sind Fallanalysen in dem strengen Sinne, daß jeweils am besonderen Fall etwas Regelhaftes im Sinne eines Handlungstyps, oder, wo dies das Ziel der Untersuchung ist, auch etwas Verallgemeinerungsfähiges zur pädagogischen Arbeit in Institutionen kenntlich gemacht werden kann. Damit zielt die Rekonstruktion des Falls auf die Sichtbarmachung einer Sinnstruktur (Welches ist der Mechanismus, mit dem ein Lehrer immer wieder die Sache repräsentiert?), die den Fall repräsentativ für ein übergreifendes Problem der pädagogischen Profession (Kann man Schülern etwas so zeigen, daß sie es noch selbst entdecken können?) werden läßt. Viele der Fallanalysen münden später, insbesondere nach wiederholter Bearbeitung des Materials in kleinere, wissenschaftlich elaborierte Fallstudien (vgl. Pädagogische Korrespondenz 1987ff, Gruschka 1994).

Die Arbeit mit Studenten und Lehrern unterscheidet sich nur graduell von einer wissenschaftlichen Kasuistik, wie sie etwa durch die objektive Hermeneutik inspiriert wurde. In der überwiegenden Anzahl der Fälle geschieht die Fallanalyse im Seminar an einem Material, das auch dem Autor in dem Sinne unbekannt ist, daß er es bislang noch nicht analysiert hatte. Dieser Arbeitsmodus unterscheidet sich wesentlich von der vor einem Publikum durchgeführten Realanalyse einer bereits durchgeführten Fallrekonstruktion (Kabinettstückchen). In einer solchen existiert so etwas wie eine routinisierte Dramaturgie der Entfaltung der Deutung durch den Analytiker. In jener Arbeitsform wird das Publikum wirklich zur aktiven Teilnahme an einer Fallrekonstruktion befähigt.

Da mir aber keine Virtualisierungstechnik bekannt ist, mit der der fiktive Leser dieses Beitrages mit dem Autor gemeinsam am neuen Material eine Fallanalyse betreiben könnte, bleibt mir zur Darstellung des Verfahrens nichts anderes übrig als zu berichten, wie beispielsweise mit Studenten die Rekonstruktion eines entsprechenden Textes durchgeführt wird. Im folgenden wird also gezeigt, wie etwa die Analyse von Prüfungsritualen in einem Seminar erfolgt ist, das betitelt sein kann mit: „Bewerten in pädagogischer Praxis" oder „Bürgerliche Kälte und Pädagogik".

2. Der Fall: Analysieren Sie...

Den Studenten wird die folgende Klausurarbeitsaufgabe ausgehändigt:

1. Klassenarbeit – Fach: Erziehungswissenschaft
Klasse: U3 / 11.2
Arthur Schopenhauer (1788-1860) war deutscher Philosoph; John B. Watson (1879 bis 1958), amerikanischer Psychologe, gilt als Hauptbegründer des ‚Behaviorismus', der ‚Lehre vom Verhalten'. Zunächst ein Textauszug von Schopenhauer:
Der Charakter des Menschen ist konstant: er bleibt derselbe, das ganze Leben hindurch. Unter der veränderlichen Hülle seiner Jahre, seiner Verhältnisse, selbst seiner Kenntnisse und Ansichten, steckt, wie ein Krebs in seiner Schale, der identische und eigentliche Mensch, ganz unveränderlich und immer derselbe. Bloß in der Richtung und dem Stoff erfährt sein Charakter die scheinbaren Modifikationen, welche Folge der Verschiedenheit der Lebensalter und ihrer Bedürfnisse sind. Der Mensch ändert sich nie: wie er in einem Falle gehandelt hat, so wird er, unter völlig gleichen Umständen (zu denen jedoch auch die richtige Kenntnis der Umstände gehört) stets wieder handeln. [...]
Der individuelle Charakter ist angeboren: er ist kein Werk der Kunst, oder der dem Zufall unterworfenen Umstände; sondern das Werk der Natur selbst. Er offenbart sich schon im Kinde, zeigt dort im Kleinen, was er künftig im Großen sein wird. Daher legen, bei der allergleichesten Erziehung und

Umgebung, zwei Kinder den grundverschiedensten Charakter aufs deutlichste an den Tag: es ist derselbe, den sie als Greise tragen werden. Er ist sogar, in seinen Grundzügen erblich [...].(Aus: A. Schopenhauer, Sämtliche Werke. Hrsg. von A. Hübscher, 7 Bde. Verlag Brockhaus, Leipzig 1937-42. Bd. 4, Schriften zur Naturphilosophie und Ethik, 1938, S. 50 und 53).

Der amerikanische Psychologe John B. Watson schrieb 1925 in einem Brief an den Präsidenten der USA:

Geben Sie mir ein Dutzend gesunder Kinder [...] und meine eigene besondere Welt, in der ich sie erziehe! Ich garantiere Ihnen, daß ich blindlings eines davon auswähle und es zum Vertreter irgendeines Berufes erziehe, sei es Arzt, Richter, Künstler, Kaufmann oder Bettler, Dieb ohne Rücksicht auf seine Talente, Neigungen, Fähigkeiten, Anlage, Rasse oder Vorfahren [...] (Aus: J. B. Watson, Behaviorismus. Hrsg. von C.F. Graumann. Kiepenheuer & Witsch, Köln und Berlin 1968, S. 134).

Aufgaben:

1. Analysieren Sie die im Text enthaltenen Auffassungen über die Bedeutung von Anlage und Umwelt in der menschlichen Entwicklung.
2. Vergleichen und beurteilen Sie die aus diesen Ansichten resultierenden Aussagen über die Erziehbarkeit des Menschen und erläutern Sie die sich daraus ergebenden pädagogischen Konsequenzen.
3. Erörtern Sie vor dem Hintergrund Ihrer eigenen praktischen Erfahrungen, ob und inwieweit die Erziehung im Kindergarten die Entwicklung des Kindes fördert.

Bei einer nicht allzu direktiven Gesprächsführung provoziert das Beispiel unmittelbar Rückfragen der Studierenden: Woher kommt das Dokument? Ist das Dokument echt? Ist das ein Beispiel für eine besonders schlechte/leichte/schwierige Klausur? Entsprechend erfolgt gegenüber den Studierenden eine knappe Situierung des Falles: Es handelt sich um eine Klausuraufgabe in der Jahrgangsstufe 11.2 im Grundkurs Erziehungswissenschaften (der gymnasialen Oberstufe/der Kollegschule). In diesem wurden entsprechend Lehrplan Begabungstheorien behandelt. Die Klausur faßt die Ergebnisse als Vergleich und Auseinandersetzung mit den Theorien zusammen. Der Lehrer hat im Rahmen seiner Möglichkeiten, Klausuren zu formulieren, eine „textgebundene Aufgabenstellung" gewählt. Neben einem Ausriß aus Literatur zu Arthur Schopenhauer und J.B. Watson (deswegen textgebunden) formuliert er drei Aufgabenstellungen. Mehr wird erst einmal nicht verraten.

Die Rückfragen nach der möglichen Besonderheit des Dokuments sind selbst bereits verwunderlich. Denn die Klausuraufgabe repräsentiert eine nunmehr schon seit Jahrzehnten praktizierte Standard-Problemlösung in diesem Fach und ähnlich wird in anderen Fächern vorgegangen: Sowohl der Modus, aus umfangreicheren Texten einen Ausriß vorzunehmen, als auch die Dreiteilung der Aufgabenstellung ist bereits klassisch. Es existieren eine Reihe von Lehrerhandbüchern mit ähnlichen Klausuraufgaben. Die abgedruckte selbst ist entsprechend der stillen Post eine von vielen Varianten zu diesem Thema. Der Aufbau der drei Aufgaben folgt ebenfalls einer Grundfigur. In einem solchen Handbuch heißt es begründend: Die Schüler sollen zunächst zeigen, ob sie den Text verstanden haben, dann sollen sie ihn interpretieren (hier durch Vergleich) und abschließend kritisch (theoretisch oder praktisch) eine Stellungnahme formulieren. In den sozialwissenschaftlichen Fächern wird ähnlich verfahren. Schon von daher liegt ein Unterrichtsritual vor, das als solches auf eine latente Sinnstruktur verweist, mithin einen Bedeutungszusammenhang, der den Akteuren nicht bewußt sein muß. Denn wie zu demonstrieren sein wird: Jenseits dieser Oberfläche lassen sich Bedeutungen, Funktionen des Vorgehens und Wirkungen ausweisen, die die Harmlosigkeit der pädagogischen Situierung als Täuschung erkennbar machen.

3. Zuwendung zum Fall

Die erste Frage an die angehenden Lehrer meinerseits lautet: „Kennen Sie das?" Die Studenten erinnern sich an ähnliche bis identische Aufgabenstellungen im Deutsch- sowie im Politikunterricht (und anderen Sozialwissenschaften). Es kommt immer wieder vor, daß sogar eine ähnliche Klausur zu diesem Thema von Studierenden in der Zeit ihres eigenen Pädagogikunterrichts bearbeitet worden ist. Nach dieser Erinnerung ist auch die Textform als Aufgabenbeispiel den angehenden Lehrern wieder vertraut. Sie berichten darüber, wie sie zwei/drei Stunden an einer solchen Aufgabe gesessen haben. Dabei zeigt sich aber, daß sie oft nicht mehr genau zu sagen vermögen, wie sie vorgegangen sind, ob sie die Aufgaben gut lösen und wie sie dabei auf Unterricht zurückgreifen konnten.

Um die Analyse des Textes besser vorzubereiten, werden die Studenten aufgefordert, ihre Erinnerung in ganz praktischem Sinne aufzufrischen und zugleich das Bekannte sich fremd zu machen. Ersteres geschieht dadurch, daß die Studenten gebeten werden, die Klausur im Seminar/in einer Hausarbeit zu „schreiben". Das mindeste ist, daß sie eine der Teilaufgaben im Seminar schriftlich lösen. Hierbei ist zunächst oft Widerstand zu überwinden, behaupten Studenten doch, sie hätten, ohne den Unterricht zu dieser Klausur absolviert zu haben, keine Chance, die Klausur zu bewältigen. Um so überraschter sind sie dann, wenn sie nach getaner Tat feststellen, daß es augenscheinlich möglich war, auch ohne den vorhergehenden Unterricht eine passable Lösung der Aufgabenstellung vorzulegen.

Das Fremdmachen des Vertrauten geschieht dadurch, daß die Studierenden sich in die Rolle des Lehrers hineinversetzen. Ausgehend davon, daß sie nach vollzogener Klausur sich fragen, was sie für ihre Arbeitsleistung bekommen hätten, wird in einem ersten, eher induktiv zu nennenden Schritt darüber spekuliert, was der Lehrer sich wohl bei dieser Klausur gedacht hat, bzw. was er von den Schülern als Leistung erwartete. So wird etwa auffällig:

Beide Texte sind extrem kurz, der des Psychologen Watson besteht aus einem einzigen Satz. Mit Bezug auf welchen Kontext lassen sich solche Texte überhaupt zusammenfassen und interpretieren?

Unabhängig davon, was im Unterricht von Schopenhauer und Watson gelesen worden sein mag, ist es möglich, mit Hilfe des Oppositionsschemas zweier Positionen und der alltagsweltlichen Verankerung der in beiden Positionen enthaltenen Thesen (Anlage vs. Umwelt) alle drei Aufgaben zu bewältigen. Daher verschärft sich die Frage, welchen Stellenwert hat Schulwissen im Kontext dieser Aufgabenstellung? Wo und wie ist es einzubringen?

Mit der Erinnerung an unterschiedliche Lehrstile artikulieren die Studenten Vermutungen über das „was der Lehrer eigentlich wirklich wollte". Sie vermuten, daß jenseits der drei ihnen als alltäglich erscheinenden Aufgabenstellungen eine bestimmte Form der Leistungserwartung Grundlage dieser Komposition ist. Mit der Vermutung subjektiver Bewertungsmaßstäbe wird die Frage brisant, wie zuverlässig und pädagogisch angemessen überhaupt eine solche Klausur bewertet werden könne. Wie vertraut und verallgemeinerbar müßte eigentlich sein, was hier als Leistungserwartung formuliert wird?

Der Vergleich von Aufgabenlösungen schließlich zeigt, wie uneinheitlich die Studenten die Klausur bearbeitet haben. Sie rechtfertigen ihre jeweiligen Schwerpunkte der Analyse, des Vergleichs oder der Darstellung eigener Erfahrungen. Dies führt zu einer Zuspitzung der Frage nach dem Sinn der Aufgabenstellungen und den Kriterien der Leistungsbewertung.

Alle haben sie also irgendwie gewußt, was sie mit den Texten und den Teilaufgaben anfangen sollten, aber alle haben sie auch das Gefühl, daß hier viele Mißverständnisse möglich sind.

Dies ist die Stelle, an der nach meiner Erfahrung Lehrende und Lernende bei der Bearbeitung von Fällen in der Regel resignieren. Nun müßte man genau wissen, was geschah im Unterricht und was wollte der Lehrer, der die reale Aufgabe Schülern vorgelegt hat? Angehende Erzieher, die aus den Praktika in die Schule zurückkommen, berichten in Auswertungsrunden zuweilen über mehrere Schultage hinweg über ihre Erfahrungen. In dem Augenblick aber, in dem diese Erfahrungen objektiviert werden sollen, verweisen Schüler und Lehrer auf die Kontingenz der berichteten Praxis und darauf, daß man unendlich viel über den je spezifischen Kontext wissen müßte, um gültige Aussagen über den Fall machen zu können. Entsprechend bricht die Interpretation von Fällen dort ab, wo es beginnt spannend zu werden, weil konkurrierende Hypothesen generiert werden, wie es gewesen sein mag. Man bleibt lieber bei dem Geschichten-Erzählen und versäumt es, aus ihnen durch die genauere Fallrekonstruktion zu lernen. In meiner Praxis ist dies dagegen genau der Punkt, wo die eigentliche Arbeit am Fall erst beginnt. Sie gliedert sich grob gesagt in drei Interpretationsphasen am Ende mit zwei Zusammenfassungen bzw. Pointierungen.

4. Systematische Interpretation

Phase 1: Die pädagogische Semantik der Aufgabenstellung

Die Schüler des Pädagogikkurses haben die Texte „zu analysieren", „zu vergleichen" und „zu beurteilen" und schließlich eigene praktische Erfahrungen zu erörtern.
Mit der Unterstellung, daß Analysieren, Vergleichen und Bewerten bzw. Anwenden semantisch auf eine relativ klare und verbindliche Aufgabenstellung verweisen, wird die Anforderungsstruktur zunächst expliziert. Die Gruppe sucht nach einer Definition: Analysieren heißt wörtlich genommen, die Aussagen des vorliegenden Textes in seinen Voraussetzungen, Implikationen und Konsequenzen zu betrachten. Woher kommt die Position Schopenhauers, welche, insbesondere welche pädagogischen, anthropologischen, biologischen, soziologischen, gegebenenfalls historischen, ökonomischen Implikationen besitzt sie und was kann das praktische Erkenntnisinteresse sein, die Option hinsichtlich der pädagogischen Arbeit mit Kindern und Jugendlichen? Die Definition macht deutlich, daß Analysieren voraussetzt, den Textausriß zu kontextualisieren, wobei die Kontextualisierung doppelt erfolgen kann, einmal mit Bezug auf die Kenntnisse des jeweiligen Autors, hier also Schopenhauer und Watson, als auch der in ihren Texten implizit angesprochenen Kontexte. Immerhin schreibt Watson einen Brief an den Präsidenten der USA und wenn der Präsident der USA Watsons Anfrage positiv beschieden hätte, hätte dies für das amerikanische Erziehungssystem ungeheure Wirkungen nach sich ziehen können.
In dem Maße, in dem der wissenschaftspropädeutische/wissenschaftliche Wortsinn des Analysierens entfaltet wird, wird zugleich deutlich, wie abwegig es wäre, von Schülern des Grundkurses der Jahrgangsstufe 11.2 eine solche Form der Analyse zu erwarten. Bedeutet dementsprechend die Aufgabenstellung bloß, daß die Schüler irgend etwas von all dem zeigen sollen, was hypothetisch zur Bedeutung des Analysierens gehört oder aber geht es entgegen dem Wortsinn bei der Aufgabenstellung überhaupt nicht um die Analyse der beiden Texte? Hier kommt die Erinnerung an die eigene Schulzeit erneut ins Spiel bzw. die Verständigung darüber, nach welchen Kriterien die Studenten sich in der Rolle der Schüler zu den Aufgaben verhalten haben. Weitgehende Übereinstimmung erklären sie nämlich darin, daß Lehrer, die so etwas wie die erste Teilaufgabe von ihnen in der Schule gefordert haben, gar nicht eine solche Analyse erwarteten, sondern eine Inhaltsangabe, eine vorsichtige Ausdeutung und Umschreibung des Inhalts, zuweilen fällt der Terminus technicus: eine „Reproduktion" der Texte.
An dieser Stelle werden Beispiellösungen von Studenten oder Schülern vorgelesen. Dabei ist besonders merkwürdig festzustellen, was die Bearbeiter aus dem einen Satz Watsons in ihrer Aufgabenlösung gemacht haben. In der Regel haben die Schüler wie auch die Studenten mehrere Sätze zu Watson

geschrieben, haben dies und jenes zum Kontext des Satzes mit aufgeschrieben, die Kernaussage des Satzes in vielen Sätzen variiert usf. Mithin existiert eine breite Skala eigensinniger Varianten, den Aussagegehalt der Textvorlage zu reproduzieren. Die Studenten erinnern sich daran, daß sie insbesondere darauf zu achten hatten, in einer solchen ersten Aufgabe eigene Bewertungen „draußen vor" zu lassen. Watsons Milieutheorie sei also darzustellen unabhängig davon, ob man ihr zustimme, ob sie so verkürzt dargestellt worden sei, daß sie in einer agitatorischen Variante daherkomme. Statt dessen sind Umschreibungen dafür zu liefern, was im Anschluß an den Satz von Watson Kernaussagen zur Milieutheorie wären.

In dem Sinne handelt es sich bei der Leistungserwartung weder um eine Analyse des Textes, noch um eine zusammenfassende Reproduktion, sondern um die Produktion eines Textes, mit dem so getan wird, als würde lediglich der Watson-Satz reproduziert. In Wirklichkeit wird eine Einführung in die Milieutheorie des Behaviorismus um den Satz herumgesponnen. Die Studenten erinnern sich entsprechend daran, daß als besonders gelungen insbesondere solche „Analysen" galten, in denen relativ wortreich, möglichst mit eigenem Vokabular die Vorlage umformuliert wurde.

Sollte also besser nicht „reproduziert" werden? Die Kürze der Textvorlagen führt auf die Merkwürdigkeit, daß hier schwerlich etwas im Sinne der Reproduktion noch einmal zusammengefaßt werden könnte. Das gilt, obwohl der Lehrer, der diese Aufgabenstellung verfaßt hatte, sie dahingehend deutlich kommentierte: „Fassen Sie mit eigenen Worten ohne Bewertung zusammen, was im Text steht!" Das ist bezogen auf die Beispielklausur zwar zu machen, aber keiner der Schüler und auch keiner der Studenten, die die Klausur bearbeitet haben, hat ernsthaft mit der Option gerungen, so etwas zu versuchen. Nicht nur Watson, sondern auch Schopenhauer wären auf einen Satz noch einmal zu verdichten: Während Schopenhauer den Charakter eines Menschen als Kern seiner Begabung durch die Biologie für weitestgehend determiniert erachtet, geht Watson in seinem Brief vom Gegenteil aus, wenn er verspricht, aus jedem alles machen zu können, wenn er nur Herr über die Umwelt der Heranwachsenden werden könnte.

Allen Schülern und Studenten ist klar, daß man sich mit einer solchen Verdichtungsleistung nur schaden würde, denn nicht die Konzentration der Texte auf die Kernaussage über Anlage und Umwelt wird mit einer guten Note belohnt, sondern die epische eigensprachliche Transformation der Texte in eine Erörterung über die beiden Theorien zu Anlage und Umwelt.

Nach dieser Auslegung der ersten Teilaufgabe erscheint ihr Sinn den Studenten gleich mehrfach als paradox bzw. widersprüchlich: Wenn die Schüler dem vom Lehrer geäußerten Sinn der Aufgabenstellung folgen, werden sie durch eine schlechte Note bestraft. Wenn Sie ansatzweise im wissenschaftspropädeutischen Sinne des Analysierens vorgehen, dann verstoßen sie zwar gegen den Auftrag des Lehrers, aber sie werden mit einer guten Note belohnt. Erst wenn sie weder in diesem Sinne analysieren noch in jenem zusammenfassen, sondern mit schönen Umschreibungen einen Text zusammenfassen, dann produzieren sie die Lösung, die der Lehrer lesen will. Das gibt dann eine 2- bis 3-.

Diese Merkwürdigkeit läßt sich anschließend auch auf die beiden anderen Teilaufgaben beziehen: „Vergleichen und Beurteilen" sowie auf die Darstellung eigener praktischer Erfahrungen. Wieder läßt sich, die Aufgabe beim Wort genommen, aus ihr eine elaborierte Problemlösung ableiten, so indem etwa die unterschiedlichen Bezugspunkte für beide Positionen, dabei auch ihre Inkommensurabilität dargestellt wird. Die Schüler können auch dazu übergehen, die Argumentationsbasis des Schopenhauer- und des Watson-Textes zu problematisieren, ja sie könnten bis zu dem Punkte vorstoßen, an dem eine Metakritik der Klausur formuliert wird: in dem polemischen Entweder-Oder der Begabung-Umwelt-Alternative. Die Erörterung praktischer Erfahrungen wiederum kann von Schülern als Analyse ihrer Praxis verstanden werden, womit dann Hinweise auf die Determination durch Begabung oder Umwelt an Beispielen erörtert werden. Umgekehrt können Schüler auch den pragmatischen Hinweisen der Lehrer folgen. Sie stellen dann nebeneinander, was sie vordem nacheinander behandelt haben. Die Bewertung der Positionen erfolgt in Richtung der Folgen des Nativismus oder der Milieutheorie für die pädagogische Arbeit, womit diese Schüler bei der dritten Teilaufgabe angekommen wären. Wenn das aber entsprechend knapp gemacht wird, ist erneut mit einer schlechten Note zu rechnen. Gut kommen vor allem diejenigen Schüler weg, die lediglich ein wenig anders ansetzen als in der ersten Aufgabe und am Ende gleichsam frei aus der Praxis berichten und dabei die pädagogische Normenüberzeugung des Lehrers „im Spannungsverhältnis von Anlage und Umwelt entwickeln".

Fazit der ersten Phase: Schüler müssen lernen, gegen den Wortsinn und die vom Lehrer vorgelegte Auslegung der Aufgabenstellung zu verstoßen, um die Klausur erfolgreich zu bestehen. Die mittelmäßigen Schüler werden auf ein cleveres Verhalten der Anpassung gerichtet, den Schein von Kompetenz zu entfalten. Die schlechten Schüler können sich mühen, aber sie haben keine Chance, sie können zu wenig, bzw. haben nicht das Selbstvertrauen, um den Text zu analysieren, „Blubbern" gelingt ihnen nicht, also liefern sie eine sparsame Zusammenfassung, die den Lehrern bestätigt, daß sie die schwachen Schüler sind.

Phase 2: Deutung der pädagogischen Normierung der Aufgabenstellung jenseits der entdeckten Merkwürdigkeiten

Die Gaußsche Mehrheit der Schüler zeigt, daß die Verständigung über die Absichten des Lehrers im Medium der Klausuraufgabe funktioniert, obwohl von Außen betrachtet alles gegen eine Verständigung spricht. Diese Schüler sind augenscheinlich in der Lage, Problemlösungskompetenz gegen die sich aufdrängenden Mißverständnisse zu entwickeln. Der pragmatische Sinn der

Aufgabenstellung ist ihnen also nach entsprechender Dekodierung zugänglich. Die guten Schüler analysieren, die durchschnittlichen tun so als ob, allein die Schwachen werden ggf. zusammenfassen.

Auffällig ist sodann, daß in dieser merkwürdigen Gemengelage eine gleichsinnige Praxis verschiedener Lehrer abgebildet werden kann. Augenscheinlich werden Lehrer auf einen Problemlösungsmodus hin vereidigt, der in Wesel wie in Wuppertal dazu führt, textgebundene Klausuren wie unseren Beispieltext Schülern vorzulegen. Wir wissen von Lehrern, die nicht zuletzt deswegen Lehrerfortbildungsseminare besuchen, weil sie dort Muster für Klausuraufgaben von Kollegen einsehen und kopieren können. Aber das ist nicht ursächlich für die Tatsache, daß in unterschiedlichen Schulen ähnliche Klausuraufgaben gestellt werden. Wesentlich ist, daß hinter der identischen Reproduktion einer solchen höchst mißverständlichen Praxis ein normativ pädagogisches Verständnis von der richtigen Komposition einer Klausur steht, das noch denjenigen Lehrern die vorliegende Aufgabenstellung plausibel erscheinen läßt, die auf Rückfrage Schwierigkeiten hätten, den „Anforderungscharakter" präzise zu bestimmen.

Die Studenten wollen nun genauer wissen, was sich *die* Lehrer denn bei dieser Klausur gedacht hätten. Der Lehrer, von dem der Autor die Beispielklausur erhalten hat, erklärte anders als im Unterricht auf Rückfrage, er meine mit „Analysieren" die Interpretation von Schopenhauer und Watson hinsichtlich der wissenschaftlichen Voraussetzungen, Implikationen und Konsequenzen. Erst als seine Kollegen in höhnisches Gelächter ausbrachen („Willst Du damit promovieren?"), revidierte er seine Deutung und es kostete schließlich einige Mühe, bis das Mißverständnis dahingehend ausgeräumt werden konnte, daß mit Analysieren letztlich doch nur die Zusammenfassung des Textinhaltes mit eigenen Worten und ohne Bewertungen, mit „Vergleichen" das Darstellen der Gemeinsamkeiten/der Unterschiede, und daß mit der „praktischen Anwendung" die Darstellung von Praxiserlebnissen gemeint war, an denen man die Relevanz der Anlage–Umwelt–Theorie verdeutlichen könne.

Vor diesem Hintergrund sucht das Seminar nach Hinweisen für den latent gebliebenen pädagogischen Sinn der Aufgabenstellung. Erneut erweist sich die Erinnerung an die Schulzeit als hilfreich. Die Studenten berichten etwa davon, daß Lehrer die Aufgabeneinteilung auch als Anstieg vom einfachen zum schwierigen ausgewiesen hätten. Sie sollten in einer ersten Aufgabe erst einmal deutlich machen, daß sie den Text gut verstanden haben und dies durch eigene Beschreibungen zum Ausdruck bringen. Sie sollten sodann die theoretische Pointe der qualitativen Verschiedenheit der Positionen im Vergleich kenntlich machen und in einer dritten Aufgabe auf der Basis des gesammelten Wissens eine profunde Kritik bzw. eine profunde Praxisanwendung vornehmen. Die erste Aufgabe war mithin die einfachste, zu ihrer Bewältigung reiche es aus, wenn man verstanden hat, wovon der Unterricht handelte. Die zweite Aufgabe des Vergleichs war bereits anspruchsvoller, da hier nicht mehr der Text selbst reproduziert werden kann, sondern der theoretische Gehalt der Texte selbständig zueinander in Beziehung gesetzt werden muß. Kritik als begründete Kritik und die Darstellung eigener Erfahrung als Übersetzung der theoretischen Position auf Praxis schließlich war die anspruchsvollste Aufgabe. So die Erklärungen von Lehrern, an die sich auch die Studenten erinnern.

Zu dieser Deutung paßt nun, was im Rahmen der Lehrerausbildung und Lehrerfortbildung in offizieller Mission zur Konstruktion der Aufgaben in Klausuren mitgeteilt wird. Der Dreischritt der beiliegenden Aufgabe entspricht weitgehend einem Derivat der Lernzieltaxonomie-Diskussion, wie sie vor annähernd 20 Jahren geführt worden ist. Von Bloom ist erinnerlich geblieben, daß die Reproduktion im „Handbuch der kognitiven Lernziele" deutlich unten rangierte, der Transfer in der Mitte und die Kritik oben. Mithin ist die erste die leichte, die zweite die mittlere, die dritte die schwierige Aufgabe. Um ein Derivat jener Diskussion handelt es sich, weil weniger der Rückgriff auf empirische Lernforschung lebendig ist, sondern vielmehr der Nutzen, der aus ihr für die Pädagogisierung von Klausuren folgen sollte. Die Tatsache, daß drei Aufgaben unterschiedlichen Schwierigkeitsgrades in einer Klausur auftauchen, verlangt ja selbst noch nach einer pädagogischen Erklärung. Sie besteht darin, daß komplementär zu den unterschiedlich anspruchsvollen Leistungen auch an Schüler zu denken ist, die unterschiedlich leistungsfähig sind. Was liegt näher als ein Kurzschluß zwischen beidem: der Schwierigkeit der Sache und der Leistungsfähigkeit der Schüler? Die Frage, was Schüler denn lernen sollten, wenn sie sich mit Anlage-Umwelt-Theorien beschäftigen, tritt zurück hinter die Frage, wie sie präsentieren sollen, was immer sie gelernt haben.

Wenn alle drei Aufgabentypen pädagogisch primär mit Blick auf drei unterschiedliche Schülergruppen formuliert worden sind: die erste für die schwächeren, die mittlere für die mittelmäßigen, die letzte für die guten Schüler, dann kann jeder zeigen, was er kann. Ein Schüler, der die erste Aufgabe ordentlich bewältigt, wird auf keinen Fall eine Fünf bekommen. Ein Schüler, der zusätzlich die zweite Aufgabe ordentlich bewältigt, kann mit einer Drei rechnen, ein Schüler, der zusätzlich die Kritikaufgabe/die Anwendungsaufgabe in selbständiger Form löst, wird mit einer guten Note rechnen können.

Von daher erscheint nun jener semantische Konflikt am Ende als unwichtig. Mag mit Analysieren auch immer etwas ganz anderes gemeint sein, in der konkreten Praxis der Klausurbewältigung wissen die schwächeren Schüler: Dies ist meine Aufgabe, die muß ich auf jeden Fall bewältigen. Bin ich nicht in der Lage, den Unterrichtsstoff im Medium des Textausrisses zu reproduzieren, zeige ich damit, daß ich nicht genug „mitbekommen habe", von daher ist das Scheitern an dieser einfachen Aufgabe gleichbedeutend mit dem mangelhaft in der Leistungsbewertung. Entsprechend konzentrieren sich die schwächeren Schüler auf die Zusammenfassung des Textes: mit eigenen Worten ohne eigene Bewertung.

Wie schon gezeigt, besteht diese Möglichkeit der sozialen Zuordnung von unterschiedlichen Kompetenzstufen zu den drei Aufgabenstellungen nur dem Scheine nach. Aber auch hinsichtlich der Abbildung von unterschiedlichen Schwierigkeitsgraden der sachlichen Aufgabe kann die Deutung des pädagogischen Sinns der Aufgabenlösung nicht überzeugen. In Wahrheit existiert diese Logik der Steigerung des Anspruchsniveaus überhaupt nicht. Weder kann die Rede davon sein, daß eine am Ende sinnentsprechende Bearbeitung der ersten Teilaufgabe zum Erfolg führt, noch ist die Unterstellung zutreffend, die so verstandene Analyse-Aufgabe sei die einfachste der drei Aufgaben. Es stellt sich ja heraus, daß die Zusammenfassung mit eigenen Worten ohne eigene Bewertung möglich ist, aber gleichsam selbstzerstörerisch wirkt. Der Lehrer erwartet von den meisten Schülern nicht die Darstellung des zusammenfassenden Sinnverstehens (Analyse), sondern einen Text, mit dem Schüler ihm vormachen, sie würden die Vorlage mit eigenen Worten zusammenfassen. Die Mitte ist nicht gut, nicht schlecht, sondern irgend etwas dazwischen, was dem Lehrer befriedigend zu sein scheint. In Wahrheit handelt es sich, wie an den Beispiel-Problemlösungen sinnfällig wurde, um gleichsam aufgeblähte literarische Produkte, in denen mit vielen Worten, mit vielen Bezügen letztlich immer die gleiche Grundthese variiert wird, nach der nämlich Schopenhauer für den Nativismus und Watson für die Milieutheorie steht. So aber zu schreiben, als ob man schlicht und einfach zusammenfassen würde, in Wahrheit aber in der Regel mehr Text produziert, als die Vorlage beinhaltet, ist keineswegs die einfachste der Aufgabenstellungen.

Geht man dagegen jenseits aller Redundanz und Weitschweifigkeit einer Vorlage daran, die Grundposition von Schopenhauer und Watson zusammenzufassen, enthält der pointierende Satz (s.o.) eine Leistung, die anpruchsvoller ist als der bloß eloquente Bericht in der dritten Teilaufgabe. Es geht dabei ja darum, ohne Problemverlust den Kern der Sache herauszuarbeiten. (Jeder, der schon einmal Lexikonartikel zu schreiben hatte, weiß wie außerordentlich anspruchsvoll es ist, einen komplexen Text, der nicht schon von vornherein redundant ist, so zu destillieren, daß er in der Zusammenfassung ohne Substanzverlust präsentiert wird.) Die Irritation also, die bei der ersten Phase der Analyse zurückblieb, steigert sich mit am Ende dieser zweiten Phase: Was auf den ersten Blick als pädagogisch fortschrittliche Problemlösung erscheint, erweist sich bei genauerem Hinsehen als das genaue Gegenteil. Der schwache Schüler, dem die erste Aufgabe die Möglichkeit geben sollte, den Einstieg in eine gute Leistung zu liefern, wird in die Irre geführt. Weder kann er sich leisten und ist er dazu in der Lage, einen weitschweifigen Text als Zusammenfassung abzuliefern, noch die Zusammenfassung der Aussagen auf den Kern vorzulegen. Insofern wird er hin- und herlavieren und so folgerichtig die schwache Leistung produzieren, die der Lehrer eh von ihm erwartet. Der gute Schüler dagegen wird die erste Teilaufgabe souverän dadurch zu bearbeiten wissen, daß er mit vielen eigenen Worten entfaltet, was er eigentlich zusammenfassen sollte. Als kluger Schüler vermeidet er normative Begriffe und erhält auf diese Weise, obwohl es sich um die einfachste Aufgabe handelt, mit ihrer Bearbeitung bereits die Pluspunkte, die später zur guten Note führen. Das gleiche wiederholt sich in der zweiten Teilaufgabe, lediglich auf dem höherem Niveau, daß die Auseinandersetzung so gestaltet werden muß, als wäre sie neu. Denn der Vergleich der beiden Positionen wird nichts anderes enthalten als die Zusammenfassung der Positionen. Hier wird wieder Geschick in der Formulierungskunst verlangt, nämlich so zu tun, als ob man einen Vergleich produzierte, in Wahrheit aber ähnlich die Unterschiede von Nativismus und Milieutheorie beschreibt. Und schließlich ist die dritte Teilaufgabe nicht die anspruchsvollste, sondern sie bestätigt den guten Schüler, da dieser ebenfalls wortreich allerlei Erfahrung in Beziehung setzen kann zum großen Thema von Anlage/Umwelt.

Nicht also die kognitiven Leistungen von Reproduktion/Verdichtung, Transfer und Kritik werden hier belohnt, sondern Camouflagetechniken, die entsprechend die besseren Schüler eher beherrschen als die schwächeren Schüler. Was als pädagogische Förderung unterschiedlich vorqualifizierter Schüler ins Werk gesetzt worden ist, führt letztlich dazu, daß die Leistungshierarchie einer Klasse sich in der Klausur reproduziert/widerspiegelt. Der schwache Schüler wird auf der Ebene seiner Problemlösungsfähigkeit festgenagelt, auf der er sich befand. Mit der Konfusion über die Doppel-, ja der Vieldeutigkeit der Aufgabenstellung hat er keine Chance, anderes zu zeigen als die Bestätigung des pädagogischen Vorurteils über ihn. Auffällig wird der Modus der Reproduktion nicht, weil die Lehrer trotz ihres pädagogischen Bemühens in den schwachen Lösungen zum einen den Mißerfolg eines individuellen Schülers und nicht ihre pädagogisch scheiternde Klassifikation sehen, und weil auf der anderen Seite der Skala die guten Schüler längst daran gewöhnt wurden, mit Eigensinn auch gegen den Sinn der Aufgabenstellung zu arbeiten. Daß sie sich nicht daran halten, was der Lehrer von ihnen erwartet, wird ihnen nicht negativ zugeschrieben, eben weil sie evidentermaßen souverän analysieren, wenn sie analysieren wollen und Erfahrungen mitteilen, wie sie sie gemacht zu haben glauben.

Phase 3: Deutung des Widerspruchs

Die am Ende dieses Analyseschritts zugespitzte Paradoxie bzw. Widersprüchlichkeit könnte nun gleichsam als didaktischer Kunstfehler betrachtet werden. Entsprechend reagieren auch viele Studenten. Sie verlangen nun energisch, daß man bessere Klausuraufgaben entwirft, die transparenter sind und die zugleich den schwächeren Schülern erlauben, eine bessere Leistung zu erbringen.

Bevor dem nachgegangen wird, kommt es zu einer Strukturinterpretation der auffälligen Widersprüche. Unterstellt wird also, daß es sich nicht um kontingente Fehlleistungen von Pädagogen handelt, sondern daß sie ein systemischer Ausdruck der Widersprüchlichkeit des pädagogisch-professionellen Handelns in öffentlicher Erziehung sind. Zu erklären ist mithin, in welchem Verhältnis die auf den ersten Blick ja äußerst positive pädagogische Normierung einer leistungsgerechten Förderung der Schüler zu ihrer auf den zweiten Blick destruktiven Implikation für die zu fördernden Schüler steht.

Augenscheinlich gibt es eine Brechung der positiven pädagogischen Motive durch den Modus der Umsetzung pädagogischer Leistungsanforderungen in der Institution Schule.

Die pädagogische Normierung läuft darauf hinaus, daß der Lehrer Schülern in ihrer unterschiedlichen Leistungsfähigkeit gerecht wird. Es geht gleichsam auch in dieser Klausur darum, Schüler dort abzuholen, wo sie sich jeweils befinden. Das geschieht im Beispielfall nun nicht dadurch, daß jeder Schüler eine unterschiedliche Klausuraufgabe gestellt bekommt, aber doch mindestens in der Form, daß drei Typen von Aufgabenstellungen drei unterschiedlichen Leistungsmöglichkeiten korrespondieren sollen. Der Lehrer handelt also im Glauben daran, daß er weitgehend auf die individuellen Unterschiede eingegangen ist und damit der pädagogischen Norm der Gerechtigkeit Tribut gezollt hat. Zugleich aber wird allen Schülern die gleiche Klausur zur Bearbeitung gegeben. Es ist nicht so, daß die schwachen Schüler nur die erste Aufgabe und die starken Schüler nur die letzte Aufgabe gestellt bekommen und anschließend die Lösungen entsprechend verrechnet werden. Das wäre anders herum fatal, würde es doch bedeuten, daß die Schwachen nicht an den schweren Aufgaben sich bewähren dürfen und daß die Starken nicht mehr an den einfachen Aufgaben scheitern könnten. Deswegen also müssen alle Schüler die einfachen und schweren Aufgaben lösen.

Auf diese Weise wird vor allem die juridische Variante der Gerechtigkeit, eben das, was im Rahmen der Funktionsbestimmung öffentlicher Schule zu beachten ist, durchgesetzt: Alle Schüler werden an einem identischen Maßstab gemessen. Mithin stellt die Klausur eine für den fortgeschrittenen Stand der Pädagogik typische Kompromißbildung zwischen zwei Formen der Gerechtigkeit dar: derjenigen der Pädagogik, nämlich die Unterschiedlichkeit der Lernenden zu berücksichtigen und die der Institution, nämlich die durch Noten vermittelte Selektionsentscheidung mit dem gleichen Maßstab zu legitimieren.

5. Folgerungen

Die individuelle Förderung eines Schülers führte zu einer anderen Form pädagogischer Diagnostik als es die Durchsetzung der Qualifizierung im Sinne der Selektion darstellt. Würde der Lehrer wirklich konsequent Aufgaben so stellen, daß jeder zeigen kann, was er kann und es pädagogisch so darlegen, daß jeder entwickeln kann, was in ihm steckt, würde dies eine radikale Individualisierung der Aufgabenstellung implizieren. Er müßte also Klausuren so entwerfen, daß auch der schwache Schüler das Optimum dessen zeigen kann, was er zu leisten in der Lage ist. Und zugleich müßte er dem guten Schüler eine solche Aufgabenstellung geben, an der dieser auch beweisen muß, daß er der gute Schüler ist.

Lehrer, Schüler und, das zeigt auch die Diskussion im Seminar deutlich, auch Studenten haben einen Horror vor solchen pädagogischen Formen der

Individualisierung. Schüler erwarten von ihren Lehrern mit ihr nicht primär eine individuelle Förderung, sondern sehen in der je persönlichen Zuwendung eher die Gefahr der Willkür. Damit urteilen sie zugleich aus der schlechten Erfahrung und bringen sich um die besser mögliche. Wenn Studenten deutlich machen sollen, wo sie die größten Probleme ihrer zukünftigen Aufgabe sehen, dann kommt immer auch das Problem der gerechten Bewertung ins Spiel. Die Gleichbehandlung aller nach identischen Maßstäben erscheint vielen dann als Fluchtpunkt für Objektivität, während eine Berücksichtigung der individuellen Voraussetzungen der Lernenden ihnen leicht als ein Faß ohne Boden erscheint: Wo fängt man dann mit Besonderungen an, wo hört man mit Rücksichtnahmen auf? Auch wenn die Schüler mit Aufgabenstellungen wie der analysierten über den gleichen Leisten geschlagen werden, ist ihnen das am Ende lieber, verbreitet das mehr Illusion von Gerechtigkeit, als die Unterstellung, daß sie als gute oder als schlechte Schüler unterschiedlich behandelt werden. Ja noch die schlechten Schüler hegen die Illusion, daß sie eher Chancen bewahren, eine gute Leistung zu erbringen, wenn sie dies an einer allen gemeinsamen Aufgabe tun, als wenn von vornherein eine auch für Leistungsschwächere angemessene Aufgabenstellung konzipiert wird.

Diese Reaktion verstehe ich als eine der ungeheuerlichen Sozialisationsleistungen der Schule im Sinne von Parsons früher strukturfunktionalen Beschreibung der Schulklasse als sozialem System. Zugleich gilt die Notwendigkeit einer pädagogischen Illusionierung, es wäre möglich in der Klasse doch eher pädagogisch denn „funktionalistisch" vorzugehen. Das funktioniert in dem Maße, in dem Lehrer und Schüler gegen die Rücksichtnahme auf den Einzelfall doch darum wissen, daß es im „Endeffekt" zu einem Modus der Gleichbehandlung kommt, auch wenn dies sie zu Opfern des Betriebs macht. Die eigentlich pädagogisch-professionelle Perspektive auf pädagogische Förderung zählt am Ende nicht, sie wird eher abgewehrt, und das im Bewußtsein/der Erfahrung darum, daß der analysierte Modus der Gleichbehandlung am Ende die relativ Chancenarmen zu Chancenlosen macht.

Genau dies erfahren Lehrer im Alltag ihrer Notengebung. Daß sie darüber nicht stolpern, resultiert nicht zuletzt aus der Tatsache, daß sie hoffen, die gestufte Aufgabenstellung hätte den Schwächeren die optimalen Chancen gegeben. In dem Sinne ähnelt die Analyse des spezifischen Falls dem Bewußtmachen des Reproduktionsmechanismus einer nach der Analyse *pädagogisch* als falsch sich erweisenden Praxis. Die Stufung der Aufgabenstellung kommt der Idealisierung falscher Praxis gleich, die im Alltag der Institution die Reproduktion dieser selbst besorgt. Weil er das pädagogisch Beste getan hat, stolpert der Lehrer nicht mehr darüber, daß er das Falsche (jedenfalls entsprechend seiner pädagogischen Normüberzeugung Falsche) arrangiert hat. Insofern wird aus der Frage nach den Alternativen, die die Studenten nun mit großer Verve stellen, eine grundsätzliche Befragung der Schule: Kann sie pädagogisch sein im Sinne der pädagogischen Norm der Gerechtigkeit? Um hierauf eine befriedigende Antwort geben zu können, müssen die Studenten sich bewußt machen, wie mechanisch und schier hermetisch die Lehrersozialisation diese Formen der Idealisierung einer falschen Praxis produziert und welche systemischen Bedingungen Lehrer dazu zwingen, im Dienste der Selektion ihre Bewertungen vorzunehmen. Letzteres bedeutet nicht, es gäbe zur analysierten Praxis keine Alternativen. Diese werden abschließend bezeichnet:

Allen Schülern wären mehr Chancen eröffnet, würde man sie entweder radikal unterschiedlich oder identisch behandeln. Die Notenskala ließe sich objektiver abbilden in dem Leistungsspektrum der Schüler, wenn etwa allen die Aufgabe gestellt würde, im wissenschaftspropädeutischen Wortsinne die beiden Texte zu analysieren. Und allen wäre schließlich im pädagogischen Sinne mehr an Chancen eröffnet, wenn die Aufgabenstellung lauten würde: Schreiben Sie auf, in welcher Weise beide Texte für Sie bedeutsam geworden sind! Im ersten Falle freilich wäre vorauszusetzen, daß ein distinkter Leistungsmaßstab vorher mit den Schülern geklärt wurde, also das, was eine Analyse allererst zu einer Analyse macht. Im zweiten Falle wäre vorauszusetzen, daß der Lehrer akzeptiert, daß die Zuwendungsweise der Schüler zum Anlage-/Umweltproblem unterschiedlich sein darf; d.h. daß sie nicht am Ende doch über einen für alle gemeinsamen Maßstab erfolgt. So könnte der eine einen Praxisbericht schreiben, der andere sich über die methodologischen Voraussetzungen der Aussagen von Watson äußern, ein Dritter sich darüber ärgern, daß hier das Entweder-Oder konstruiert wird usf.

Nach dem Prozeß der Fallanalyse, der nach meiner Erfahrung durchschnittlich vier Stunden dauert, werden zwei Arbeitsergebnisse festgehalten. Das eine besteht darin, daß Studenten protokollieren, wie sich am Beispielfall der strukturelle Konflikt zwischen pädagogischer Normierung und Selektionsfunktion von Schule darstellt. Dies kann auch geschehen, indem etwa durch Hausaufgaben von Studenten in einem nachfolgenden Schritt das Ergebnis dieser Analyse an einem anderen Fall reproduziert bzw. überprüft wird. Die zweite Überlegung stellt das Zugeständnis an den pädagogisch-praktischen Verwendungssinn der Fallbesprechung dar. Unabhängig davon, daß es unter den erkannten Bedingungen von Schule keine Auflösung dieses Widerspruchs geben kann, sind die Studenten aufgefordert, Alternativen zur pädagogischen Problemlösung zu entwickeln. Es geht also darum, andere Klausuraufgaben zu diesem Thema zu entwerfen, die den Schülern mehr Chancen des Lernens und der Darstellung ihrer Fähigkeiten einräumen.

6. Schlußbemerkungen

Wenn eine Sequenz von Fallanalysen durchgeführt worden ist, folgt im Seminar eine methodische Reflexion der Schritte, die sich als produktiv erwiesen haben, der latenten Sinnstruktur pädagogischer Situationen auf die Schliche zu kommen. Zusammengefaßt bedeutet dies:

- Vertrautes bewußtmachen, Vertrautes auf das Unbekannte beziehen (hier durch den Perspektivenwechsel vom Schüler zum Lehrer),
- das semantische Vorverständnis hinsichtlich der pädagogischen Aufgabe in einem ersten Schritt gedankenexperimentell explizieren,
- in einem zweiten Schritt die reale Anforderungsstruktur herausarbeiten,
- in einem nächsten Schritt beides auf die pädagogische Normierung beziehen,
- und in einem letzten Schritt den Widerspruch zwischen Norm und Funktion von Schule auf die Analyse erklärend beziehen.

Die Bereitschaft der Studenten, solche Analysen wiederholt durchzuführen, ja die dabei angewandte Methode als eine mögliche ihrer eigenen Profession zu verstehen, lebt von der Bereitschaft des Dozenten, das praktische Interesse zum Tragen kommen zu lassen. Das Schlechte wird erst dann als das mögliche Falsche der eigenen Praxis akzeptiert, wenn zugleich die Frage leitend bleiben kann, das vergleichsweise Bessere, die Alternativen zur analyisierten Praxis zu bestimmen. Die freilich müssen die Folgerung der Studenten bleiben und der Dozent hat sich, unabhängig davon, daß er in der Sache Partei ist und diese inhaltlich erklärt, zurückzuhalten. Nur so bleibt die Analyse offen auch im Ergebnis, reagieren die Studenten auf sie nicht doch wie auf ein Rätsel, für das der Lehrende die Lösung parat hat.

Eine Schlüsselstellung innerhalb der Ausbildung messe ich dem dargestellten Typus der Kältestudien zu. An ihnen läßt sich besonders eindringlich die sinnvolle Funktion akademischer Berufsausbildung illustrieren. Mit den Widerspruchsanalysen wird bewußt auf Distanz geachtet gegenüber den latenten Reproduktionsmustern der pädagogischen Professionen. Zugleich läßt sich mit ihnen in einer sozialwissenschaftlichen Haltung vermitteln, was einmal normativer Grund für die akademische Lehrerausbildung war: die Vermittlung eines Berufsethos. Dieses wird in der Praxis von Lehrern rekonstruiert und zwar in einer zugleich zum Protest provozierenden gebrochenen Gestalt.

Der Fall zieht den Studenten als zukünftig Betroffenen in die Analyse hinein. Doziert man dagegen etwa in einer Vorlesung über die Widersprüche zwischen gesellschaftlichen Funktionszuweisungen und pädagogischen Normierungen, bleibt die Einsicht akademisches Wissen wie jedes andere auch.

Authentisch und damit wirksam sind vor diesem Hintergrund insbesondere solche Fallanalysen, die im Gespräch mit den Studenten entstehen, an denen diese also nicht bloß als Zuhörer beteiligt sind, sondern als Mitanalysierende. Das wiederum setzt eine Fähigkeit zur Dramaturgie von tastendem Vormachen, Ermutigung durch experimentelles Lesen, das auch zu klaren Fehldeutungen führen kann und extensiv positivem Aufgreifen der von Studenten kommenden Impulse voraus, die sich wohl erst durch lange Übung entwickeln läßt. Sie lebt von der lebendigen Neugier nach immer wieder Überraschendem im altvertraut Scheinenden.

Literatur

Gruschka, A. (1994): Bürgerliche Kälte und Pädagogik, Wetzlar 1994.
ders. (1998): Ich helfe Dir, es sein zu lassen! Über die Fatalität der Leitfadenliteratur; in: Pädagogische Korrespondenz Heft 22, S. 43-64.
ders. et. al. (1996): Aus der Praxis lernen, Schülerhandbuch; Lehrerhandbuch, Düsseldorf
ders. Franke, M.: Didaktische Bilder als Bilder der Didaktik; in: Pädagogische Korrespondenz, Heft 17, S. 52-62.
Meyer, H. L. (1997): Schultheorien. Düsseldorf.
Pädagogische Korrespondenz, Hefte 1-22, Wetzlar 1987ff.

Elisabeth Flitner

Fallanalyse oder Illustration?

Kommentar zum Beitrag von Andreas Gruschka

„Evaluation" ist zu einem wichtigen Thema der Schul-Diskussion geworden, und Gruschkas Beitrag über eine Klassenarbeit ruft in Erinnerung, dass zur Evaluationskultur der Schulen an erster Stelle diejenige Evaluation des Unterrichts und seiner Wirkungen gehört, die in Klassenarbeiten oder anderen Prüfungen der Schüler durch die Lehrenden stattfindet. Evaluationen der ganzen Schule, ihres „Klimas" oder ihres „Profils" und Evaluationen der Schülerleistungen in intra- oder internationalen Grossuntersuchungen sind (heute noch, in Deutschland) eine ausseralltägliche Erscheinung; Klassenarbeiten oder die Evaluation des Unterrichtserfolgs durch die Lehrenden selbst gehören dagegen zum schulischen Alltag. Sie sind als folgenreich für die Schüler und zugleich als relativ folgenlos für die Lehrenden institutionalisiert. Lehrerinnen und Lehrer beurteilen Schülerleistungen, wesentlich ohne dabei den Anteil der Lehrerleistung in Rechnung zu stellen (Oelkers 1998): Die Note oder das Leistungsurteil fasst eine gemeinsame Erfahrung zusammen, die einseitig bewertet wird; ob der Unterricht besser oder schlechter gehalten wurde, die Prüfungsaufgaben besser oder schlechter konstruiert waren – die Noten haben unabhängig davon den selben symbolischen und rechtlichen Status. Gleichzeitig sind die Lehrpersonen vor Vergleich und Bewertung ihrer Arbeit zuverlässig geschützt.

In diesem Kontext ist die Untersuchung von Klassenarbeiten ein sinnvolles Forschungsvorhaben; sie könnte, wenn sie gemeinsam mit Studierenden unternommen wird, in der Lehrerbildung den Blick für Evaluationsfragen im Schulalltag schärfen. Die Untersuchung der Themenstellung einer Klassenarbeit könnte Aufschlüsse darüber geben, was im Unterricht behandelt worden ist, wie die Unterrichtsgegenstände in Prüfungsfragen übersetzt wurden, und welche Anforderungen die Klassenarbeit an die Prüflinge stellt. Ich schreibe aber im Konjunktiv, „könnte Aufschlüsse geben", weil Gruschka meines Erachtens das vorliegende Protokoll einer Themenstellung kaum analysiert. Stattdessen umgibt er es mit vielen Zusatzinformationen und weitergehenden Überlegungen und zieht dann nicht aus dem vorliegenden Text, sondern aus seinen Zusätzen weitgehende Schlussfolgerungen über den pädagogischen

Wert von Klassenarbeiten im Allgemeinen. Er kommt sehr schnell zu einer Kritik an der Schwierigkeitsabstufung der drei Aufgaben, die in der Klausur gestellt werden, und darüber zu einer Kritik an Klassenarbeiten im Allgemeinen; dabei verwendet er das Protokoll mehr zur Illustration als dass er es zum Gegenstand einer Analyse machte. So ist seine Darstellung eines Problems „Klassenarbeiten" zweifach gegen Überprüfung abgedichtet – erstens in der Flüchtigkeit der Betrachtung des vorliegenden Texts und zweitens mithilfe der zusätzlichen Berichte aus der Schulwirklichkeit, die seine Kritik tragen, aber ihrerseits nicht aufgezeichnet sind, also nicht in nachvollziehbarer Form vorliegen.

Mit „Zusatzinformationen" meine ich zum Beispiel die Hinweise auf Klassenarbeiten, die tatsächlich zu dieser Themenstellung geschrieben wurden. Gruschka berichtet, dass im Seminar Arbeiten zur genannten Themenstellung angefertigt wurden und, dass Schülerarbeiten zum Thema vorgelesen wurden. Diese liegen aber hier nicht vor. Oder er gibt Hinweise auf zusätzliche, mündliche Lehreräußerungen zur ersten Aufgabe, oder Hinweise auf die Zensuren, die vermutlich für diese oder jene Leistungen erteilt werden. Gruschka schreibt, die Bearbeitung der ersten der im Protokoll gestellten Aufgaben ergebe eine 2 oder 3 als Benotung; an anderer Stelle: sie ergebe auf keinen Fall eine 5. Das wird aber nicht mit untersucht; auch dazu liegt uns hier keine Information vor. Oder er sagt auch: aus dem Text der Aufgabenstellung gehe hervor, dass die erste Aufgabe die „einfachste", die zweite etwas schwieriger, die dritte die schwierigste sei. Da aber die Themenstellung nicht so analysiert wird, dass die unterschiedliche Schwierigkeit der Aufgaben daraus hervorginge, muss Gruschka zu zusätzlichen Annahmen greifen, die dem Text nicht zu entnehmen sind, etwa zu der Annahme, dass es sich hier um eine klischeehafte Aufgabengestaltung handele, die auf Blooms Lernzieltaxonomie zurückverweise, oder zu der Annahme, der Lehrer, der die Aufgaben gestellt hat, habe eine Abstufung damit im Sinn gehabt. Er habe unterschiedliche Leistungsniveaus seiner Schüler mit unterschiedlichen Aufgaben bedenken wollen.

Was der Lehrer im Sinn hatte, lässt sich aber dem Protokoll nicht entnehmen. Man könnte nur analysieren, was da steht und den Schülern in der Klassenarbeit aufgetragen wird. Gruschka legt sich denn auch nicht fest zu der Frage, ob hier tatsächlich unterschiedliche Schwierigkeitsgrade vorliegen oder nicht. Einerseits basiert seine Kritik auf der Behauptung, dass hier unterschiedliche Schwierigkeiten vorlägen oder vom Lehrer intendiert gewesen seien; andererseits schreibt er, „In Wahrheit existiert diese Logik der Steigerung des Anspruchsniveaus überhaupt nicht". Sind die Aufgaben also verschieden schwierig und in welchem Sinn? Oder sind sie nicht verschieden schwierig? Oder sagt Gruschka mit dem eben zitierten Satz, „eine Logik der Steigerung (existiere) überhaupt nicht", dass Prüfungs-Aufgaben, vielleicht im sozialwissenschaftlichen Unterricht, überhaupt nicht verschieden schwierig sein können? Oder: im vorliegenden Fall es zwar sind, aber ohne „Logik"? Da er gerade diese Abstufung der Schwierigkeiten der Prüfungsaufgaben kritisiert und die Auffassung vertritt, dass eine solche Abstufung besonders den schwachen Schülern nicht gerecht werde, müsste eigentlich geklärt werden, ob sie vorliegt oder nicht.

Den letzten Abschnitt bezeichnet Gruschka als „Folgerungen": für die Lernförderung jedes Schülers, und insbesondere die Förderung schwacher Schüler, sei es besser, Prüfungsaufgaben dergestalt zu individualisieren, dass jeder bei ihrer Bearbeitung „entwickeln kann, was in ihm steckt". Das kann aber aus dem Vorhergehenden nicht gefolgert werden. Die Forderung nach Individualisierung trägt Gruschka an das Protokoll schon heran. Die Untersuchung der Themenstellung einer Klassenarbeit könnte auch bei gründlichster Durchführung nicht die Frage beantworten, ob Klassenarbeiten generell sinnvoll oder unnütz oder schädlich sind, sondern nur über den vorliegenden Fall etwas aussagen. –

Zweifellos ist die Frage, was gegen Schulversagen hilft, eine der wichtigsten, die an die Schulforschung gestellt werden kann. Aber Gruschkas Antwort – Individualisierung auf der ganzen Linie, Abschaffung gemeinsamer „Klassenarbeiten" – ist weder durch seine vorliegende Untersuchung noch durch andere Unterrichtsforschungen bisher als Beitrag zum Chancenausgleich empfohlen. Mir scheinen zum Beispiel die Studien über den Effekt von Lehrer-Erwartungen, die in der Nachfolge von Rosenthal und Jacobson (1968) zahlreich gemacht worden sind (Uebersicht bei Good 1987) direkt dagegen zu sprechen. Man weiss, dass schwache Schüler im Unterricht von den Lehrpersonen weniger oft angesehen und weniger oft aufgerufen werden als gute; zum Antworten wird ihnen weniger Zeit gelassen, ihre Antworten werden seltener vom Lehrer reformuliert, ihre Ideen seltener im Unterricht aufgegriffen, und die Lehrer fordern weniger von ihnen. Es scheint also sowieso schon eine Tendenz zu geben, schwächere Schüler im Unterricht „links liegen zu lassen", was diese wahrscheinlich entmutigt. Diese Tendenz wird sich nicht dadurch umkehren lassen, dass Lehrer auch noch die Formulierung von Prüfungsaufgaben individualisieren und das hiesse für schwache Schüler: ihren negativen Erwartungen anpassen. Das könnte auch zur Folge haben, dass die schwachen Schüler, für die die einfacheren Prüfungsaufgaben vorgesehen würden, dadurch von den übrigen zusätzlich abgesondert würden und dass die Lehrpersonen damit für ihre eigene Arbeit den Anspruch ausser Kraft setzen, ein für alle Schüler relevantes und zugängliches Unterrichts- und Prüfungsprogramm zu entwickeln. Die schwächeren Schüler würden vielleicht durch geringere Beachtung im Unterricht und eigene Anforderungen in den Prüfungsarbeiten zunehmend von den übrigen abgehängt.

Anders steht es mit der Bewertung von Klassenarbeiten – hier sind deutliche Unterschiede zwischen förderlichen und schädlichen Praktiken bekannt und eindeutig positive Effekte von Individualisierung nachgewiesen. Zum einen erzielen Klassen, in denen milde benotet wird, bessere Lernergebnisse als Klassen, in denen streng benotet wird (Felouzis 1996). Zum anderen ist immer wieder die Genauigkeit der Rückmeldung als entscheidend wichtig erwiesen worden; bei Lehrpersonen, die Klassenarbeiten mit individualisierten Kommentaren, präziser Kritik und ebenso genauer Hervorhebung der gelungenen Aspekte ihrer Arbeit, sowie mit Ratschlägen zur Nacharbeit und Weiterarbeit versehen, lernen die Schüler mehr als bei solchen, die nur Noten oder andere pauschale Urteile abgeben (z.B.Thaurel-Richard/Verdon 1996; Schmitt-Rolland/Thaurel-Richard 1996).

So wichtig aber diese Fragen sind, so wenig können sie anhand des vorliegenden Protokolls geklärt werden.

Während Gruschka das Protokoll als Beispiel oder Illustration für die Kritik an Klassenarbeiten generell benutzt, und daran Forderungen knüpft, die in sich diskussionswürdig, aber aus seiner Betrachtung nicht ableitbar sind, kommt andererseits die Betrachtung des „Falls" zu kurz.

Die genauere Untersuchung der Themenstellung würde einen Dreischritt verlangen, der dem nicht unähnlich ist, den Gruschka eben kritisiert: (a) genau lesen, was im vorliegenden Text steht, (b) verschiedene Lesarten auf ihre Implikationen hin betrachten, (c) nach der Erfahrung beurteilen, welche Lesart hier die plausibelste ist und welche Schlüsse man im Hinblick auf die Klassenarbeit daraus ziehen kann. Solch eine nähere Untersuchung würde meines Erachtens ergeben, dass die vorliegende Themenstellung von den Schülern in mehrfacher Hinsicht Unmögliches verlangt. Die Beziehung zwischen den Aufgaben, die in der Klausur gestellt werden, und dem vorhergehenden Unterricht sind unklar; es ist nicht nachvollziehbar, welche im Unterricht vermittelten Kenntnisse und Fähigkeiten hier geprüft werden sollen. Eben dies wäre aber wichtig für die Förderung der Schüler, guter und schwacher: dass der Unterricht sie auch in die Lage versetzt, Prüfungen zu bestehen, und dass die Prüfungen so konzipiert sind, dass der oder die Prüfende sie klar bewerten und den SchülerInnen verständlich und genau (und „individuell") zurückmelden kann, was sie gelernt haben und wo sie weiterarbeiten könnten oder sollten. – Ich nenne einige Punkte , die mir dieses Urteil nahelegen, konzentriere mich also im Folgenden auf den Aspekt: was verlangt diese Klassenarbeit ? Ist das für die SchülerInnen erfüllbar?

1. Das Protokoll beginnt mit der Überschrift: „1.Klassenarbeit – Fach: Erziehungswissenschaft. Klasse: U 3/11.2". Es handelt sich also um die erste Klassenarbeit, die im Fach Erziehungswissenschaft an einer Schule geschrieben wird, den Anfang dieses Faches, das in einigen Bundesländern ab Jahrgangsstufe 11 als Schulfach belegt werden kann. Man kann vermuten, dass der Unterricht in diesem Fach mit irgendeinem Erziehungsthema begonnen hat, einem historischen Thema vielleicht, oder einem Aspekt heutiger Generationenverhältnisse, oder der Untersuchung einer Erziehungsinstitution, oder einem Vergleich zwischen dem Aufwachsen in Deutschland und einem anderen Land der Welt, oder einer Studie über Jugendliche, oder der Lektüre eines zeitgenössischen „Bildungsromans", oder mit einem Aspekt der Phänomenologie des Kindesalters oder irgendeinem anderen pädagogischen Thema, dem dann auch die Fragen der Klassenarbeit entsprechen müssten. Das ist aber offenbar nicht der Fall. Die Klausuraufgabe stellt als erstes einen

Fallanalyse oder Illustration? Kommentar zum Beitrag von Andreas Gruschka 183

„deutschen Philosophen" mitsamt Lebensdaten vor, der in keiner der heutigen Einführungen in die Erziehungswissenschaft oder in die Pädagogik eine nennenswerte Rolle spielt und auch in den Zeiten seines grössten Ruhms, um die Jahrhundertwende, nur ausnahmsweise und nebenbei auch der „Geschichte der Pädagogik" zugerechnet wurde, Arthur Schopenhauer. Da er mit Lebensdaten und Fachbezeichnung eingeführt wird, kann man schliessen, dass er im vorhergehenden Unterricht nicht behandelt wurde. Ebenso wie der zweite genannte Autor, J.B.Watson, der ebenfalls mit Lebensdaten, Fachbezeichnung und näher als „Hauptbegründer des Behaviorismus" eingeführt wird. Was haben der Philosoph und der Psychologe mit der Erziehungswissenschaft zu tun? Was wurde in diesem Unterricht behandelt? Offenbar wurden weder Schopenhauer noch Watson behandelt, sonst müssten sie nicht so vorgestellt werden. – Daran zeigt sich schon hier, dass die Prüfung eine erhebliche Übersetzungs- oder Transferleistung von den Schülern verlangen wird: die Texte, die im Unterricht behandelt wurden, werden in der Prüfungsaufgabe nicht erwähnt; dagegen werden hier Textausschnitte zweier den Schülern unbekannter Autoren vorgelegt.

Da eine Prüfung, die sich gar nicht auf den vorhergehenden Unterricht bezieht, nicht zulässig wäre, muss man annehmen, dass die nun folgenden Textausschnitte der unbekannten Autoren ein den Schülern bekanntes Thema behandeln werden; sie werden von dem handeln, was Gegenstand des Unterrichts war. Die Verbindung der Prüfungsfrage zum Unterricht liegt dann im Thema, zu dem die Schüler Kenntnisse erworben haben, die sie nun in die Auseinandersetzung mit ihnen unbekannten Autoren einbringen sollen. – Man könnte sich hier schon die Frage stellen, was das bedeutet. Warum behandelt die Prüfung nicht die selben Autoren, wie der Unterricht? Offenbar wird hier eine Möglichkeit übergangen: statt erst direkt nach dem zu fragen, was der Unterricht vermittelt hat, und dann eventuell Fragen einzuführen, die eine Uebertragung dieser Kenntnisse verlangen, beginnt die Klausur mit dem zweiten. Man könnte weiterfragen, ob das im Unterricht gelehrt und geübt wurde: die Erschliessung und Interpretation philosophischer oder psychologischer Textabschnitte. War das der Gegenstand der ersten Unterrichtswochen im Fach Erziehungswissenschaft?

2. In dem Schopenhauer-Zitat weisen Auslassungszeichen daraufhin, dass es in sich gekürzt worden ist. Aus der Quellenangabe („S.50 und 53") wird kenntlich, dass es sich eigentlich um zwei Zitate handelt, zwischen denen im Original mehrere Seiten liegen. Die Quellenangabe zeigt auch, dass der Lehrer entweder die schwer zugängliche erste Brockhaus-Ausgabe der „Sämtlichen Werke" Arthur Schopenhauers zur Hand hatte oder das Zitat von irgendwoher übernommen hat. Die Zitierweise ist dadurch auffällig, dass der Titel der Schrift fehlt, aus der das Zitat stammt. Wenn auch Leser, die die genannte Ausgabe von 1938 nicht konsultieren können, das Zitat in einer anderen Ausgabe sollen finden können, wäre es nötig, den Titel mit anzugeben, in diesem Fall „A. Schopenhauer, Preisschrift über die Freiheit des Willens. In:

etc.". Die Zitierweise, die hier gewählt wurde, schliesst es praktisch aus, dass z.B. ein Schüler, der den Textauszug interessant fand, ihn später im Kontext auffinden und nachlesen könnte. Er wird die „Stellen" ohne weitere fachkundige Hilfe nicht finden können. Die relativ lange Quellenangabe erzeugt den Schein von Zugänglichkeit und Überprüfbarkeit; sie erweckt den Anschein, hier sollten wissenschaftliche Gepflogenheiten gelten („Wissenschaftsorientierung des Unterrichts"), während tatsächlich nur die Autorität des wissenschaftlichen Belegs in Anspruch genommen, aber die damit gemeinte Ueberprüfbarkeit oder Nachvollziehbarkeit nicht hergestellt wird.

3. Die Textauszüge, die dann folgen, behandeln zwei verschiedene Themen. In Schopenhauers Text ist vom „Charakter des Menschen" die Rede, der das Werk der Natur sei, in Watsons Text, der als Brief an den Präsidenten der USA vorgestellt wird, ist von der Erziehung zu verschiedenen Berufen die Rede. Allerdings gibt es eine Verbindung zwischen den beiden Textauszügen: beide Autoren deuten an, dass „Erziehung" auch im Verhältnis zu natürlichen Anlagen gesehen werden muss, aus jeweils verschiedenen Blickwinkeln. Schopenhauer spricht von einem naturgegebenen Kern, „wie ein Krebs in seiner Schale", von der Naturbasis der Individualität, die nicht durch Erziehung veränderlich sei. Watson spricht ebenfalls von einer solchen Basis („Talente, Neigungen, Fähigkeiten, Anlage, Rasse oder Vorfahren"), betont aber, dass der künftige Beruf eines Kindes davon nicht determiniert werde. Das behauptet auch Schopenhauer nicht; die Aussagen widersprechen einander nicht. Sie sind vereinbar, denn sie behandeln Unterschiedliches.

Im Hinblick auf den Unterricht, dessen Ergebnisse hier geprüft werden sollen, liesse sich nun wieder fragen, was dessen Thema war: Individualität und Erziehung? Das Verhältnis von Natur und Kultur? Charakterlehren des 19. und 20. Jahrhunderts? Voraussetzungen der Berufswahl und beruflichen Bildung? Grenzen der Erziehung? Philosophische und psychologische Grundlagen der Erziehungswissenschaft? Alles sehr voraussetzungsreiche und abstrakte Themen. Können sie den Einstieg in das Schulfach „Erziehungswissenschaft" gebildet haben?

4. Die erste Klausur-Aufgabe liegt quer zu den vorhergehenden Zitaten. Sie lautet: „Analysieren Sie die im Text enthaltenen Auffassungen über die Bedeutung von Anlage und Umwelt in der menschlichen Entwicklung." Im Hinblick auf das Watson-Zitat ist sie nicht durchführbar, denn Watson sagt hier nichts über über die eventuelle Bedeutung den „Anlage" und nichts über „menschliche Entwicklung", sondern versichert nur, dass er unabhängig von Talenten, Neigungen, Anlagen etc. jedes gesunde Kind zu jedem Beruf erziehen könne. Zu der Frage, wie sich Talente, Anlagen, Neigungen etc. des Kindes oder wie sich das Kind „menschlich" (eventuell: sein „Charakter") oder wie sich der Mensch überhaupt dabei entwickelt, schreibt er hier nichts. – Andererseits ist es auch sehr schwierig, Schopenhauers Textpassagen unter dieser Aufgabe zu interpretieren, weil der Ausschnitt so gewählt ist, dass er

auf jeden Fall die Frage aufwirft, aber nicht zu beantworten erlaubt, was Schopenhauer mit „Charakter" meint, und die zweite Frage: warum er die Unveränderlichkeit des Verhaltens an die Voraussetzung bindet, dass „völlig gleiche Umstände (zu denen jedoch auch die richtige Kenntnis der Umstände gehört)" gegeben seien. Die Umstände sind aber in der Wirklichkcit nie „völlig gleich". An diesen Voraussetzungen wird der idealtypische, philosophisch-hypothetische Zuschnitt seines „Charakter"-Begriffs sichtbar. Schopenhauer schreibt hier über den unbewussten Anteil der Individualität, den er „in seinen Grundzügen" als erblich annimmt. Der Abschnitt über die Erziehung, der sich zwischen den beiden im hiesigen Protokoll zitierten Textauszügen findet, und Bemerkungen über den „erworbenen Charakter" (im Gegensatz zum angeborenen), die Schopenhauer hier ebenfalls einfügt, sind – wie um die Aufgabe für die Schüler unlösbar zu machen – für die Klassenarbeit herausgekürzt worden. – Mir ist nicht nachvollziehbar, wie Gruschka zu dem Urteil kommt, es sei den Studierenden in seinem Seminar möglich, „auch ohne den vorhergehenden Unterricht eine passable Lösung der Aufgabenstellung vorzulegen". Die Aufgabe ist ohne Vorkenntnisse über die beiden Autoren nicht lösbar, und mit Vorkenntnissen nur in der Form einer Kritik an der Aufgabenstellung selbst.

5. Die erste Aufgabe gibt Aufschluss über das, was im Unterricht behandelt wurde: wahrscheinlich „Die Bedeutung von Anlage und Umwelt in der menschlichen Entwicklung". In Gruschkas Text findet sich die Präzisierung: „entsprechend Lehrplan" seien im Unterricht „Begabungstheorien" behandelt worden. Dadurch wird die Lage noch verworrener. Die Begabungsforschung der letzten Jahrzehnte behandelt überhaupt keine Fragen eines eventuell angeborenen „Charakters" mehr, sondern, sofern sie „Anlagen" erforscht, fast ausschliesslich die Frage, wie weit „Intelligenz" in ihrer psychometrischen Definition als IQ genetisch bedingt ist. Das ist weder der Gegenstand von Watson oder der behavioristischen Lerntheorien in seiner Nachfolge, noch der Gegenstand Schopenhauers (der kurioserweise der Ansicht war, die Intelligenz werde in ihren Grundzügen von der Mutter, der unbewusste Anteil des „Charakters" vom Vater vererbt.). Welche Theorien hat der Unterricht behandelt? War hier von „Anlage" im Sinne von angeborenen Charakterzügen die Rede? Oder von angeborener Fähigkeit bzw. Unfähigkeit zu bestimmten Berufen? Wahrscheinlich doch nicht; wovon aber dann? Und warum ist in der Klassenarbeit nicht von Intelligenztheorien die Rede, wenn schon der Unterricht in Erziehungswissenschaft ausgerechnet mit diesem spezialistischen Thema der psychologischen Forschung begonnen haben sollte?

6. Die zweite Aufgabe: „Vergleichen und beurteilen Sie die aus diesen Ansichten resultierenden Aussagen über die Erziehbarkeit des Menschen und erläutern Sie die sich daraus ergebenden pädagogischen Konsequenzen!" produziert die gleichen Verwirrungen wie die erste. Wenn Intelligenztheorien

und die verschiedenen pädagogischen Ideen, die sich mit den verschiedenen Ansätzen verknüpfen, der Gegenstand des Unterrichts waren, warum wird dann nicht danach gefragt? – Auf der Grundlage der vorliegenden Textauszüge von Schopenhauer und Watson können die Schüler zu der gestellten Aufgabe nur frei erfinden.

7. Die dritte Aufgabe „Erörtern Sie vor dem Hintergrund Ihrer eigenen praktischen Erfahrung, ob und inwieweit die Erziehung im Kindergarten die Entwicklung des Kindes fördert!" ist ebenfalls nicht in redlicher Weise beantwortbar. Sie lässt mehrere Überlegungen zu. Man erfährt hier, dass ein Praktikum im Kindergarten stattgefunden hat. Wenn es ein vorbereitetes und ausgewertetes Praktikum war, muss es mit Vorbereitung, Durchführung und Auswertung mehrere Wochen in Anspruch genommen haben. Die Klassenarbeit könnte sich mit dem beschäftigen, was dazu im Unterricht stattgefunden hat. Im Unterricht sind aber vermutlich „Begabungstheorien" behandelt worden. Vor oder nach dem Praktikum? Warum? In welchem Zusammenhang stehen diese Themen? – Die Aufgabe, die gestellt wird, wirkt ganz undurchdacht. Wenn es etwas gibt, was für PraktikantInnen des elften Schuljahres wie auch für geschulte Psychologen im Laufe eines Kindergartenpraktikums mit Sicherheit nicht beobachtbar ist, dann das Verhältnis von „Anlage und Umwelt", ebensowenig die „Intelligenz" der Kinder und ebensowenig die Frage nach den Wirkungen von Kindergartenerziehung auf die Entwicklung des Kindes. Die Frage, die hier gestellt wird, setzt Beobachtungszeiträume und Forschungsmethoden voraus, über die eine Praktikantin, die im Laufe des Schuljahres zwei oder drei Wochen in einem Kindergarten hospitiert, auf keinen Fall verfügen kann. Hat ihnen der Unterricht keine Beobachtungsfragen vermittelt? Wie war das Praktikum vorbereitet? Warum findet keine Klassenarbeit über das Praktikum statt? Warum findet die protokollierte Klassenarbeit, die die erste in diesem Fach ist, erst so spät im Schuljahr statt – nachdem das Praktikum und eine weitere Unterrichtseinheit über „Anlage und Umwelt" durchgeführt worden sind?

Ich will die Betrachtung der Themenstellung für eine Klassenarbeit hier abbrechen. Gruschkas Kritik stimme ich in einem Punkt zu: die SchülerInnen müssen gegen den Wortsinn der Aufgabenstellung verstossen, am besten wohl überhaupt nur die Stichworte „Anlage und Umwelt" mit Unterrichtserinnerungen verknüpfen, im übrigen möglichst alles ignorieren, was im Text steht und weitgehend unabhängig davon drauf los schreiben, um einige Seiten mit Unterrichtserinnerungen, Auffassungen zum Anlage-Umwelt-Problem und Praktikumserinnerungen füllen zu können. Woran können sie sich dabei orientieren? Und wie soll das benotet werden? Aber die Grundlage der Kritik wäre für mich nicht wie für Gruschka, dass hier „analysieren, vergleichen, beurteilen" verlangt wird, sondern umgekehrt: das Misslingen dieses Modells von Aufgabenstellung. – Im Übrigen ist bekannt, dass LehrerInnen wie SchülerInnen „Begabung" bzw. „Intelligenz" meist als stabiles, stark genetisch bedingtes Persönlichkeitsmerkmal auffassen, während selbst im psychometrischen Ansatz, der dieser Auffassung nahesteht, der IQ-Wert nur zur Hälfte als genetisch determiniert gilt. Man weiss auch, dass eine negative Einschätzung der Begabung von Schülern bei Lehrpersonen zu nachsichtigem Verhalten, geringeren Anforderungen, grosszügigem Lob u.a. führen, die entgegen der guten Absicht gerade die paradoxe Wirkung haben, das Selbstwertgefühl der Betroffenen, ihr Begabungsselbstkonzept und ihre Anstrengungsbereitschaft herabzusetzen (Meyer 1984, Nunner-Winkler 1996), weil die so Behandelten nicht nur die manifesten Freundlichkeiten der Erzieher, sondern auch die dahinterstehende negative Einschätzung ihrer Begabung gut verstehen. (Wer in der dritten Klasse noch für eine Schulanfängerleistung gelobt wird, versteht, dass die Lehrperson ihn für blöd hält.) Solche und andere Zusammenhänge liessen sich gut auch im Schul-Unterricht über Erziehungswissenschaft behandeln, wenn er denn die Begabungsdebatte und ihre pädagogischen Implikationen zum Gegenstand machen will. Einschlägige Texte analysieren, vergleichen, beurteilen könnte dafür ein guter Anfang sein.

Literatur

Felouzis, G. (1996): Evaluation et éfficacité pédagogique des enseignants du secondaire. Le cas des mathématiques. In: Revue française de sociologie 37, S.77-105.
Good, T.L. (1987): Two Decades of Research on Teacher Expectations. Findings and Future Directions. In: Journal of Teacher Education 24, S. 49-64.
Meyer, W.U. (1984): Das Konzept von der eigenen Begabung. Bern/Stuttgart/Toronto.
Nunner-Winkler, G. (1996), Individuelle Voraussetzungen pädagogischen Handelns. In: H.H. Krüger/W. Helsper (Hg.), Einführung in Grundbegriffe und Grundfragen der Erziehungswissenschaft. Opladen 2. Aufl., S. 257-276.
Oelkers, J. (1998): Schulen in erweiterter Verantwortung. Eine Positionsbestimmung aus erziehungswissenschaftlicher Sicht. In: Zeitschrift für Pädagogik 44, S. 179-190.
Rosenthal, R.A./L.F. Jacobson (1968): Pygmalion in the Classroom. Teacher Expectations and Pupil Intellectual Development. New York.
Schmitt-Rolland, S./M. Thaurel-Richard (1996): Pratiques pédagogiques de l'enseignement du français en sixième et progrès des élèves. In: Ministere de l'Education Nationale (Hg.), Note d'Information No. 39.
Thaurel-Richard,M./R.Verdon (1996): Pratiques pédagogiques de l'enseignement des mathématiques en sixième et progrès des élèves. In: Ministère de l'Education Nationale (Hg.), Note d'Information No. 44.

III. Schlußkommentar

Heinrich Bauersfeld

Fallstudien in der Lehrerausbildung – wozu?

> „Gelehrte dirigieren ist nicht viel besser,
> als eine Kommödiantengruppe unter sich zu haben."
> Wilhelm von Humboldt an seine Frau Caroline
> am 16.11.1808 (in: Sydow 1909, S.19)

1. Das Problem

„Die erzkonservativen Ordinarien verhindern jeden Wandel. Für sie ist die Naturwissenschaft das Nonplusultra. Die alte Frontalvorlesung sei die Königin der Lehre, psychosoziale Fächer seien bloßes Geschwätz, und Diskussion in der Kleingruppe sei der Anfang der Anarchie", so könne man die Einstellung des Fakultätentages karikieren, schreibt Ute Watermann in der ZEIT (vom 5.2.98, S.71). – Nein, gemeint ist nicht die universitäre Ausbildung der Lehrer, sondern die der Mediziner. Doch, was hat die Heranbildung von Mathematiklehrern und Medizinern Gemeinsames? Offenbar leiden beide unter dem konservativen Vorurteil, die Universität betreibe keine Berufsausbildung, eine historisch-professorale Einstellung, die jedenfalls den vor Jahren in die Universitäten integrierten Pädagogischen Hochschulen ihre bis dahin üblichen Schulpraktika kräftig beschnitten hat[1]. Andererseits haben die angehenden Mediziner – jedenfalls in Deutschland – bisher offenbar kaum Patienten zu sehen oder gar anzufassen bekommen, so daß Reformstudiengänge, die dies ändern, gegenwärtig erhebliche Aufmerksamkeit finden. Was die einen ohne sonderliches Aufsehen verloren haben, das wollen nun endlich die andern durchsetzen. Sollte es nicht eigentlich eine Selbstverständlichkeit in beiden Arbeitsbereichen sein, daß der Nachwuchs mit den Problemen seiner künftigen Berufspraxis handgemein wird, Diagnosen hautnah stellen lernt, und Theorien – und sich selbst! – am konkreten Fall kritisch zu beurteilen und reflektiert einzusetzen lernt?

In den Pädagogischen Hochschulen der 50'er und 60'er Jahre hatten die Schulpraktika vor allem eine die theroretische Ausbildung stützende Funktion. Sie dienten keineswegs zur direkten Einübung in den künftigen Beruf. Diese Praxisbegegnungen sollten keine Unterrichtstechniken liefern und schon garnicht die ‚fertige' Lehrerin. Wenn sie sinnvoll angeleitet waren, schärften sie den Blick für das Problemfeld Unterricht, weckten das Theoriebedürfnis und ermöglichten es den Lehrerstudenten, eindringlichere und fun-

---

1 Ganz zu schweigen von der Abschaffung aller Formen einphasiger Lehrerausbildung, in denen die Referendarszeit ein integrierter Studienanteil war.

diertere Fragen an ihre Ausbilder zu stellen, – sehr zum Vorteil der Vorlesungen und Seminare in den wenigen nachfolgenden Semestern. Freilich wurden damals die Praktika auch noch durchgehend von *allen* Dozenten und Professoren besucht[2] und mit den Tutoren diskutiert. Auch diese sinnvolle Verbindung ist unter den Ansprüchen einer falsch verstandenen Verwissenschaftlichung und theoretischen Qualifizierung verschwunden. An vielen Orten muß sich der Lehrerstudent seine Praktikumstelle sogar selber suchen. Daher fallen Theorie und Praxis in der universitären Lehrerausbildung mehr als zuvor auseinander[3] und das mit wechselseitig schwindender Effektivität.

Freilich genügen inzwischen auch systematische theoretische Überblicke und einführende problemvertiefende Praxisbegegnungen nicht mehr. Seit der sozialwissenschaftlichen Wende haben wir gelernt, daß ein Drittes hinzukommen muß. Lehrerstudenten haben in der Regel eine 13jährige Schulerfahrung hinter sich, die als sekundäre Sozialisation neben der familiären Sozialisation und dieser überformend ein äußerst effektives *inneres Bild vom Schulhalten* geprägt hat. Der Umfang, die individuelle Varianz und die Stabilität dieser erworbenen Erfahrungsbestände können in jedem Seminar deutlich werden, in dem man die Studenten z.B. Transkripte von Unterrichtsszenen möglichst unbefangen interpretieren läßt. Jeder glaubt sich zunächst im Besitz der allein zutreffenden Deutung und ist verblüfft über deren Vielfalt und die Widersprüche. Das allein würde keine Zusatzforderungen rechtfertigen. Es ist aber dieses innere Bild vom Schulehalten, das trotz aller Variation höchst verläßlich zur künftigen Reproduktion der Schule von gestern führt. Warum? Je mehr Theorie und Praxis in der Ausbildung auseinanderfallen, desto leichter werden die Junglehrer in den Problem- und Streßsituationen des schulischen Alltags in die ihnen selbst widerfahrenen und von ihnen selbst erlittenen Instruktions-, Reparatur- und Reaktionsmuster zurückfallen. Dreizehn Jahre Schulerfahrung prägen sich tief ein und sind umstandslos zuhanden. Demgegenüber hat das kurzlebige Prüfungswissen einer anschließenden dreijährigen Ausbildung nur sehr bescheidene Chancen sich durchzusetzen. Der zähe Widerstand des Systems Schule gegen jede Art von Reform hat in diesem Zusammenhang eine starke und häufig unterschätzte Stütze (vgl. Hoetker/Ahlbrand 1969).

Mehr als je zuvor muß daher die Lehrerausbildung eine dritte Dimension aktivieren, d.h. sie muß eine zugleich in Praxiserfahrungen gründende wie theoretisch-rational angelegte Aufklärung gegen diese verdeckte Tradierung des Gestrigen betreiben und dieses vorbewußt erworbene Orientierungswissen mit besseren Alternativen vom Schulehalten konfrontieren. Hierzu genügen weder Vorlesungen allein, noch die (zumeist) diffusen Erfahrungen in

---

2 Eine Pflicht, die in den Berufungsvereinbarungen etlicher Länder durch die Verpflichtung, „sich an der schulpraktischen Ausbildung der Studenten zu beteiligen" (o.ä.) ausdrücklich abgesichert war.
3 Doch gibt es einige Versuche, wenigstens „integrierte" Studienanfänge zu organisieren (z.B. in Bielefeld, Kassel, u.a.).

der zu hohen Komplexität realen Unterrichtens. Die kritisch erhellte Distanz zur eigenen Erfahrung und, damit verbunden, eine wirksame Bereicherung der Deutungs- und Entscheidungsgrundlagen, läßt sich wohl nur in der angeleiteten intensiven Auseinandersetzung mit alternativen Interpretations- und-Verhaltensmustern an praktisch-konkreten Fällen entwickeln. Ein anderer Stil, andere Grundorientierungen und kritische Distanz werden aber nur in der sozialen Interaktion mit Kundigeren erfahrbar und wirksam. In einem sehr anspruchsvollen Sinne muß die Ausbildung – wenigstens in wesentlichen Teilen – den erwünschten künftigen Unterrichts-Stil vorleben. Dies kann selbstverständlich nur in Veranstaltungen eigener Art, in hinreichend kleinen Gruppen und unter kundiger Anleitung gelingen. Letzteres ist um so wichtiger, als es dabei (auch) um die Selbstreflektion und das Selbstkonzept der angehenden Lehrer und damit einigermaßen hautnah um ihre eigene Person geht.

Es sollte deutlich sein, daß es für diese Vermittlungsprozesse im anschließenden Referendariat und unter den harten Zwängen der alltäglichen Praxis zu spät ist. Sie müssen bereits in der ersten Phase der Ausbildung angelegt, theoretisch angeleitet und als kritische Reflektion zur professionellen Selbstverständlichkeit anentwickelt werden. Die Schlüsselfunktion dieser spezifischen Vermittlung liegt, wie man überspitzt sagen könnte, in der individuellen Fundierung der theoretischen Fundamente, in der Verwurzelung eines anderen, informierteren Bildes vom Schulhalten. Die Schärfung des Problembewußtseins, des „Unterscheiden"könnens wie Luhmann sagen würde, und die kritisch-distanzierende Selbstreflektion sowie die Bereicherung der Handlungsoptionen müssen ein integraler Bestandteil der Erstausbildung selbst sein. An drei Beispielen soll die Forderung nachfolgernd kurz illustriert werden. Die vorgestellten Interpretationen sind Ergebnisse solcher Veranstaltungen; sie sollten nicht ihrerseits als neuer akademischer Lehrstoff mißverstanden werden.

2. Der erste „Fall" – Die historische Gleichungs-Stunde

Die folgende Unterrichtsepisode ist eines der ältesten wortgetreu aufgezeichneten Unterrichtsdokumente überhaupt. Es stammt aus der Zeit vor 1910 und ist die stenographische Aufzeichnung einer Algebrastunde im zweiten Jahr eines auf vier Jahre angelegten highschool Kurses in den USA (Stevens 1910, S.9). Wegen seiner Besonderheit wird es hier im Original und in einer Übersetzung abgedruckt.

(T = teacher; S = Silberman, Schüler; P = andere Schüler)

1	T: ... it will be more interesting to you	... für euch wird interessanter sein,
2	to see how we can get a picture of	wie wir ein Bild einer Gleichung kriegen.
3	an equation. Remember that	Denkt daran, daß
4	the secret of all this depends on	das Geheimnis all dessen abhängt
5	that scheme of having *one point*	von dem Prinzip, daß *ein Punkt*
6	*represent two things at the same time.*	*zwei Dinge zugleich darstellen* kann.
7	Suppose I take this equation $x + y = 5$	Angenommen die Gleichung $x+y = 5$
8	What kind of an equation is that?	Was für eine Art von Gleichung ist das?
9	Silberman?	Silberman?
10	S: Simple equation?	Einfache Gleichung?
11	T: Simple, yes;	Einfach, ja;
12	anything else you can think of?	fällt dir noch etwas anderes ein?
13	S: An impossible equation, –	Eine unmögliche Gleichung, –
14	you can't work it.	man kann sie nicht lösen.
15	T: Is he right?	Stimmt das?
16	What kind of an equation is that?	Was für eine Art von Gleichung ist das?
17	P: Incomplete.	Unvollständig.
18	P: Indefinite.	Unbestimmt.
19	P: Indeterminate.	Unbegrenzt.
20	T: When you call that equation	Wenn du diese Gleichung
21	indefinite,	unbestimmt nennst,
22	just what do you mean?	was genau meinst du damit?
23	P: One cannot determine any special pair	Es läßt sich kein bestimmtes Paar
24	of values for x and y.	von Werten für x und y finden.

Die kurze nachfolgende Interpretation hat sich aus mehreren Diskussionen unter einer interaktionistisch-ethnomethodologischen Perspektive ergeben. Sie kann – wie jede sinnvolle andere auch – nicht beanspruchen, *die* wahre oder endgültige zu sein. Dennoch ist sie natürlich nicht beliebig und nur mit entsprechend begründeten Alternativen vergleichbar (s. auch 5.).

Das vereinnahmende „wir" (Zeile 2) des Lehrers versucht eine Gemeinsamkeit zu unterstellen, die faktisch nicht besteht. Die Betonung (Zeilen 5/6, kursiv) markiert klar für jeden Schüler, daß jetzt etwas mitgeteilt wird, das man für das Folgende beachten muß. Die scheinbar einfache Frage nach dem Gleichungstyp löst fünf (!) verschiedene Angebote aus: einfach, unmöglich, unvollständig, unbestimmt und nicht definiert. Daß der Lehrer Silberman's erste Antwort (Zeile 10) im Widerspruch zu seinem bestätigendem „ja" (Zeile 11) nicht akzeptiert, das zeigt sein Weiterfragen (Zeile 12) an, und noch deutlicher wird es durch seine Wiederholung der Schlüsselfrage nach dem Gleichungstyp (Zeile 16). Den Schülern wird damit indirekt signalisiert: „Ich bin noch nicht zufrieden!"

Der Lehrer läßt im weiteren den Mitteilungen der Schüler scheinbar freien Lauf. Als keine weiteren Angebote mehr kommen, pickt er die vermutlich von ihm erwünschte und erwartete Äußerung (Zeile 18) heraus – er bezieht sich nicht auf die letzte Schüleräußerung! – und fragt nun nach der Bedeutung, die der Schüler damit verbindet (Zeile 20-22). Dies funktioniert als eine Vergewisserung des vom Schüler Gemeinten wie gleichzeitig als „Veröffentlichung" und Sanktionierung der Erklärung für die ganze Klasse, mündet also in einen (aus Lehrersicht) klärenden Abschluß der Diskussion. Die Antwort des Schülers stellt den Lehrer offenbar zufrieden, denn der stellt keine weitere Frage. Für alle Beteiligten ist damit das Etikett „unbestimmt" (indefinite) zum geltendes Wissen deklariert worden. Der Lehrer hat damit seine Definitionsmacht über die Begriffe, die Episode abschließend, ausgeübt.

Das Einsetzen des Lehrers mit „Is he right?" (Zeile 15) würde Mehan (1979) im lehrergelenkten Unterricht heute den improvisierten Strategien („improvisational strategies") zuordnen. Das sind Äußerungen, die ein „opening the floor" anzeigen, die Aufforderung zur breiteren, offeneren Diskussion und dem Einholen von Meinungen und Kommentaren. Der Unterricht wird dadurch am „Laufen" erhalten und man kommt zunächst ohne viel Aufwand weiter. Bemerkenswert an dem Mehan'schen Begriff ist der Umstand, daß er erst rund 70 Jahre später und damit aus der Interpretation von weit neueren Unterrichtsdokumenten hervorgegangen ist. Das (wieder)entdeckte Muster hat sich also offenbar über viele Schulreformen hinweg höchst lebendig durchgesetzt. Und wahrscheinlich ist es noch erheblich älter. In unserem Fall jedoch wird diese improvisierte Strategie mißbraucht, um einen Fachterminus hervorzubringen, der auf Konvention beruht und daher durch Nachdenken nicht gefunden werden kann.

Denkt man im übrigen an die möglichen Lerneffekte dieser Unterrichtsstunde, so bleibt wohl notwendig offen, ob einzelne Schüler die so (Zeile 23/24) erklärte Bezeichnung „unbestimmt" als eine Gleichungs-Eigenschaft nun nur mit einem Werte*paar* verbinden (können) und ob sie „irgendein bestimmtes Paar" so verstehen, daß man kein *bestimmtes* Paar angeben kann oder *beliebig viele* oder *überhaupt keins* usw. D.h. die Vagheit der Begriffe besteht wahrscheinlich fort. Sie wird vermutlich nur über weitere Beispiele indirekt weiter eingeengt werden (können). Zugleich liefert die Episode ein Beispiel für das unerwünschte und indirekte Einüben der Schüler in das Raten von erwünschten Antworten und verstärkt dabei – ebenso unerwünscht – die Abhängigkeit ihres Urteilens von der Lehrerzustimmung; – keine „Erziehung zur Mündigkeit" (Adorno).

3. Der zweite „Fall" – Die Trichtermuster-Stunde

Wie Interaktionsmuster funktionieren und den Unterrichtsverlauf geradezu deformieren können, ohne daß Lehrer und Schüler sich dessen bewußt sind, und gelegentlich sogar so, daß die Lehrerabsichten verkehrt werden, das mag das folgende Beispiel illustrieren. Es handelt sich um einen Ausschnitt aus einer Stunde zum Sachrechnen im 4.Schuljahr einer ländlichen Grundschule[4]. Behandelt wird eine Textaufgabe aus dem Schulbuch:

> Welche Wassermenge liefert eine Heilquelle
> a) täglich, b) monatlich, c) jährlich bei einer Ausschüttung
> von 200 hl pro Stunde?

Während die übrigen Kinder an der Aufgabe arbeiten, wendet sich die Lehrerin einer Schülerin zu, die offenbar Schwierigkeiten mit der Lösung hat:

```
1  L:   ... da ist kein bestimmter Monat angegeben,
2       da nimmt man dann 30 Tage und rechnet mit den 30 Tagen,
3       und in a) ist ja die Wassermenge von einem Tag schon angegeben.
4       Und wieviel ist das für einen Monat?
5  S:   (schweigt)
6  L:   Na, du weißt, ein Monat hat 30 Tage ...
7  S:   (bejahend) ... mhm ...
8  L:   ... und nun?!
9  S:   (schweigt)
10 L    Eine Stunde, du brauchst ja jetzt noch gar nicht zu sagen,
11      wieviel ein Tag hat, das muß du ja erst ausrechnen,
12      also ein Tag hat x Hektoliter, nich?
13      und dann kannst du x Hektoliter mal wieviel nehmen?
14 S:   (schweigt)
15 L:   Na, wieviel haben wir gesagt für einen Monat?
16 S:   30 Tage.
17 L:   Also x Hektoliter mal 30!
18      Das wären dann die Hektoliter für einen Monat.
```

In jeder Unterrichtspraxis begegnet man diesem Einhilfetyp. Das Vorgehen wird von vielen Lehrern als Stütze und Hilfe für den Schüler angesehen. Man will dem Schüler „Denkanstöße" geben, um ihn „auf den Weg" zu bringen, doch ohne inhaltlich zu viel vorwegzunehmen. Im Bestreben, nichts zu sagen, was Schüler selbst finden können – heute auch unter dem Zwang falsch verstandener Forderungen nach „entdeckendem Lernen" –, wird fortgesetzt

---

[4] Der Hessische Rundfunk hatte die Original-Audioaufzeichnung als ein Muster guten Unterrichts und gelungener Lehrerzuwendung ausgestrahlt und mir später eine Tonbandkopie davon zugänglich gemacht. Das Transkript ist abgedruckt und kommentiert in J. Diederich/K.C. Lingelbach (1977), S.50f. Eine vollständigere Analyse als hier findet man in H. Bauersfeld (1978 und 1983).

gefragt, bis die erwünschte Antwort fällt, – ein Mißbrauch der sokratischen Methode.

Auch in unserem „Fall" fragt die Lehrerin immer weiter. Sie läßt der Schülerin dabei von Schritt zu Schritt immer weniger Antwortspielraum. Das beschneidet die Reaktionsmöglichkeiten der Schülerin. Zugleich signalisiert die Lehrerin damit ihre schrittweise geringer werdende Qualitätserwartung. (Man versuche, die Lehrerfragen nacheinander selbst zu beantworten, dann wird der Qualitätsverlust der Lehrererwartung einsichtig.) Dabei nimmt die Emotionalisierung – vermutlich auf beiden Seiten – ständig zu, was man u.a. dem Tonfall und der Sprechgeschwindigkeit der Lehrerin entnehmen kann. Dieses Verlaufsmuster entwickelt sich hier so weit, daß die Lehrerin schließlich selbst die erwartete Lösung nennt (Zeile 17), dies, obwohl sie doch nur Anstöße geben und inhaltlich so wenig wie möglich mitteilen wollte.

Man sollte sich verdeutlichen, daß die Schülerin in der ganzen Episode nichts weiter als „mhm" (zweigipflig) und „30 Tage" gesagt hat! Was ihr als Lernertrag bleibt, dürfte recht bescheiden sein. Daß ihr der Rechengang und seine Begründung nun durchsichtiger geworden seien, darf bezweifelt werden. Die Lehrerin hingegen war, wie die anschließende Befragung zeigte, mit dem Verlauf sehr zufrieden und wertete ihren Part als wirksame Einhilfe.

Das Verlaufsmuster hat sich in vielen Unterrichtsdokumenten aufweisen lassen. Es erinnert an einen Trichter in doppeltem Sinne: einerseits durch die auf den inhaltlich dürftigen Ausgang hin sich fast zwanghaft[5] verengende Form und andererseits durch die Nähe zum „Nürnberger Trichter", dem klassischen Bild für schulisches Eintrichtern von Wissen. Damit lag die Bezeichnung „*Trichtermuster*" nahe[6].

Man kann die Episode unter vielen weiteren nützlichen Perspektiven diskutieren. Z.B. kann man zu interpretieren versuchen, welche Hilfen sich in der Episode für die Förderung der Reflexion – Hilfen zur Selbsthilfe – der Schülerin ergeben. Dann könnte unter einer diskursanalytischen Perspektive deutlich werden, daß die Lehrerin, von der Einleitung (Zeile 1-3) abgesehen, sich im wesentlichen mit Hilfe von Sprachelementen der Schüler zu verständigen sucht: „wieviel ein Tag hat", „mal wieviel nehmen" usw. Sie bleibt also in der „Objektsprache" des unmittelbaren rechnerischen Handelns[7] und führt keine „metasprachlichen" Elemente zum Sprechen über das rechneri-

---

5 Selbstverständlich „zwingt" das Interaktionsmuster keinen der beiden Aktanden; es kann an jeder Stelle z.B. durch die erwartete Antwort oder durch das Ausweichen auf eine Metaebene abbrechen. Doch wird offenbar das Aussteigen um so schwerer, je weiter der Verlauf fortschreitet.
6 Diese Unterrichtsepisode hat in meiner Arbeitsgruppe am IDM eine gewisse Orientierungs- oder Schlüsselrolle für eine bestimmte Arbeitsrichtung gespielt und eine Reihe weiterer Untersuchungen und theoretische Erwägungen ausgelöst (J. Voigt 1984, G. Krummheuer/J. Voigt 1991, H. Maier/J. Voigt 1991 und 1994 u.a.).
7 In der Linguistik wird dieses Anpassen des Sprechers an die vermutete Hörererwartung „Indexieren" genannt, d.h. der Sprecher paßt seine Sprache den unterstellten Verstehensmöglichkeiten des Hörers an.

sche Handeln ein. Mit anderen Worten: Reflektion wird nicht als eigenes Sprachspiel entwickelt (vgl. Bauersfeld 1993).

Eine mehr fachdidaktisch-inhaltliche Perspektive könnte aufweisen, daß die Lehrerin auch keine anderen Hilfsmittel zur Förderung der Einsicht beizieht, skizzierend-graphische Darstellungen z.B., die eine Lockerung der Situation oder einen Perspektivenwechsel auf die Sache ermöglichen könnten. Das Verstehensproblem der Schülerin wird auch nur aufgabenspezifisch und nicht grundsätzlicher angegangen, was z.B. in Form einer Erörterung geschehen könnte, wie man aus dem gegebenen Sachverhalt überhaupt zur Bestimmung der angemessenen mathematischen Operation gelangen kann u.ä.

4. Der dritte „Fall" – Die Hammond-Stunde

Schüler haben nicht nur Schwierigkeiten mit dem Verstehen des vom Lehrer Gemeinten, sondern auch mit der Darstellung des von ihnen selbst, ggf. noch unsicher und tentativ Gemeinten. Dies kompliziert sich auf beiden Seiten, Lehrer wie Schüler, wenn die Darstellung im Soziolekt einer Minderheit geschieht, wie das heute in vielen Ländern mit anderssprachigen Minderheiten zum Schulalltag gehört. Wie groß die wechselseitigen Verständigungsprobleme sein können, gerade auch auf der Lehrerseite, das mag die folgende Episode illustrieren.

Der Ausschnitt ist im Dezember 1989 in Hammond, Indiana, südlich von Chicago, aufgenommen worden, in der 2.Klasse einer von Afro-Amerikanern besuchten Grundschule[8]. Als Teil eines Projektes haben sich die Schüler (und der Lehrer) daran gewöhnt, gegebene Aufgaben in Gruppenarbeit, d.h. paarweise, zu bearbeiten und anschließend in der ganzen Klasse gemeinsam die verschiedenen Lösungswege zu diskutieren. Die Episode bezieht sich auf die Diskussion verschiedener Lösungswege zu der Aufgabe 12 + 8 + 15 = ❏ mit der ganzen Klasse

```
 1  T: ... A new way S [Schüler]? Did you do something different?
 2  S: Yes.
 3  T: What did you say?
 4  S: I looked at the 12 and I took uah, 3 out of that, uah, 15
 5     and that's gonna equal to 12. And 12 plus 12 is 24.
 6  T: Alright.
 7  S: And uah, and uah, the uhm, the 3 more to the uhm, to the 8
 8     - - not the 8.
 9  T: Let me go back and say, you, you, you said 12 and then you said uah -
10  S: Plus 12.
11  T: Okay plus a 12. That was 15 right there but you took out a 3 did
       you?
```

---

8   Ich verdanke das Transkript Erna Yackel, Purdue University Calumet.

12 S: Yes.
13 T: Okay. Alright.
14 S: And it was 8. It was 11 left.
15 T: 11 left?
16 S: Yes.
17 T: What did you come up with though?
18 S: And that was 35.
19 T: Okay this is 24. Alright. Alright. And then plus ele- – the 11 you had,
20   you had the 8 and the 3 was 11. Is that where you got the 11 from?
21 S: Yeah.
22 T: Alright.

Der Schüler hat ersichtlich mit der 12 begonnen und sich dann der 15 zugewandt, von dieser 3 weggenommen – „3 von dieser äh 15" (Zeile 4) – und damit eine zweite 12 erhalten. Dann addiert er sofort die beiden 12'er (Zeile 5). An dieser Stelle bleibt offen, ob die Zustimmung des Lehrers (Zeile 6) sich auf den ganzen Ansatz bezieht oder nur auf diese letzte Addition oder ob sie lediglich als allgemeine Ermunterung zum Fortfahren dienen soll. Der Schüler bleibt bei seiner Darstellung stecken (Zeilen 7/8). Der Lehrer versucht einzuhelfen, bemerkenswerterweise mit der 12 beginnend (was eher für die zweite Interpretation von Zeile 6 spricht), statt z.B. mit der 15, von der die abgespaltene 3 stammt. So verheddert auch er sich. Der Schüler bezieht die Lehrer-Einhilfe ebenfalls auf die letztgenannte Addition „12 plus ist 24", denn er hilft nun seinerseits dem Lehrer ein mit „plus 12" (Zeile 10)!

Nebenbei: Es ist ein fundamentales Merkmal menschlicher Kommunikation, daß uns oft erst die Reaktion unseres Partners anzeigt, wie unsere Äußerung verstanden worden ist (und damit zugleich, wie sie *auch* verstanden werden kann). Woraufhin wir unsere nächste Äußerung unter Einbeziehung dieser Deutung seiner Äußerung formulieren. D.h. menschliche Kommunikation zeichnet sich aus durch eine komplizierte „Reflexivität" („ich weiß, daß du weißt, daß ich weiß ...", vgl. Mehan/Wood 1975, Laing 1982) und „Indexikalität" (Anpassung der Sprache an das vermutete Hörerverstehen, vgl van Dijk 1997). Dabei kann die Verständigung im Verlauf dennoch immer weiter divergieren.

Der Lehrer faßt sich wieder nach diesem überraschenden Rollentausch, nun auf die 15 verweisend (Zeile 11). Daß ihn der Einwurf berührt oder überrascht hat, zeigt seine doppelte Rückbestätigung „Okay. Alright." (Zeile 13) der Schülerbestätigung „Yes." (Zeile 12) an. Der Schüler spinnt seinen Gedanken fort, nach der 3 nun auf die 8 verweisend und die Summe 11 (Zeile 14). Das geht dem Lehrer offenbar wieder zu schnell (Zeile 15). Er fragt zurück, woraus sich für den Schüler kein weiterer Erklärungsbedarf ergibt, denn er reagiert nur mit einem „Ja" (Zeile 16). Des Lehrers etwas hilflos wirkende Anschluß-Frage „Wie bist du denn darauf gekommen?!" (Zeile 17) zeigt zumindest eine andere Erwartung an. Und erneut setzt der Schüler einfach seinen Gedanken fort, zweimal 12 plus 11 ist 35 (Zeile 18), was den

Lehrer zu seiner etwas stockend vorgetragenen Rekonstruktion des bisherigen Rechenweges veranlaßt und dann zur Wiederholung seiner Frage von Zeile 17, die jetzt aber als Rückversicherung seiner Rekonstruktion formuliert wird: „ist es das, wo du die 11 her bekommen hast?" (Zeilen 19/20). Man könnte hier vermuten daß die Antwort des Schülers, das gedehnte „Ja-ha!", vielleicht von einem leichten Lächeln begleitet wurde: „Nun hast Du's auch kapiert!". Doch dazu war der Respekt vor diesem Lehrer viel zu groß.

Das Beispiel kann verdeutlichen, daß in der menschlichen Kommunikation keineswegs einfach „Information" oder „Wissen" ausgetauscht wird. Vielmehr finden dabei sehr komplizierte Interpretations- und Anpassungsprozesse statt – gekennzeichnet u.a. durch Reflexivität und Indexikalität, lingustisch gesprochen –, eine Einsicht, die Varela (1990) dazu veranlaßt hat, unter anderem auf den Begriff „Information" überhaupt zu verzichten.

5. Zur Begründung der Interpretationen

Oevermann hat mehrfach darauf hingewiesen, daß jede Interpretation einer Begründung bedarf, gleichsam einer Ausweisung des „erkenntnisleitenden Interesses" (Habermas). Es sind im wesentlichen drei Gründe, die zur Wahl der vorgelegten Episoden und Interpretationen geführt haben:

5.1

Die hier angebotenen Interpretationen folgen alle mehr oder weniger einer interaktionistisch, ethnomethodologisch und pragmalinguistisch orientierten, also eher soziologischen Theorieperspektive (vgl. Krummheuer 1992, Miller 1986), nicht aber den verbreiteten kognitionswissenschaftlichen Ansätzen. Warum? Zwar hat die Pädagogik schon früh den Re-Import der interpretativen Soziologien aus den USA (vgl. ABS 1973) aufgearbeitet und Unterricht in Abhebung von der damaligen Kognitionspsychologie als soziales Handeln gedeutet (z.B. Mollenhauer 1972, Wellendorf 1973, Brumlik 1973, Menck 1975, Uhle 1978, Martens 1979). Doch ist diese sozialwissenschaftliche Wende von den Fachdidaktiken[9] nur sehr langsam aufgenommen worden. Im Blick auf die akademischen Lehrerausbilder wäre daher in dieser Hinsicht immer noch ein Defizit zu füllen.

---

9 Ausnahme die Deutsch-Didaktiker, die sich in der Folge, bis heute fortwirkend, in „Literatur"-Didaktiker und „Linguisten" gespalten haben.

5.2

Die gewählte theoretische Orientierung erlaubt des weiteren ein vertieftes Verstehen – besser vielleicht: ein differenzierteres Modellieren – des Flusses der hochkomplexen Unterrichtsprozesse. Insbesondere läßt sich damit die verborgene „Grammatik" des Unterrichts analysieren, d.h. die Handlungsmuster und Regularitäten, denen die Beteiligten zu folgen scheinen, ohne daß ihnen dieses durch gehend bewußt wäre. Uhle (1997) hat dies allgemeiner „socially subconscious meaning or rules" genannt. Und es läßt sich zeigen, daß diese Muster nicht selten kontrafunktional zu den erklärten Unterrichtungsabsichten wirken. Die Rekonstruktion von tradierten Verhaltensschemata, vom Funktionieren dieser institutionalisierten und vorbewußten Einengungen prinzipiell offenerer Handlungsmöglichkeiten ist anderen Mitteln (bisher) nicht zugänglich.

5.3

Vorstellungen zur Einleitung und Durchsetzung von Unterrichtsreformen beruhen immer noch häufig auf allzu einfachen Ursache/Wirkung-Modellen und führen daher leicht zu fehllaufenden, wenn nicht scheiternden Eingriffen. Es ist offenbar schwierig (und gegen unsere erworbenen Überzeugungen), den emergenten Charakter von Unterrichtskulturen zu akzeptieren und angemessen zu beschreiben. Gegenüber diesen Fehlvorstellungen einerseits, aber auch gegenüber den oft einseitig stoff- und aufgaben-didaktisch betonten Analysen in den Fachdidaktiken, gewinnt der hier vorgestellte Klärungsversuch an Gewicht, wenn Unterricht positiv und wirksam verändert werden soll.

6. Also – Wozu?

> „Bewußtsein muß aus offensichtlichen mechanischen Gründen immer auf einen ziemlich kleinen Ausschnitt des geistigen Prozesses begrenzt sein. Soll es überhaupt nützlich sein, dann muß sparsam damit umgegangen werden".
> Gregory Bateson (1981, S. 192 f.)

Abschließend soll am Beispiel der drei Fälle die mögliche Funktion und Bedeutung solcher Ansätze in der Lehrerausbildung aufgewiesen werden.

6.1 Formiertes Bewußtsein und aktuelles Handeln.

Der vielleicht wichtigste Grund läßt sich mit der Abwehr eines möglichen Mißverständnisses erläutern. Es geht *nicht* darum, der Lehrerausbildung eine neue Dimension der Reflektiertheit einzuziehen, eine vermehrte Rationalisierung etwa, wie das z.b. auch die Ansätze zum „Lernen des Lernens" oder zur Vermittlung von Denkstrategien versucht haben (vgl. Weinert/Kluwe 1984). Minsky hat einmal gesagt: „self-awareness is a complex, but carefully constructed illusion" und „each part of the mind sees only a little of what happens in some others" (1980, S. 130). Wie wenig das ist, läßt sich schon an der Unbeherrschbarkeit unseres Erinnerns ablesen, das wir mit allerlei Mnemotechniken zu überlisten versuchen. Aber erst die als Jahrzehnt des Gehirns und seiner Erforschung ausgerufene letzte Dekade dieses Jahrhunderts hat die reduzierte Vorstellung von der Macht des individuellen Bewußtseins bestätigt und präzisiert (Roth 1994, Posner/Raichle 1996, Spitzer 1996; eine Zusammenfassung in Bauersfeld 1996).

Unser Bewußtsein ist neurophysiologisch gesehen nicht der Oberkontrolleur im Kopf, sondern als Teil des Systems eher ein „Eigensignal des Gehirns" (Roth 1994, S. 207). Schon die „präattentive Wahrnehmung" sortiert nach „bekannt/unbekannt" und „wichtig/unwichtig" und als unwichtig Bewertetes dringt „überhaupt nicht in unser Bewußtsein" (Roth 1994, S. 207). Nur was unsere Gefühle, die unvermeidlich an allen Gehirnvorgängen beteiligt sind, vorgängig als „neu oder wichtig" bewerten, ruft Aufmerksamkeit hervor, begleitet von Aktivierungen – die wir als unbewußte und nicht steuerbare Vorgänge umgangssprachlich so treffend „Einfälle" aus dem Gedächtnis nennen – und die erst erzeugen einen Bewußtseinszustand, der uns mit Handlungsoptionen versorgt und damit aktuell handlungsfähig macht. Das Bewußtsein ist also keine unabhängige zentrale Instanz, sondern von der bisherigen Erfahrung abhängig und durch sie mitgeformt. Die Wirkung der Lehrerausbildung hängt mithin ganz wesentlich davon ab, in welchem Maße sie jene Bewußtsein und Entscheidungen fundierenden individuellen Erfahrungsbestände erreicht und verändern kann. Andernfalls erzeugt sie nur „Bildungs"- oder Prüfungs-Wissen.

6.2 Vom „Maulbrauchen" (Luther).

Die Pädagogik weiß seit langem um die Fragwürdigkeit bloß sprachlicher Belehrung, von Deweys „learning by doing" bis zu Herman Nohl: „Keine Kraft des Lebens entwickelt sich durch Wort-Belehrung, sondern immer nur durch die Tat-Handlung, Liebe nur durch Lieben, Glaube nur durch Glauben, Denken nur durch Denken, Tun nur durch Tun" (1929, S. 68). Und schon Herder diagnostizierte: „Das ist der Fehler der Zeit, ... wir lernen eine Sprache, gehen mit Worten in zwei Minuten durch, was sie in Jahrhunderten erfunden und verstehen gelernt, [und] lernen damit nichts" (zitiert in Nohl 1929, S. 5).

Für die hier vertretenen Fallstudien heißt das, eine Veränderung und Bereicherung der individuellen Deutungsgewohnheiten und Ursachenzuschreibungen läßt sich beim Studenten nur durch eine engagierte Teilnahme in Interpretationsprozessen anbahnen, d.h. durch das (angeleitete) eigene, interessierte Interpretieren und damit durch das aktive Herausfordern und Infragestellen der erworbenen Sinnzuschreibungen und deren Änderung im Prozeß, – nicht aber über eine bloß verbale Vermittlung der Interpretations*produkte* Anderer. Dies gilt gleichermaßen für die Entfaltung der kritischen Selbstreflektion. In der akademischen Lehrerausbildung (wie erst recht im schulischen Unterricht) wird beides allzu leicht vergessen.

6.3 Tradition und ihre Reproduktion.

In den Analysen der drei Episoden kann erfahrbar werden, in welchem Maße unser scheinbar so bewußtes und absichtsgeleitetes Handeln gelegentlich einer verborgenen „Grammatik" folgt, die den Beteiligten nicht durchsichtig ist. Ein solches durch verdeckte Regularitäten und Interaktionsmuster charakterisierbares Handeln der Beteiligten findet man insbesondere in Institutionen, die durch vorgegebene Organisationsformen und Tätigkeitswiederholungen die Ausformung von Routinen und wechselseitigen Handlungs- sowie Reaktionserwartungen – geradezu unausweichlich – fördern. Zwar lassen diese Interaktionsmuster als emergente Gleichgewichte zwischen Konfliktvermeidung und einer oberflächlichen (zumeist auf Fertigkeiten beschränkten) Effektivität den Unterricht „laufen". Doch decken erst die Analysen auf, in welchem Maße sie zu kontrafunktionalen Effekten führen können, und das unter scheinbar harmonischen Oberflächen. Die Reproduktion der Schule von gestern vollzieht sich vertrackt verläßlich über diese institutionellen Bedingungen sowie gleichermaßen über die skizzierten individuellen Erfahrungsbestände.

Auf dieser Grundlage kann sich eine andere Logik hinsichtlich der Lehrer-Schülerbeziehung entfalten, insbesondere eine differenziertere Sicht auf Kausalitätsvorstellungen. Einfache Ursache-Wirkungs-Modelle und rezeptgestützte Erwartungen zur geradlinigen Effektivität von Lehrerinterventionen für das Verhalten und Lernen von Schülern werden fragwürdig. Es kann sich zeigen, daß gerade in den scheinbar so sachlichen Unterrichtsfächern ein viel subtileres Vergewissern und „Aushandeln" der wechselseitigen Vorstellungen und Absichten erforderlich ist, – und damit sind nicht die Fehlformen eines mißverstandenen „sozialen Lernens" gemeint, sondern eine durchaus nüchterne Vertiefung der sachbezogenen Interaktionsprozesse und damit eine nicht geringe Qualitätsanhebung der Lehr-Lern-Prozesse.

6.4 Kommunikation und Unterrichtskultur.

Die Fallstudien können auch sehr konkret erfahrbar machen, daß Unterricht wie eine (Sub-)Kultur funktioniert. Die Schüler lernen ständig, und zwar nicht nur über den Strang der „offiziellen", von Lehrern direkt beeinflußten verbalen Unterrichtskommunikation, sondern mit allen ihren Sinnen. Nicht nur *was* gesagt wird, sondern *wie* und mit welchen begleitenden Hand- und Körperbewegungen das geschieht, wird von den Schülern gedeutet. Es ist immer wieder erstaunlich, zu sehen, wohin sich ein scheinbar konzentriertes Unterrichtsgespräch unversehens entwickeln kann. Erst Rekonstruktionen anhand von Transkripten (wenn sie auch paralinguistische Elemente, Körpersprache und Proxemik usf. wie vorläufig auch immer zu erfassen versuchen) ermöglichen es, die wechselseitige Abhängigkeit der Deutungsvorgänge zu rekonstruieren, das verdeckte Wirken des vom Lehrer unbemerkt Mitgelernten (wenn es denn gelegentlich offenbar wird), aber auch im aktuellen Handlungszwang Fehlgedeutetes. Nicht erst im Umgang mit Schülern, die der deutschen Sprache noch unzureichend mächtig sind, wenn auch dort besonders auffallig, haben die skizzierten Dimensionen der Kommunikation erhebliche Bedeutung für das Unterrichtsgeschehen.

6.5 Wiederholbarkeit und Distanz.

Transkripte von Unterrichtsaufzeichnungen haben gegenüber der Unterrichtswirklichkeit (und selbst gegenüber Videoaufzeichnungen davon) den Vorteil reduzierter Komplexität. Sie können in beliebig vielen Durchgängen unter stets wechselnden Aufmerksamkeits- und Theorie-Foki analysiert werden. Das unterscheidet solche Analysen vom atemlosen permanenten Handlungs- und Entscheidungszwang unter dem sich der Lehrer im Unterricht befindet. Im Fluß des konkreten Unterrichts können die Beteiligten immer nur sehr enge Deutungen der komplizierten Interaktionsprozesse aktivieren, und sie erinnern sich in der Regel auch nur an diese, die bei späterer Darstellung aus der Erinnerung zudem noch überformt werden durch die eigenen Absichten und Handlungsziele[10]. Im Unterricht kann daher das wechselseitige Verstehen erheblich auseinanderlaufen, so sehr, daß die Lerneffekte beim Schüler fragwürdig oder gar kontrafunktional werden. Die Lehrerausbildung muß darauf vorbereiten, doch erweisen sich derartige Analysen auch in der Lehrerfortbildung als nützlich.

Die Transkripte[11] lassen sich vielseitig verwenden. An jeder Stelle läßt sich einsetzen mit Fragen wie „Wie hätte man anders fortfahren können?"

---

10 und nicht zuletzt durch das Wegerklären ihres Scheiterns und der Mißerfolge. Es gibt auch kein „objektives" Erinnern.
11 Meine Erfahrungen mit den zugehörigen Video-clips sind weniger günstig, was die Offenheit der Diskussion angeht. Offenbar lösen Bilder engere Zuschreibungen und

(z.B.: ein Beispiel anbieten – welche wären geeignet? Allgemeinere Gründe oder Hilfsmittel beiziehen usw.), „Wie versteht der Schüler X die Lehrereinlassung?", „Wie versteht und benutzt der Lehrer die Schüleräußerung im weiteren?" (d.h. welche Deutung macht der Lehrer durch sein weiteres Handeln deutlich?) usw. Schon in den frühen 70er Jahren hat in ähnlicher Weise Alan Bishop in Cambridge eigene und speziell dafür vorbereitete Mathematikstunden aufgezeichnet und die Videos mit seinen Lehrerstudenten interpretierend diskutiert (vgl. auch Bishop 1972).

Nur ergänzend erwähnt werden soll hier, daß sich mit der Videodisc-Technologie derartige Analysen auch am Computerschirm vornehmen lassen. Das Anhalten, Vor- und Zurückspielen von Szenen ist problemlos möglich, Transkripte können eingeblendet werden. Direktes Protokollieren von Deutungen und deren ggf. spätere Bearbeitung durch Tutoren sind einfach, ebenso die Eingabe von Anweisungen und Hilfen. Ein Beispiel bietet das JASPER-Projekt „Cognition and Technology Group at Vanderbilt (CGTV 1997, Bransford et.al. 1998), das von IBM unterstützt mit 30cm-CDs arbeitet, die ein Dutzend kompletter Unterrichtsstunden und mehr speichern können. Das Team von weit über 100 Mitarbeitern bemüht sich um die Förderung eines problemorientierten Mathematikunterrichts ab Klasse 5.

7. Nachbemerkung

Einschränkend sollte festgehalten werden, daß es im Lehrstudium selbstverständlich nicht darauf ankommen kann, perfekte Interpretierer auszubilden. Nach welch spezieller pragmalinguistischen, diskursanalytischen, ethnomethodologischen, objektiv-hermeneutischen oder anderen wissenschaftlich begründeten Methoden auch immer. Das wäre ein Mißverständnis der hier erhobenen Forderung. Wohl aber kommt es bei der Anleitung darauf an, daß die Lehrerstudenten Distanz gewinnen zu ihren allzu geläufigen Erstinterpretationen, daß sie ihre Deutungsrepertoires erweitern und damit an Urteilsfähigkeit wie an Selbstreflektiertheit zunehmen. Die so selbstverständliche Reproduktion der Schule von Gestern würde dann vielleicht etwas weniger wahrscheinlich.

Literatur

ABS – Arbeitsgruppe Bielefelder Soziologen (1973): Alltagswissen, Interaktion und gesellschaftliche Wirklichkeit. Bd.1: Symbolischer Interaktionismus und Ethnomethodologie, Bd.2: Ethnotheorie und Ethnographie des Sprechens. roro-studium 54/55 Hamburg.

Überzeugtheiten aus als die Transkripte, die mehr Phantasie herausfordern und in unserem Sinne effektiver sind.

Bateson, G. (1981): Ökologie des Geites. Frankfurt a.M.
Bauersfeld, H. (1978): Kommunikationsmuster im Mathematikunterricht – Eine Analyse am Beispiel der Handlungsverengung durch Antworterwartung. In: H. BAUERSFELD: Fallstudien und Analysen zum Mathematikunterricht. Hannover; S. 158-170.
Bauersfeld, H. (1983): Kommunikationsverläufe im Mathematikunterricht. Diskutiert am Beispiel des „Trichtermusters". In: K. Ehlich and J. Rehbein: Kommunikation in Schule und Hochschule. Tübingen, S. 21-28.
Bauersfeld, H. (1993): Die Tragödie der Grundschullehrerausbildung. In: H. Bauersfeld/ R. Bromme: Bildung und Aufklärung – Studien zur Rationalität des Lehrens und Lernens. Münster, S.16-41.
Bauersfeld, H. (1996): Wahrnehmen – Vorstellen – Lernen. Bemerkungen zu den neurophysiologischen Grundlagen im Anschluß an G. Roth. In: P. Fauser/E. Madelung (Hrsg.): Vorstellungen bilden. Beiträge zum imaginativen Lernen. Velber, S. 143-163.
Bishop, A.J./Whitfield, R.C. (1972): Situations in Teaching. Maidenhead, Berkshire (UK).
Bransford, J./Zech, L./Schwartz, D./Barron, B./Vye, N./CTGV (1998): Design for environments that invite and sustain mathematical thinking. In: Cobb, P.(Hrsg.): Symbolizing, Communicating, and Mathematizing – Perspectives on Discourse, Tools, and Instructional Design. Mahwah, NJ, im Druck.
CTGV – Cognition & Technology Group at Vanderbilt (1997): The Jasper Project – Lessons in Curriculum, Instruction, Assessment, and Professional Development. Mahwah, NJ. (Dem Buch beigefügt ist eine 12cm-Demonstrations–CD)
Diederich, J./Lingelbach, K.C. (1977): Erfahrungen mit schulischen Reformen. Kronberg/Taunus.
Van Dijk, T. (1997): Discourse Studies 1 – Discourse as Structure and Process; Discourse Studies 2 – Discourse as Social Interaction. London.
Haensel, D./Huber, L. (1995): Lehrerbildung neu denken und gestalten. Weinheim.
Hoetker, J./Ahlbrand, W.P. (1969): The persistence of the recitation. In: American Educational Research Journal, 6, No.2, S.145-167
Krummheuer, G./Voigt, J. (1991): Interaktionsanalysen von Mathematikunterricht – Ein Überblick über einige Bielefelder Arbeiten. In: H. Maier/J. Voigt: Interpretative Unterrichtsforschung. Köln, S.17-32
Krummheuer, G. (1992): Lernen mit „Format" – Elemente einer interaktionistischen Lerntheorie. Weinheim.
Maier, H./Voigt, J. (Hrsg.) (1991): Interpretative Unterrichtsforschung. Untersuchungen zum Mathematikunterricht, Bd. 17. Köln.
Maier, H./Voigt, J. (Hrsg.) (1994): Verstehen und Verständigung. Untersuchungen zum Mathematikunterricht, Bd. 19. Köln.
Martens, K. (1979): Kindliche Kommunikation – Theoretische Perspektiven, empirische Analysen, methodologische Grundlagen. stw 272. Frankfurt a.M.
Mehan, H./Wood, H. (1975): The Reality of Ethnomethodology. NewYork.
Miller, M. (1986): Kollektive Lernprozesse – Studien zur Grundlegung einer soziologischen Lerntheorie. Frankfurt a.M.
Mollenhauer, K. (1972): Theorien zum Erziehungsprozeß. Reihe: Grundfragen der Erziehungswissenschaft., Band 1, hrsgeg. von K. Mollenhauer. München.
Nohl, H. (1929): Pädagogische Aufsätze. Langensalza.
Posner, M.I./Raichle, M.E. (1996): Bilder des Geistes – Hirnforscher auf den Spuren des Denkens. Serie: (ed.): Heidelberg.
Roth, G. (1994): Das Gehirn und seine Wirklichkeit – Kognitive Neurobiologie und ihre philosophischen Konsequenzen. Serie: (ed): Frankfurt a.M.
Spitzer, M. (1996): Geist im Netz – Modelle für Denken, Lernen und Handeln. Serie: (ed): Heidelberg.

Stevens, R. (1910): Stenographic reports of high school lessons. In: Columbia University Teachers College Record, no.4, Sept.
Sydow, A. von (Hrsg.) (1909): Wilhelm und Caroline von Humboldt in ihren Briefen. Band 3. Berlin.
Uhle, R. (1997): Objectivity in pedagogic hermeneutics. In: H. DANNER: Hermeneutic and Discourse. Johannesburg, S.103-128.
Voigt, J. (1984): Interaktionsmuster und Routinen im Mathematikunterricht. Weinheim.
Weinert, F.E./Kluwe, R.T. (1984): Metakognition, Motivation und Lernen. Stuttgart.
Wellendorf, F. (1973): Schulische Sozialisation und Identität – Zur Sozialpsychologie der Schule als Institution. Weinheim.

Die Buchreihe Schule und Gesellschaft

(Herausgeber: Hamburger; Horstkemper; Melzer; Tillmann)

Band 1
Wilfried Schubarth/Wolfgang
Melzer (Hrsg.): Schule, Gewalt
und Rechtsextremismus
2. überarbeitete und erweiterte
Auflage 1995. 294 S. Kart.
29,– DM/26,50 SFr/212 ÖS
ISBN 3-8100-1423-0

Band 2
Annedore Prengel:
Pädagogik der Vielfalt
Verschiedenheit und Gleichberechtigung in interkultureller, feministischer und integrativer Pädagogik
2. überarbeitete Auflage 1995
246 S. Kart.
29,– DM/26,50 SFr/212 ÖS
ISBN 3-8100-1422-2

Band 3
Silke Hesse:
Suchtprävention in der Schule
Evaluation der Tabak- und
Alkoholprävention
1994. 263 S. Kart.
29,– DM/26,50 SFr/212 ÖS
ISBN 3-8100-1151-7

Band 4
Wolfgang Nieke: Interkulturelle
Erziehung und Bildung
Wertorientierungen im Alltag
2. überarbeitete und ergänzte
Auflage 1999. Ca. 300 S. Kart.
Ca. 49,– DM/45,50 SFr/358 ÖS
ISBN 3-8100-2138-5

Band 5
Ulrike Popp: Geteilte Zukunft
Lebensentwürfe von deutschen
und türkischen Schülerinnen und
Schülern. 1994. 240 S. Kart.
29,– DM/26,50 SFr/212 ÖS
ISBN 3-8100-1295-5

Band 7
Hannelore Faulstich-Wieland/
Marianne Horstkemper:
„Trennt uns bitte, bitte nicht!"
Koedukation aus Mädchen- und
Jungensicht
1995. 271 S. Kart.
29,– DM/26,50 SFr/212 ÖS
ISBN 3-8100-1337-4

Band 8
Wolfgang Melzer/
Uwe Sandfuchs (Hrsg.):
Schulreform in der Mitte der
90er Jahre

Strukturwandel und Debatten um
die Entwicklung des Schulsystems
in Ost- und Westdeutschland
1996. 245 S. Kart.
44,– DM/41,– SFr/321 ÖS
ISBN 3-8100-1338-2

Band 9
Michaela Tzankoff: Interaktionstheorie, Geschlecht und Schule
1995. 191 S. Kart.
44,– DM/41,– SFr/321 ÖS
ISBN 3-8100-1339-0

Band 10
Heinz Günter Holtappels (Hrsg.):
Ganztagserziehung in der
Schule
Modelle, Forschungsbefunde und
Perspektiven. 1995. 296 S. Kart.
44,– DM/41,– SFr/321 ÖS
ISBN 3-8100-1456-7

Band 11
Wilfried Schubarth/Fritz-Ulrich
Kolbe/Helmut Willems (Hrsg.):
Gewalt an Schulen
Ausmaß, Bedingungen, Ursachen.
Quantitative und qualitative Untersuchungen in den alten und
neuen Ländern
1996. 250 S. Kart.
36,– DM/33,– SFr/263 ÖS
ISBN 3-8100-1479-6

Band 12
Gaby Flösser/Hans-Uwe Otto/
Klaus-Jürgen Tillmann (Hrsg.):
Schule und Jugendhilfe
Neuorientierung im deutschdeutschen Übergang
1996. 268 S. Kart.
33,– DM/30,50 SFr/241 ÖS
ISBN 3-8100-1549-0

Band 13
Silvia-Iris Lübke:
Schule ohne Noten
Lernberichte in der Praxis
der Laborschule
1996. 237 S. Kart.
33,– DM/30,50 SFr/241 ÖS
ISBN 3-8100-1703-5

Band 14
Alfred Holzbrecher:
Wahrnehmung des Anderen
Zur Didaktik
interkulturellen Lernens
1997. 299 S. Kart.
48,– DM/44,50 SFr/350 ÖS
ISBN 3-8100-1704-3

Band 15
Annedore Prengel:
Vielfalt durch gute Ordnung
im Anfangsunterricht
Unter Mitarbeit von Ute Geiling
und Friederike Heinzel
1999. Ca. 160 S. Kart.
Ca. 29,– DM/26,50 SFr/212 ÖS
ISBN 3-8100-1927-5

Band 16
Fritz Oser: Berufsethos – oder
von der Vermenschlichung des
Erfolgs
Zur Psychologie der Berufsmoral
von Lehrpersonen
1998. 258 S. Kart.
39,– DM/36,– SFr/285 ÖS
ISBN 3-8100-1959-9

Band 17
Renate-B. Schmidt/ Michael
Schetsche: Jugendsexualität
und Schulalltag
Die sexuelle Sozialisation in der
Schule. 1998. 220 S. Kart.
33,– DM/30,50 SFr/241 ÖS
ISBN 3-8100-2111-3

Band 18
Witlof Vollstädt/ Klaus-Jürgen
Tillmann/ Udo Rauin/ Katrin
Höhmann/ Andrea Tebrügge:
Lehrpläne im Schulalltag
Eine empirische Studie zur
Akzeptanz und Wirkung von
Lehrplänen in der Sekundarstufe I
1999. 231 S. Kart.
36,– DM/33,– SFr/263 ÖS
ISBN 3-8100-2157-1

Band 19
Franz Hamburger/
Gerhard Heck (Hrsg.):
Neue Schulen für die Kids
Veränderungen in der
Sekundarstufe I
1999. 226 S. Kart.
36,– DM/33,– SFr/263 ÖS
ISBN 3-8100-2157-1

Band 20
Hans H. Reich/
Alfred Holzbrecher/
Ursula Boos-Nünning (Hrsg.):
Interkulturelle Fachdidaktiken
1999. Ca. 240 S. Kart.
Ca. 33,– DM/30,50 SFr/241 ÖS
ISBN 3-8100-2133-4

Leske +Budrich